不正義とは何か

ジュディス・シュクラー

JUDITH SHKLAR

不正義とは何か

THE FACES OF INJUSTICE

川上洋平　沼尾恵　松元雅和……訳

岩波書店

Originally published in 1990 by Yale University Press, New Haven.
This Japanese edition published 2023
by Iwanami Shoten, Publishers, Tokyo
by arrangement with Yale Representation Limited, London
through The English Agency (Japan) Ltd., Tokyo

まえがき

本書は、私が一九八八年にイェール大学ロー・スクールにおいて行ったストーズ講演にその始まりをもつ。私はグィード・カラブレッシ学部長に、私を招いてくださったこと、これをとても素敵な機会にしてくださったことを感謝したい。私はイェール大学の学生や教員と話すことから多くを学び、彼らの優しさや歓待をありがたく思った。また、サンフォード・カディッシュ教授にも深い謝意を示したい。彼は、最初の講義で話した内容について、バークレー校のボルト・ホール・ロー・スクールのワークショップで討議してほしいと私を誘ってくださった。私はこの会合で多くを得ることができた。また、あらゆる機会において、本書のさまざまな部分をハーバード大学におけるインフォーマルなグループで発表し、こうしたすべての機会が私の考えを整理するのに役立ったと感じている。

ジェフリー・ホーソーン、スティーブン・ホームズ、クェンティン・スキナー、そしてデニス・トンプソンは、本書の初期段階の草稿を丁寧に読んでくださり、どう改善するべきかについて多くの素晴らしく、詳細な助言をくださった。この助言のほとんどを、私は喜んで受け入れた。彼らにありがとうと言うだけでは到底十分とはいえない。また私は、ヤーロン・エズラヒ、モーシェ・ハルバータル、スタンリー・ホフマン、ジョージ・ケイティブ、ロバート・コヘイン、スティーブン・マシード、パトリック・ライリー、そしてマイケル・ウォルツァーからも貴重なコメントをいただいた。ヘザー・フーラハンは本書の出版原稿を整えるのを親切にも助けてくださった。

本書の第一章の前段階でより短いバージョンは、一九八九年六月の『イェール・ロー・ジャーナル』に掲載された。

目　次

凡　例

- 本書は、Judith N. Shklar, *The Faces of Injustice*, Yale University Press, New Haven and London, 1990 の全訳である。
- 原註は(1)のように表記し、巻末にまとめて掲載する。
- 訳註は＊1のように表記し、各章の末尾に掲載する。
- 〔　〕は、訳者による補足である。
- 「　」は、原文ではクォーテーションマークである。
- 〈　〉は、訳者が独自に付加している。
- 『　』は、原文では書籍のタイトルを意味するイタリックである。
- 《　》は、原文では美術作品のタイトルを意味する先頭大文字表記である。
- ——は、原文での使用に合わせている場合と、訳者が表現上の都合から独自に付加した場合とがある。
- 傍点は、原則として、原文では強調を意味するイタリックであるが、日本語表現の都合から独自に付加した場合もある。
- 同じ原語でも、文脈に応じて異なる訳語を充てる場合、適宜ルビを振って原語がわかるようにした。
- 引用は、原典が英語ではない場合でも、本書原文における英語に基づいて翻訳した。ただし、邦訳がある場合は適宜参照した。
- 原註には数箇所、書誌情報の誤りがあるが、タイトルや出版年等の誤記については特に断りなく修正した。参照頁について誤記の疑いがある場合は、いったん原文どおりに記載したうえで、訳者の補足として疑問点の指摘を行った。

はじめに

災難《ディザスター》*1というものは、どのようなとき不運(misfortune)であり、どのようなとき不正義*2(injustice)であるのか。この問いに対する答えは、直観的には、かなりわかりきったもののように思える。〔その答えとは、不運と不正義をつぎのような基準によって区別するというものである。すなわち、〕もしその恐ろしい出来事が自然という外的な力によってもたらされたのであれば、それは不運であり、私たちはそれによる苦しみを受け入れるしかない。しかし、その恐ろしい出来事が、悪意ある主体――人間であれ、超自然的主体であれ――によってもたらされたのであれば、それは不正義にあたり、私たちは憤りや怒りを示してよい、というものである。ただ、あいにく、実際の経験においては、私たちがやっきになって固執するこの区別は、たいして意味をもつものではない。その理由は、つぎのことを思い起こせば、十分に明らかになる。すなわち、何が不可避的で自然なものと扱われ、何がその逆に制御可能で社会的なものとみなされるかというのは、しばしば技術〔の発展状況〕次第、あるいはイデオロギーや解釈次第である、ということを。えてして、ある恐ろしい出来事についての、被害者による受け止め方と、どれだけ間接的であってもその加害者でありうる者による受け止め方とは、異なるものである。この出来事がそもそもどのようなものであるかということについても、それがどのような意味をもつかについても、苦しみを受けた者は、たんなる観察者と同じようには経験しないだろう。また、その苦しみを防いだり軽減したりできたかもしれない者とも異なる経験をするだろう。これらの人々は、お互い物事を同じように見るには、それぞれあまりにも異なる位置にある。

また〔そもそも〕「人為的」と「自然的」とのあいだの線引きが、〔不正義か不運かを判断するに際して〕決定的な意味をもっているというわけでもない。文化というものは〔それ自体としては人為的なものであるが〕、広汎に行きわたるものであるがゆえに、自然環境と同じように私たちに対して影響を与えうるし、どう見てもその影響は〔自然環境のそれと比べて〕よりたやすく制御したり、変更したりできるようなものではない――むしろ、文化の影響のほうが制御や変更がより難しいかもしれない。その最も明らかな実例は、皮膚の色である。皮膚の色そのものは、間違いなく自然なものであるのだが、アメリカにおいては、肌が黒いことにまつわる事柄は何ひとつとして自然ではない。アメリカにおいて「黒人である」ということは、社会的条件であって、自然の条件ではないのである。すなわち、時代時代によって、肌が黒いこと〔による災難〕を不運と考えるひともいるし、一貫してそれを不正義であるというひともいる。またその両方であるというひともたくさんいる。このことを考慮するなら、「人為的」な原因と「非人為的」な原因とのあいだの線引きには、さほどの意味がないように見えるだろう。[1] そうした線引きに代えて、〔本書で〕私は、つぎのように主張する。不運と不正義との違いは、〔「自然的」か「人為的」かのみによるのではなく、〕しばしば私たちの意欲および能力に関係して存在するのだと。すなわち不運と不正義との違いは、被害者のために行動するかしないか、被害者を責めるか赦すか、被害者を助けその苦しみを和らげ償いを与えるかそうせずにただ立ち去るか、そうしたことについての私たちの意欲や能力に関係するのである。不運と不正義を区別する単純で揺るぎないルールがあるという考えは、道徳的安定へのひとつの要請であるが、それは同種の要請の多くと同じように、満たされることのない要請である。〔だが、〕それが意味するのは、私たちはこの〔不運と不正義との〕区別を廃止するべきだということでも、またすべての災難を〔不運として〕受け入れるべきだということでもない。そうではなく、この区別を再検討すべきだということ、特に、不正義というものへの新たな視点を見いだすべきだということなのである。

地震は、たしかに自然の現象であるが、仮に多くの被害が出て、多くのひとが亡くなれば、それについていえること、また実際にいわれるだろうことは、それは自然現象だった、というにとどまらない。その現象は同時に不正義ともみなされるだろうし、それもいくつかのまったく異なった理由でそうみなされるだろう。信心深い人々は、神を責めるだろう。「なぜ私たちなのですか」、こう彼らは叫ぶだろう。「私たちが他の町の人々より不道徳だったというわけでもないのに、なぜ私たちだけに罰を与えるのですか」と。さらにもっと限定的に、「なぜ私の子どもなのですか」と。より信心深くない人々のうち、数名はたんに「自然というのは残酷なものだ」と言うかもしれないが、こうしたひとたちは多くないはずである。というのも、でたらめで恣意的な世界というのは耐え難いものであり、悲嘆にくれた者は、責任を負わせるべき人間主体を探し始めるからである。そしてそうしたひとたちは、ほどなくしてこの責任を負わせるべきひとを見つけ出す。ある大惨事をもたらすことに関与したひとや、その大惨事を悪化させたひとは、必ずいるものなのである。〔たとえば、〕建築物の倒壊の多くは、土建業者が建築法を無視したり、視察人を買収したりすることを原因としている。一般の市民が、高度な技術を備えた〔計測〕機器によってたいていは予測できるようなこうした危険性について、十分に警告されているなどということはまずない。さらに、公的機関が、こうした不測の事態に対して必ずしも真剣には備えていないこともある。〔その結果、〕効率的に組織された緊急対策がなされず、怪我人に対して十分に医療援助をすることもできないし、迅速に搬送することもできない〔ということになる〕。〔かくして〕助けられたはずの多くの命が失われるだろう。〔では、こうした対策に充てられるはずだった〕市民の税金はどこにいってしまったのか。市民は言うかもしれない、自分たちにとって何らの特別な利益をもたらしもしなかった金喰いの宇宙計画に浪費されたのだ、と。

いまのは〔あくまでも〕架空のシナリオだが、このシナリオには最近〔一九八八年〕のアルメニア地震とのある種の類似性があるし、またこれほど極端でないシナリオであれば、世界のどこでだって起きうることである。私がこのシナリオに何か付け加えたとすれば、それは、悪党や腐敗した役人によって犯される類のわかりやすい能動的不正義(active injustice)の蔓延している状況を、少しばかり誇張したにすぎない。誰もこうした〔不正に手を染める〕人々を免責しようなどとはしないだろうし、政治家たちはむしろ息せき切って彼らに責任を押しつけようとするだろう。しかし、より罪が小さい役人、つまり〔能動的に不正に手を染めたのではなく、〕ルーティンにただ従うばかりで被害を防ぐ手立てを講じなかったとして責められる可能性があるような役人であれば、この災害《ディザスター》は自然なものでやむをえなかったということを強く訴えたくなるだろう。自分にできることは限られているうえに、なんやかやとたくさんのことを要求されるなかで、自分はできる限りのことをしたし、できる以上のことさえしたのだ、と。〔その場合〕「なぜ私たちなのですか」という叫びに対して、彼らは「そもそも人生とは不公正なものだ」と言うだろう。これはまた、受動的に不正義を為している市民――すなわち、「どうしようもなかった」という考えのもと平然とし、ただことを傍観して何もしない人々――が最も好む言い逃れでもある。〔対して、〕被害者たちは、「必然であった」とかやむをえなかったなどという言い訳を受け入れはしないはずである。被害者たちは〔この災害に〕不正義を見るだろうし、怒りの叫びをあげるだろう。そして彼らがそうすることはまったくもって正当なのである。というのも、その災害には、人為的な要素、政治的な要素があったからである。とりわけ自由で立憲的な民主主義においては、公的権威が納税者に対して責任と答責性を負うべきと定められているがゆえに、このような劇的な事態における被害者の憤りは、それ自体正当である。またこの憤りは、〔それ自体において正当であるばかりでなく、〕それが公共善への貢献となることによっても正当である。というのは、この憤りは、つぎに災害が起きたときの役人の行動を改善させることにつながりうるからである。被害者の観点、そして彼らに同情するひとたちの観点からすると、災害は、始まりにおいて自然なものであったとしても、その全体の効果においては公的な不正義にほかならない。〔被害に遭ったりそれに同情したりする〕これらの市民たちは、最新の技術に期待をかけ、政治的平等を信じているからには、公的権威がいまそして将来において少なくともより効率的で慎重になったり、その傲慢さを和らげたりすることを願って、この権威に対して怒りをぶつけるだろうし、またそうするのは当然のことなのである。

しかし、被害者の観点を真剣に受け止めるということは、被害者が不正義だと感じたときにはいつだって彼ら〔のその感覚〕は正当〔なものとみなされるべき〕である、ということを意味しない。〔知ってのとおり〕私たちは、しばしば、自分や他人をもっともな理由もなく責めることがある。私たちは、ひとに罪をかぶせたり、ひとを荒々しく非難したり、自分がやってもいないことについて罪悪感を覚えたり、自分より恵まれているように見えるひとを誰でもよいから責めたりすることがあるのである。

〔たとえば〕我が子が致死的な病気で亡くなった場合、それが神のせいでも医者のせいでもなく、はたまた私たちに〔病気になりやすい〕遺伝子を受け継がせた私たちの親や、私たち自身の過去の行い〔の悪さ〕のせいでもなかったとしても、私たちの多くは、これらのひとつ、ないしはこれら全部のせいにするだろう。〔だが、〕たとえ〔我が子の死が〕私たちに起こりうる最悪のことであるとしても、それは本当のところ、たんなる不運なのである。何かを責めることはいくらかの安堵感を与えてくれるだろうし、こうした安堵感は必要なものでもあろう。しかしそれでも、〔このようなかたちの〕責任追及は、不当《アンジャスト》である。ただし、何かのせいにすることは、不当だからといって非難されるべきことではないのだが。

実際、ことにアメリカ人は、ほかならぬ〈お互いを責め合う〉という競技にでも参加しているのではないかと思わざるをえないときがある。私たち〔アメリカ人〕が社会や技術に対して示す非常に高い期待〔とそれに基づく責任追及〕を見ると、そのように思えてくるのである。私たちは、「完全な正義」を求めて決して譲らないといわれている。[2] さらに悪いのは、〔災難の背後に〕ありもしない陰謀を見つけ出そうとする〔アメリカ人の〕非常にありふれた衝動の存在である。〔だが、このように責め合ったりするくらいなら、〕私たちは〔むしろ〕、社会的にも自然的にも物事は不可避に生じるというなかなか認めにくい考え方を受け入れていったほうが、より幸せになれるのではないだろうか。なるほど、私的ないし公的組織による不正行為は、特定の何人かの罪ある人間の手に、いずれは帰されうるというのはそのとおりだろう。また〈〔不正行為の担い手は、いわば〕「無数の手」であって、それらは〔そのいずれもが〕組織のなかの、非難に値しない不可視で無力なメンバーにすぎない〉、などというような言い分が通用しないのもそのとおりである。しかし、だからといって、人間によって引き起こされるすべてのひどいことが、実際に誰か特定のひとの責任だ、ということにはならない。それ自体きわめて小さく、罪のないミス、その積み重ねによって、重大な技術的ないし軍事的な失敗へと帰結しうる。(3) 過去の遺産のみならず、技術的なミス、誤解、混乱、そして操作ミスなどがすべてあわさって、人為的な災難が生み出されるのであって、誰かが名指しでその災難の責任を負うべき人物として実際に特定されうるわけではない。疑いようもなく、〔誰かしらが〕危害を加えようと意図したのでもなければ、普段の義務を怠ったのでもないのである。〔こう考えると、〕ひょっとしたら私たちはそう簡単に、不正義だ、などと叫ばないほうがよいのかもしれない。そう叫ばないことによって、私たちの生活をあらゆる方面でもっと楽にするのかもしれない。〔とはいえ、〕これは世の中の被害者にとっては魅力的な提案ではないし、〔むしろ〕彼らの立場からしてみれば、不運というような考え方を捨て去るくらいのほうが、もっと理に適っていると考えるだろう。被害者にとっては、たとえ彼らの苦境をもたらすうえで無数の手が関与していたとしても、彼らの関心は犯人探しへと向かうものだろう。

それでは、私たちは、不運と不正義の区別をもうしないほうがよいのだろうか。この区別が、将来起こりうる、もしくは実際に起きた災害に対する、私たちの反応を理屈づける手段としてよりほかには、あまりにもわずかにしか意味をもたないことを考えれば、そう問いたくなる。〔しかし、実際のところ、〕そうした〔区別をしないという〕ことがどのようにしたらできるのか、私にはわからない。私たちに危害を加えた者や、私たちの社会的な期待を裏切った者に対して、責任を負わせるのをやめるということは、心理学的にいってどう見ても考えられないことではないだろうか。物事が理由なく私たちに降りかかるというような秩序のない世界を、私たちはどうして受け入れられるだろうか。このような不条理な人生にひれ伏すくらいなら、いっそ〔あらゆる災難を全部〕自分のせいにするという極端な態度のほうが、まだしも耐えやすいだろう。私たちに不正義の感覚(a sense of injustice)[*3]がある限り、私たちは、自分たちに苦しみをもたらす力を理解したいと思うだけではなく、その力に責任を負わせたいと望むだろう——仮にその力を特定できるのであれば。〔なお、〕どの程度まで私たちが懲罰的になるべきかはまったく別の問題であり、そうしたことを十分に検討するためにはもう一冊本を書く必要がある。

たしかに、〔苦しみをもたらした犯人ではないかという〕私たちの疑いを向ける対象は、絶えず変わるものである。私たちはもはや、何世紀か前までのように、〔誰のせいにもできない〕私たちの個人的な不運を魔女のせいにする、ということはなくなった。しかし、〔魔女が疑いから解放された一方で、〕かつては〔魔女のせいでもひとのせいでもない、やむをえない〕不運とされていたものが、現在においては〔誰かが責任を負うべき〕不正義とされることもある。たとえば、乳児死亡や食糧不足がそれであり、これらは〔いままでは〕主として公的な腐敗ないし無関心によってもたらされるものと考えられているのである。しかし、〔このように〕不運と不正義の区別は、たしかに可変的であって定まることのないものではあるものの、それ自体なくなることはないだろう。また、私たちがその区別を保持すべき、公的な観点からいって賢明な理由もある。この区別は、私たちの経験に意味を与えるために必要なだけではなく、私たちの安全および安心を脅かすものとなりうる公的な原因を管理したり抑制したりするためにも必要なのである。とはいえ、私たちは、不運と不正義を分ける境界線というものはあくまでも政治的な選択によって引かれるものであって、あらかじめ存在するものとみなしうるようなわかりやすい基準ではないということを認識しなければならない。かくして、問題となるのは、このふたつの概念のあいだにそもそも線を引くべきかどうかではなく、責任を明確にするためには、そしてでたらめに報復がなされるようなことを避けるためには、どこに線を引くべきか、なのである。[*4]

不正義を告発することは、しばしば、被害者のみならずあらゆる市民、つまり公的サービスおよび公正さの高い水準での維持に関心をもつあらゆる市民に開かれた、唯一の頼みの綱である。同時に、こうした告発は、受動的不正義(passive injustice)を防ぐことにもなりうる。受動的不正義とは、役人ないしは一般市民が、〔誰かの〕不正行為を自分たちで阻止できるし、また阻止すべきでもあるようなときに、そうすることを拒否することである。この概念は、〔古代ローマの〕キケロにまで遡《さかのぼ》るほどに古いものであり、これは、何もせずにいたいと思う私たちの多くに、〔そうした受動性によって〕事実上は不正に加担しているのかもしれないということに気づかせ、それでよいのかと揺さぶりかけてくるような概念なのである。被害者に苦しみをもたらすものは、そのすべてがたんなる運の悪さ《バッド・ラック》である、などということはない。〔むしろそのいくつかは不正義なのであって、〕それゆえ〔不正義の兆候に〕注意深い市民や役人であれば、〔被害者が受けるこうした〕不正義を緩和したり阻止したりするうえで、多くのことができるのである。

ここでいう受動的不正義とは、他人の不幸《ミザリー》に対する私たちのありがちな無関心のことではなく、私的ないし公的な不正行為を阻止し損ねるという、はるかに限定的で、とりわけ市民的な怠慢のことを指している。こうした予防的な市民活動がなされる可能性は、自由な社会においてのほうが、恐怖に支配されている権威主義的な社会よりはるかに高い。それゆえ、このような活動を、立憲民主主義においてのみ存在するような市民的義務のひとつの側面として私は扱う。そして、本書ではさまざまな場所や時代から実例を引くが、実際のところ本書は、アメリカについての話である。それは決してアメリカが最も不正な社会だからではなく、アメリカは私がいちばんよく知っている国だからであり、また、不正義について語るならみずからの国を指弾したほうがよいと思われるからである。さらにいうと、アメリカは、市民とはどうあるべきかということが日常的に議論の対象になってきた国で、これからもそうあり続けるだろう国だからである。〔さて〕私は、以下のようなとき、私たちは市民として受動的に不正である、と主張したい。すなわち、犯罪を通報しないとき、不正行為や小窃盗を見て見ぬふりするとき、政治の腐敗を我慢してしまうとき、あるいは、不正で、愚かで、残酷だと自分が思っているような法律を、おとなしく受け入れてしまうとき、である。

公務員は〔一般市民よりも〕なおいっそう受動的な不正に陥りがちである。公務員は、職務によって定められ、同僚もまた従っているようなルールやルーティンからはみ出すことを嫌がるように訓練されているし、自分たちの上司を敵にまわすことや、不必要に目立つことを恐れるようにも訓練されているのである。その結果もたらされるような不正義は、自然の力によるものでもなければ、特段に不正な制度によるものでもない。〔むしろ〕それは、概して、無数の手によるものである。この無数の手は、自分たちの怠慢がもたらしうる影響について、絶えず注意を喚起され続けなければすぐに忘れてしまうような存在である。〔たとえば、〕幼いジョシュア・デシェイニーの父親が、容赦なく息子を虐待していたことを、たくさんのソーシャルワーカーや医者が知っていた。ジョシュアを最後に担当したケースワーカーは、「起こったことを忠実に記録に残した……しかし、彼女はそれ以上のことは何もしなかった」。その結果、いまジョシュアは、回復不能な脳障害を患っている。連邦最高裁判所は、アメリカ合衆国憲法の適正手続の条項のもとでは、ジョシュアが最終的に陥った状態の責任を、国家に負わせることができないとした。しかし、ウィリアム・ブレナン判事はつぎのように述べた。あのような状況下で何もしないことは、近代国家が犯しうる最も大きな不正に相当する、と。そしてそのように考えたのは、彼ひとりではなかった(4)。

　にもかかわらず、ジョシュアが不運の被害者となったという見方もできるかもしれない。まずあのような父親をもったという不運、つぎに――適切な非人格的な比喩を使うのであれば――制度の隙間から落っこちた〔すなわち制度に見落とされた〕、という不運である。また、家庭における人間関係は一から十まで私的な事柄であるのだから、国家は、どのような家庭に対しても、たとえジョシュアのような家庭に対してであっても、干渉できるいわれはないと主張する人もいるかもしれない。しかし実のところ、公的領域から私的領域を分ける境界線は、不運と不正義を分けるそれより、もっと曖昧である。この線引きもまた、政治的な選択であり、イデオロギーや、文化に深く根づいた思考の習慣によって左右されるものなのである。つい最近まで、白人だけが参加を許される予備選挙「ホワイト・プライマリー」が、私的な取り決めであると、一般的に当たり前のように理解されていたという事実を思い出す必要もあるまい。それを当たり前だと思わなかったひとは、誰であれ、〔公的な問題提起をしているわけではなく、たんに〕個人の主観的な志向としてそう考えているにすぎないとみなされていたのである。

自由な市民であれば、誰しも、私的なものと公的なものとのあいだのどこかに線が引かれるべきことを、そして、国家が、私たちが好きなように振る舞う権利がある私的な生活のさまざまな局面へと侵入してくるのを禁じることを主張するだろう。しかしながら、どこからが国家を排除するべき具体的な地点であるかは、歴史的に変動する。今日、女性や子どもに対する家庭内暴力（DV）を、国家の介入から保護されるべき私的領域の事柄として主張するリベラルはほとんどいない。だが、市民や役人が介入しなければならないほどに明白な不正義がなされていると判断するその方法は、公的に認められた不正義と、たんに〔一個人の〕主観的な反応とを〔概念的に〕区別したからといって明らかになるわけではない。〔なぜなら〕この区別は、実際、自然と文化との区別、客観的意見と主観的意見との区別に比べて、よりいっそう安定しているわけでもなければ、政治的判断としての側面がより低いわけでもないからである。〔ある行為を公的な不正義として認定する〕この区別は、行為の意味を定義する権力をもっているひと次第なのである。

　不正義として通常認定されるのは、何らかの既知の法的ないし倫理的なルールに違反するような行為である。すなわち、苦情の対象となった行為が、このようなルールによって禁止されるような行為であったときにのみ、その苦情を訴えた被害者は、不正義を被ったとみなされることになるのである。〔その反対に、〕もしその苦情の対象となった行為が、ルールによって禁止された行為でないのなら、その苦情はたんに被害者の主観的な反応として理解され、見舞われた被害は不運であるにすぎず、本当のところは不正義ではなかったとされる。〔後者の場合、被害者である〕彼女は嘘をついているわけでもないだろうし、事実について誤解しているわけでもないだろうが——その疑いも捨てるべきではないとはいえ――、彼女は自分が経験したことを誤って定義していることになる。〔彼女が苦情をいうにはその前提として彼女の期待があるわけだが、そもそもその〕期待に根拠がなかったということなのである。〔さて、〕このような物事の考え方は、不正義を被るというのがどのようなことなのかについて多くのことを見落としているが、それだけではなくまた、物事を定める視点というものが常に安定しているという――実情に反した――推定をしているところにも問題がある。いったい誰に、妥当な期待とそうではない期待とを判断する資格があるというのか。法的契約は、それが扱うべき範囲に含まれる関係については十分に力を発揮するだろうが、しかし契約とも双務的約束とも何らの接点もないような不正な関係というものが、数多く存在するのである。

被害者の抱いている期待が、彼や彼女が非難している当の相手によって、もしくは例の不偏不党の観察者[*5](impartial observer)によっても、妥当なものだと認められなかった、と仮定してみよう。〔それでも、〕その被害者の期待は、ほどなくして、実際のところきわめて正しいものだとみなされるようになるかもしれないし、彼女や彼の同胞らによってすでにそのように理解されているのかもしれない。実際、一九三〇年においては、膨大な量の科学的優生学が、〔差別的な黒人分離政策である〕ジム・クロウ法を実質的に裏書きしていた。〔その当時に、〕黒人のアメリカ市民が白人の市民とまったく同じ権利をもつようになると期待しうるなどと主張することは、無根拠な期待だと映っただろうし、主観的な不正義の感覚の表明だと思われただろう。昨日までの揺るぎないルールが、今日では愚劣で偏狭なものとみなされるのである。正常な判断とされるものに対して〔それが実は正常でないのかもしれないという〕疑いが向けられるのは、社会の変化のみがその理由ではない。事故の目撃者が証言すること〔の変わりやすさ〕や、知覚の心理学〔がもたらした知見〕、そして個人的および公的なイデオロギーが私たちの解釈能力に与える影響といったものが、〔私たちの物事の見方のあやふやさについて〕同じことを示唆しているし、それらについてはよく知られている。それにもかかわらず、依然として私たちは、本当のところ何が起きたのかについて、そしてある災難が不運だったのか不正義だったのかについて、ひとつの真の説明があるに違いないと言い張るのである。私たちがそう信じる必要があるのには、明らかに、深い心理的な理由がある。だが、その理由というのは、私たちが、〔不運であるか不正義であるかについての〕確実な知識なしには行動ができないからというものではない。私たちは確実な知識などなしにいつでも行動しているし、結局のところそうせざるをえないのである。〔不運と不正義との区別の自明性を疑う〕多くの懐疑主義者たちが「準司法的道徳構想(parajudicial conception of morality)」に不十分なところが多いと指摘しているのは、それゆえである。すなわち、この考え方は、私たちが日常的に直面するような、道徳的とも政治的ともいえる選択や衝突の経験と一致しないのである[5]。

道徳を法になぞらえるこの準司法的なモデルが、通常受け入れられてきたものだということは否定できない。しかし、懐疑主義者は、そのモデルを有効性に欠けるものだと考えてきた。というのも、このモデルは、私たちが、お互いのことや社会的管理について、実際に知っている以上に、もしくは今後知ると望みうる以上に、知っているということを前提にしているからである。この前提に対する疑いは、プラトン、アウグスティヌス、モンテーニュが、その根拠はばらばらであるにしても、まさに抱いていたことであり、本書において私は彼らの——私も共有する——こうした疑念を思い起こすことから始める。しかし、私の主張は、彼らのものより謙虚でより政治的なものである。私が示そうとすることは、単刀直入にいえば、以下のことである。すなわち、どの正義の通例のモデルも、不正義について十分な説明を提示していない。なぜなら、それらのモデルは、不運と不正義とのあいだの安定的かつ厳格な境界を識別し、両者を分ける線を引くことができる、という根拠のない考えに固執しているからである。加えて、この考えをもつことで、私たちは、受動的不正義への配慮、被害者が抱く不正義の感覚への配慮を欠くことになりがちだし、最終的には、社会的な現象としての不正義が備えている全体的で、複雑で、永続的な性質を見落とすことになる、ということである。

〔ディケンズの小説『ピクウィック・ペーパーズ』における〕有名なバーデル対ピクウィック裁判を検討してみよう[*6]。この小説においてディケンズが読者に与える事実は、以下のとおりである。ピクウィック氏は、未亡人である〔家主の〕バーデル夫人に、少し前から部屋を借りていたが、突然、彼は男の召使を雇うことに決める。ピクウィックは、自分のいわんとすることを簡潔明瞭に表現する能力にまったくもって欠けていたために、自身の暮らしの手はずを新たに整えることについて説明しようとした際、バーデル夫人に、彼が結婚を申し込んでいるというような印象を与えてしまった。ピクウィックのバーデル夫人への言葉を読んだ者は誰であれ、彼の述べていることを彼女が誤って理解するだろうことにただちに気づくだろう――とりわけ人間の願望こそが思考の母であるならば。彼女は「ひとを信じやすい女性」であり、きわめて料理上手ではあるのだが、まったくといっていいほど賢くないのである。いずれにしても、バーデル夫人は、ピクウィックの言葉にあまりにも圧倒されて、彼の友人らが部屋に入ってくるまさにそのとき、彼の腕の中に倒れこむ。友人らはひどく困惑させられる情景を目の当たりにして、思慮深く咳払いをする。彼らが〔のちのち〕しかるべく証言するように、「まぎれもなく彼女は彼の腕に寄りかかっていた」のである。ここは〔道徳を重んじる〕ヴィクトリア朝のイギリスであって、バーデル夫人は体面を損なうことになったし、ピクウィックも同様である。

ピクウィックがバーデル夫人を抱擁しているのを目の当たりにした、いずれも信用のおける三人の目撃者がいた。それにもかかわらず、何が起きたかを本当にわかっているのは、〔読者である〕私たちだけである。作者ディケンズおよびその読者は、神のようにこれらの登場人物の全員を創り上げたのであって、全知である。私たちはすべてを知っているし、〔物語のなかで生じる〕諸々の事件から十分に距離を取っているので、完全に不偏不党でいられるのである。こういった〔すべてを知り、公正である〕ことは、偉大なる懐疑主義者たちがずっと以前から指摘しているように、現実の世界では決して可能ではない。私たちは皆、現実の日常においては、ピクウィックの友人やバーデル夫人の友人と同じような立場にある。友人たちには、バーデル夫人がピクウィックの腕に寄りかかっていたということが偶然であるはずがないとすっかり信じこんでしまう十分な理由があったわけだが、私たちも、現実の日常においては、同じような立場にあるのだ。それにもかかわらず、私たちは、自分たちが判断するひとたちについて、神が知っているのと同じくらい何でも知っているかのように振る舞ってしまう。実際には、誰が不正であったか、誰がそうでなかったかを決定するのは、現実的にありえないほどに完備的な情報を私たちが入手できるのだと仮定しても、容易なことではないのだが。

バーデル夫人およびピクウィックが体験している不正義は、〔この時点では〕まだ始まったばかりである。〔物語では〕まもなくドドソンとフォッグという二人組の悪徳弁護士が「いちかばちかで」、あるいはアメリカでいうところの成功報酬をあてにして、バーデル夫人の弁護人になり、バーデル夫人はピクウィックを婚約不履行で訴える。陪審員はバーデル夫人と、彼女の卒倒を目撃した証人たちの話を注意深く聞く。陪審員は、自分たちに与えられた証拠からは、バーデル夫人を支持する以外の方向性を選びようもなく、彼女は多額の慰謝料を与えられる。全知たる私たちは、むろん、この判決が不当であるということを知っている。なぜなら、ピクウィックは〔そもそも〕彼女に求婚していないからである。しかし、ピクウィックの友人ですら彼のことを疑っていたのである。そして、ピクウィックは「環境の影響力」や「〔偶然的な〕状況が折悪しく重なったこと」について苦情をいうが、それについては、彼の弁護士パーカーが痛いところを突いて指摘するとおりである。「いったい誰がそれを証明できるのですか」と。ピクウィックが無実《イノセント》だと確信をもって知っている私たちは、慰謝料の支払いを拒絶する彼の決意を、そしてその代償として投獄されるという彼の強さを賞賛する。彼は、自分を破滅させようと共謀した「三百代言的な盗人」であるフォッグやドドソンの財布に入るようなお金は、びた一文たりとも渡そうとはしないのである。

それではバーデル夫人についてはどうだろうか。約束についての哲学的な論説は、そのうちの最も優れたものであっても、彼女について語ることはほとんどないだろう[6]。これらの論説は、ピクウィックが〔バーデル夫人への言動によって〕どのような義務を負ったと推定されるかについて全関心を集中させるだろう。また、これらの論説は、彼が約束を守らなければならない根拠について——前日にいったことによって翌日に拘束されるその根拠について——のみ関心があるだろう。これらの論説は、その根拠を、安全性の社会的必要性に、見知らぬ者どうしの協力を容易にする必要性に、あるいは自然法ないし神法といったより高次な法による命令に、見いだすだろう。理論的には、典型的な約束は契約であり、何らかの双務的な合意である。それに対して、無報酬で一方的な関わりは、法的議論の周縁へと格下げされている。[7]約束を破ることが、その約束に期待をし、そしてその期待を裏切られた人間にとって、どのような個人的および社会的意味をもつのか、その含意の全体について真剣に議論されることは決してないのである。

約束について最も柔軟に論じる書き手――他者に対する関与を引き起こすさまざまな関係のひとつとして約束を理解し、被害者の置かれている状況に配慮する論者――でさえ、約束することによって課される義務について関心を集中させて、〔約束によって〕生じるだろう希望や信頼、たとえば特に子どもや信じやすい女性などのなかに生じる希望や信頼には、関心を寄せることがない。[8]あたかも何らかの自由気ままに揮える権力を有する主体だけが問題であるかのようである。一方的に約束をする者は与えるべき何かを特別にもっており、その限りにおいて、彼は約束を交わしたふたりの当事者のうちより強者で、その権力を濫用する可能性がある。被害者の観点からは、約束を破ることは、まぎれもなく権力の濫用であり、それだからこそ約束を破ることは不正である。バーデル夫人は、まさにピクウィックが彼女にしたのはこのことであると考えているし、その考えが間違いであるとも単純にはいえないのである。

もし約束違反を、それによって被害者が抱いた不正義の感覚や、それが生んだ目に見えない損害の観点から判断するのであれば、私たちはそれらを契約の問題としてではなく、権力関係の問題として考えるだろう。だからこそ、無償の約束ないしは気軽な約束――たとえば、我が子をサーカスに連れていってあげるという約束――を破ることは、それに対する子どもの反応や、それが子どもの性格に与える影響という尺度で測るのであれば、たしかに不正な行為でありうるのだ。それがいかに、不偏不党の観察者からすると、どのような親でもうっかりやってしまう小さなミスのように見えたとしても、である。公的なレベルでは、役人が日常的に約束を破り続けてきたことへの反応として生まれるようなシニシズムについて忘れるわけにはいかない。約束を破ることによる損失というものは、義務にかんする単純なルールに訴えることでそのすべてが算出されるということはありえず、人生の物語を考慮に入れることによってのみ、すなわち、バーデル夫人のように、人生の物語がどのくらい、不正義を被ったという感覚によって混乱させられたかまで考慮することによってのみ、算出されることになるのである。

それでは、結局のところ、ピクウィックがいいたいことをうまくいえなかったことは単純に不運だったのだろうか。実際には、彼はバーデル夫人の愛情を弄んだのではないのだろうか。彼女の裏切られたという気持ちや不正義を被ったという感覚は、たんに主観的な反応なのだろうか。神としての私たち〔読者〕の観点からは、そのように〔不運として〕映るかもしれないが、バーデル夫人やその友人らの観点からはそうは映らない。しかも、〔神の立場にいる〕私たちでさえ彼女の苦境を忍びなく思うかもしれない。もし陪審員が、ピクウィックの年齢や彼の申し分のない性格にもっと重きをおき、彼に肩入れして判決を下していたとすればどうなっていただろうか。バーデル夫人には、甚だしき不正義が為されたなどと感じるいかなる根拠もない、ということになるのだろうか。実際のところ、バーデル夫人の不満を正当に評価できる裁判所がひとつでもあるだろうか。彼女は大勢のひとの前で辱められたのだし、何をもってしてもピクウィックに結婚してもらえない。せいぜいのところ、ピクウィックに〔彼女の〕ふたりの弁護士への依頼料の肩代わりをさせるくらいしかできない。ドドソンやフォッグは疑いもなくバーデル夫人の仕返しをしたいという自然な欲求を利用したのだが、司法的な手続きはその衝動を完全に満たすことはできない。バーデル夫人がゴシック・ロマンスのヒロインだったならば、ピクウィックの心臓を短剣で一突きし、そのあと気がふれていただろう。そして物語の舞台がコルシカに置かれていたとしたら、バーデル夫人の一族の男衆が、ピクウィックと、彼女に汚名を着せる証言をした彼の友人らを殺すことによって、彼女の名誉のための仇討ちをしていただろう。

法的正義は、社会の平和および公正さという公益のために、いかなるかたちにおいてなされる復仇をも飼いならし、手なずけ、管理する目的で存在している。しかし、文明的な生活というものはそうした正義に基づいているのであるが、〔そうした正義のうち、被害者の感情に最も配慮するはずの〕応報的な法的処罰でさえ、多くの被害者やその家族のより原始的な衝動に応えることもしないし、応えることもできない。裁判に勝つことでバーデル夫人はわずかな満足感を得たかもしれないが、最終的には、不正義を被ったという彼女の感覚が完全に鎮められることは、どうあっても不可能である。補償的な正義(compensatory justice)は、たいていは、被害者が経験した不正義の汚れを拭い去るといったことはできない。なぜなら、被害者にとっての問題は、ルールが破られたということ以上の何かだからである。要するに、約束を破ることや、その他の不正義によってもたらされるさまざまな被害というものは、決して克服されえないということである。なぜなら、それらがもたらした損害のすべてを償うことなど、できようもないのであるから。これはバーデル夫人の事案のように複雑なケースについてもいえることであるし、それとは違う争う余地のないケースについてもいえることである。

ピクウィックは、平凡でありながらも真に筋の通った、私たちの敬慕すべき主人公《ヒーロー》であるが、彼は物語の最終局面に至るまで、バーデル夫人のことを考えることはなく、自分が彼女に実際のところ何をしてしまったのかも考えることはない。〔自身が犯した不正義について気づくような〕そうした境地に至るまでには、彼は不正義〔とはどういうものか〕についてみずから学ばなければならないのだが、しかしついに彼はその学びを得ることになる。[9] ピクウィックは、債務者監獄に収監され、もちろんそこにおいて、みずからもまたひとつの不正義に見舞われているといえる。〔というのも、〕私たちが、そして私たちだけが知っているとおり、彼はバーデル夫人に求婚していないのである〔から〕。しかしながら、ピクウィックが徐々に理解していくのは、ちょっとした災難として始まったことが、大きな不正義へと発展していったということである。それはピクウィックにとっても、バーデル夫人にとっても同様である。実際のところ、このケースにおけるふたりの当事者は、ともに不正義の被害者なのである。〔しかし〕司法制度に関わっている者のうち誰ひとりとして、ドドソンとフォッグによって仕組まれたこの悲惨な道行きを止めることを、考えることさえなかった。〔少なくとも〕たしかなことは、ピクウィックの申し分なく健全な弁護士であるパーカーは、それを試みようとはしなかったということである。パーカーにとって、司法手続きというのは、それに固有のルールをもったゲームであり、彼はそれを楽しんでいるのである。とりわけ、パーカーによれば、ドドソンとフォッグは高度な技能を有したプレーヤー、まさに「すごいやつら」なのでなおさらである。ドドソンとフォッグの質《たち》の悪いごまかしに対して抗議するということは、一度としてパーカーの脳裏をかすめることがない。ピクウィックが彼らについて、ろくでなしのコンビと非難したとき、パーカーはピクウィックに、あなたには

「専門的な目でこうした問題を見ることを期待できないようですね」とそっけなく言う。弁護士としてパーカーは、内部者の視点をもっているのであり、勝ち負けのみが問われるようなゲームにおけるプレーヤーなのである。このような競争的なゲームは、たとえば専門職、商業、教育、政治といったさまざまな分野において存在する。そしてそれらすべてのゲームには、プレーヤーの行動を規定するルールがあり、えてしてこれらのプレーヤーはみずからの制度的な秩序の外を見ない。これはすべての民主的な市民を不安にさせてきたことである。その筆頭がルソーであった。ルソー曰く、「敬虔な牧師、勇敢な兵士、忠実な貴族でありながら、市民としては悪い市民であるということはありうる」[10]。〔だが、〕ここに示されているように、彼らが市民として受動的で、不正義へと傾きがちであるからといって、そうした〔牧師や兵士や貴族といった〕活動のきわめて高い価値が否定されるわけではない。パーカーが、受動的に不正義であるのは、〔このような、まさに〕その最も通常の、ありふれた仕方においてである。すなわちこの受動的不正義は、私たちが職業的な結束やその他の社会的に有益な目的のために、ある程度の不正義を許容することにする場合には、望ましいものでさえあるような類の不正義なのである。

パーカーは、ドドソンとフォッグが卑劣なやり口に携わっているということを知っているし、また債務を理由とした収監が間違いであるということも知っているのだが、それらの〔悪事を防ぐ〕ために何ら手を尽くそうともしない。〔パーカーにとって、そうしたことは〕法律家であるということといかなる関係もないからである。彼の仕事は、〔依頼人である〕ピクウィックが監獄に入らなくてもよいようにし、反対に、〔依頼人ではない〕ほかの人々を監獄に入れることなのである。ピクウィックの観点からすれば、パーカーは端的にいって、無責任である。それもそのはず、ピクウィックは〔監獄の中で〕不正義について学ぶたくさんの機会を、そして債務のために収監されることがいかに本質的に不公正なのか発見するたくさんの機会を得ていたからである。〔監獄では〕悪党や怠け者は、正直者なのに失敗して捕まった者とまったく同じ扱いを受ける。いやむしろ、監獄においては、悪党どものほうが、本当に苦しんでいるまじめな《ディーセント》ひとよりも、うまくやっていける。債務者監獄はやがて廃止されるのだが、それには世の中のパーカーのような人物はいっさい寄与していない。ピクウィックは〔パーカーとは対照的に〕、法や慣例尊重主義の限界を理解するようになっている。それゆえに、バーデル夫人が、ドドソンとフォッグに負っていたらしい依頼料を支払えなかったため、彼と同じように監獄に入れられたときに、彼はもはや耐えきれなくなるのである。そのときすでに、ピクウィックの不正義の感覚は十全に働き始めており、彼は〔この感覚に〕屈する。彼は〔バーデル夫人の〕弁護士に〔彼女の代わりに依頼料を〕支払って彼らを雇い止めにし、それによってバーデル夫人とともに監獄を去る。〔このように〕ピクウィックはきわめて健全な《ディーセント》人間であり、新たな不正義を認めたときには、彼は行動する。もちろん、この時点で彼は、自分がバーデル夫人のトラブルに巻き込まれたということに気づいていただろう。ピクウィックとバーデル夫人は、間違いなく、自分たちに起きたことについての見解の相違を一生涯もち続けるだろう。しかし、彼らは、その根拠は違うにしても、自分たちが双方ともに不正義の被害者であったということ、すなわち、受動的不正義と能動的不正義の被害者であったということを知るだろう。

バーデル対ピクウィックは、訴訟についての劇ではなく、道徳についての劇である。私は、法について解説をするためではなく、不正義という概念そのものがいかに複雑なのかを示すために、ここでこの劇を採り上げている。実際、本書は法的正義に特に関係があるわけではない。本書の本題は、個人的および政治的な不正義であり、それに対して私たちがどのように主体として、またとりわけ被害者として応答していくのか、である。ピクウィックやバーデル夫人の物語〔を持ち出したの〕は、バーデル夫人が本当に不当に扱われたのか、それともたんに不運だったのかにきっちり決着をつけるためには、被害者の主張を正義のルールに照らし合わせるだけでは不十分だということを示すためだった。もし私たちが被害者側の主張を、私たちの不正義という概念の理解に含めるのであれば、とりわけ〔被害者である〕彼女の、不正義を被ったという感覚をそこに含めるのであれば、私たちは、不正義というものの社会的な性質についてのより包括的な説明を得ることができるだろう。〔その結果、〕不運と不正義とを区別するのにより苦労することになるかもしれないが、私たちはまた、受動的不正義というものを人間による不正義の全体像の一部として理解することによって、この受動的不正義のもつ含意を容易には無視しなくなるだろう。このようなことを念頭におくことで、不正義の感覚は、新たな重要性を帯びるはずである。なぜなら、個人的な憤りを無視することは不公正であるし、政治的な怒りによって表現されるその憤りを見て見ぬふりするのは賢明ではないからである。何よりも、これらのことを新たに考え直すことは、ごく控えめにいって、不正義のさまざまな顔《フェイシズ》つきをより見えやすく、より容易に認識できるようにするといえよう。

＊1　disaster は、原則として「災難」と訳すが、文脈に応じて「災禍」、「禍い」という訳語を充てる場合もある。
＊2　以下では、原則として、justice/injustice には「正義」／「不正義」の訳語を、just/unjust には「正しい」／「不正」、もしくは「正当」／「不当」の訳語を充てる。なお、right とそれに類する語句の訳語としても「正しい」ないしは「正当」を用いる場合がある。
＊3　不正義を被っていると感じ取るこの感覚が、本書における最重要の概念となる。以下ではこれに原則的には「不正義の感覚」という訳語を充てるが、文脈に応じて「不正義を被ったという感覚」といった訳し方をする場合もある。
＊4　本書には、「報復」に類する概念が、複数の言葉で表記されている。シュクラーがそれらを一貫して厳密に使い分けているようには思われないが、第二章において概念的に区別している箇所もあるため、訳文ではあくまでも原語どおりに訳し分ける。原語と訳語の対応は以下のとおりである。「復讐／復讐心(revenge)」、「復仇(vengeance)」、「仇討ち／仇を討つ／仕返し(avenge)」、「報復(retaliation)」、「応報(retribution)」、「血の復讐(vendetta)」。
＊5　直接の出典の言及はないが、アダム・スミスが『道徳感情論』で使用する「不偏不党の／中立的な観察者(impartial spectator)」を想起させる。本書一〇三頁も参照。アダム・スミスは、この観察者を、ひとが胸中においてみずからの行為を偏りなく判定する想像上の裁判官として描いている。
＊6　C・ディケンズ作、北川悌二訳『ピクウィック・クラブ』(上・中・下)、ちくま文庫、一九九〇年。C・ディケンズ作、田辺洋子訳『ピクウィック　ペーパーズ』(上・下)、あぽろん社、二〇〇二年。

第一章

不正義にふさわしい地位を与える

ジョット・ディ・ボンドーネ《不正義(*Ingiustizia*)》(1306),
パドヴァ，スクロヴェーニ礼拝堂

正義と不正義について

他人の苦しみを目の当たりにしたとき、いつだってひとはそこに、不正義よりは不運を見いだしがちである。もっとも、〔その苦しみを味わっている当の〕被害者であれば、苦しみに不運を見るこの傾向を共有しないこともしばしばある。しかし、〔当の被害者のみならず、この場合は被害者ではなかった〕私たちもまた、自分もいつか被害者になりうるということを思い起こせば、〔この被害者の立場に立って〕事態を考え直すべく心に決め、——正義だけではなく——不正義という概念をより詳しく、より注意深く検討するかもしれない。ただし、それは、めったにはない企てである。何といっても、〔ひとは、通常、正義のほうにより注目するもので、たとえば〕どの裁判所を見ても、そこには威厳を放つ正義の女神像が置かれているのである。正義は、無数の絵画に描かれてきてもいる。(1)〔さらには〕どの道徳哲学の書物をとっても、少なくともひとつの章は正義〔というテーマ〕に割かれており、またもっぱら正義を主題としている書物も多くある。しかし、不正義〔というテーマ〕はどこで発見できるだろうか。なるほど、教会の説教、戯曲、フィクションは、このテーマに満ち満ちている。だが、美術《アート》や哲学は、不正義から距離を取っているように思われる。美術や哲学においては、不正義がたんなる正義の不在であると、つまりひとたび正義が何であるかわかれば、私たちは必要なことを何もかも知ったことになるだろうと、決めつけられているのである。この信念は、しかし、妥当なものではないだろう。正義だけに注目することで、私たちは多くのことを見落としているのだ。たとえば、不正義の感覚、本当のところ誰が不正義の被害者であるのかを見分ける難しさ、そして私たち皆がお互いの不正義とともに生きていくことを学ぶさまざまな仕方などの問題は、等閑に付される傾向にある。また、個々の私人のレベルでの不正義が、公の秩序とどう関連するのかという問題も、無視されがちである。

私たちは、自分たちが不正と呼ぶ経験を、なぜ直接的に、それ自体独立した現象として、考察しないのだろうか。常識と歴史がたしかに教えているように、不正の経験はよくあることであり、私たちの関心にじかに訴えかけるものである。実際、十中八九、私たちのほとんどは、「これは正しい」と言うよりも、「これは不正だ」とか「これは不公正だ」と言うことのほうが多いだろう。自分で体感すればよくわかるこの不正義の感覚については、まさにもうわかっているのだからそれ以上いうべきことは何もない、とでもいうのだろうか。そうではないだろう。それならば、なぜほとんどの哲学者は、正義について考えるのと同じくらいに、深く、また繊細に、不正義についても考えることを拒否するのだろうか。私には、なぜつぎのような奇妙な分業が、すなわち、哲学者は不正というテーマを無視し、逆に歴史やフィクションはもっぱらそのテーマばかりを扱うという分業が蔓延しているのかわからない。しかし、事実としてこうした分業があり、それが私たちの思考のひとつの欠落を生んでいるのである[2]。

幸いにも、政治理論は、歴史学と倫理学のあいだの領域に属しているがゆえに、この問題へと何かしらのかたちで取り組むのに理想的というほどよく適しているように私には思える。なにしろ、不正義とは、政治的に見てなかなかに意義深い概念なのである。すなわち、不正義の行為は、無限とも思えるほどに千差万別で、ひっきりなしに起きるものであるから、それについて考える思考様式は、形式倫理学ほどには抽象的でなく、しかし歴史学よりは分析的なものであることが求められる。少なくとも、私たちがどういう存在であるべきなのか、また、私たちが何をなすべきなのかについての記述にばかり注意を向けるのではなく、私たちの〔実際に犯す〕さまざまな不正義に目を向けるとき、理論と実践とのあいだの距離を縮め始めることができるだろう。

〔本書における〕私の研究は、さまざまな正義論の価値を、もしくは正義の究極的な哲学的基礎づけへの探究の価値を疑うものではいささかもない。私はたんに不正義というものをこれまでとは違ったかたちで検討したいのである――より直接的に、より深く、詳しく検討し、さらに被害者であるというよくある状態や、ことにそれが引き起こす不正義の感覚に光を当てたいのである。このような企図は、以下のことを思い起こせば、それほどとっぴには見えないだろう。すなわち、ヨーロッパ哲学が、正義や不正義についてのさまざまな型《かた》にはまらない洞察をその特徴としていること、そしてまたこれらの洞察こそが政治的想像力をその最も優れた達成へとしばしば向かわせてきたということを、である。つまり私には倣うべき先人がいるのであり、いくらか厚かましい言い方をするなら、私はこの疑い深い《スケプティカル》巨人たちの肩の上に立つことを試みようとしているのである。

不正義の経験とは、実際のところ、何を意味するのだろうか。いうまでもなく、不正義（*injustice*）の正確な意味は「正しくない（not just）」[*1]ということであり、また被害（*injury*）の正確な意味は「合法ではない（not lawful）」ということである。しかし、それですべてを言い尽くしたことになるだろうか。不正義について、たんに正しさの不在と規定して済ませるのではなく、もっときちんと考えたらどうだろうか。この問いかけに対して、当然そうするべきだ、とは簡単にはいえない。なぜなら、倫理学の偉大な伝統は、この提案を拒絶しているようだからである。というのも、正義について考えるひとつの通常の方法があるからだ。この思考方法は、アリストテレスが発案したわけではないが、間違いなく彼が体系化し、私たちすべての心に永遠に刻み込んだものである。この正義の通常モデル(normal model of justice)は、不正義というものを無視するわけではない。だがそれは、不正義を、正義への序曲、ないしは正義の拒否および挫折へと単純化する傾向がある。まるで不正義が驚くべき異例であるかのごとくにである。

かくして、定型的な図像表現においても、〔倫理学の伝統に〕忠実に、不正義は、ひとりの悪魔として、すなわち正義の秤を壊し、正義の女神の目隠しをもぎとり、そして彼女を打ちのめす悪魔として描かれる。[3] つまり、不正義は、たんに正義を破壊するものなのである。さらに、通常モデルのほとんどすべてのバージョンは、短くはあれ、不正義についての描写から始めはする。しかしその際、不正義に意義があるとすれば、正義の諸々のルールが制御し取り除くよう定められた類の行為としてのみであるということも明らかである。不正義が言及されるのは、何が避けなければならず、また何が避けられるものなのかを示すためであり、ひとたびこの導入の課題が速やかに成し遂げられると、倫理学の本題に安心して向かうことができるのである。つまり、正義という本題に、である。私は、こうした進め方に疑問を投げかけることを提案したい。なぜなら、この進め方は、不正義というものに対して、それにふさわしい知的な敬意を表していないからである。

正義の通常モデルは、その根幹にある考え方として、どのような政治社会もルールによって統治されていると主張する。このうち、最も基本的なのは、その政治体の構成員の地位および権原を設定するルールである。これが分配的正義（*distributive justice*）であり、この正義の捉え方によれば、ルールは、その社会の最も基礎的な倫理的信条と一致する限りにおいて正しいのである。たとえば、戦士社会では勇敢な者が褒賞を受けるべきであるし、寡頭制では富裕な者が、とりわけ名誉や地位において、ますます優遇されるべきである。もっと抽象的にいうなら、ある政治体の根幹的なエートスは、ひとつの契約として、ないしはその政治体の伝統、思想、市民宗教の集積として現れうるし、現れてきたということである。このエートスは、おそらく、自然、理性、常識によって支えられてきたものとして扱われうるだろう。しかし、いずれの場合であれ、分配的正義は、その根拠を、何かしらの見たところ基底的で確固たるものに据えるのである。多くの信念体系が隣接して存在している複雑な現代社会にあってさえ、通常モデルは、分配的正義が究極的に拠り所として根を下ろしうる、何かしらの確固たる土台を探し求めるのである④。

しかしながら、分配的正義というのは、用語として不適切である。その理由のひとつは、それが中世においてはかなり違った意味をもっていたからであり、もうひとつは、正確にいっていったい何が分配されるべきなのかが一向に明らかではないからである。したがって、私は分配的正義のことを基本的正義（*primary justice*）と呼ぶことにする――このほうがより中立的であるし、規範についての見取り図の中でのその位置づけをただたんに指示するだけだからである。〔基本的正義においては〕誰に何が与えられるべきなのかを定める基本的なルールに加えて、実効的で特定の役割を帯びた法および制度が存在しなければならない。すなわち、この基本的なルールを私人間でのやりとりにおいて維持するためにつくられた、またそれらのルールを犯した者を処罰するためにつくられた、法および制度である。そして、いかなる法制度も、公正で不偏不党の公職者、その社会の全体的な性格を形成する法秩序を維持することに身を投じる公職者によって管理されなければ、正しいものとはなりえない。こうした規範が遵守されないとき、不正義が存在することになる。これらの規範から逸脱する政府、またこれらの規範を施行することを怠る政府は、暴政と化しているのであり、その臣民は、そのような支配者への不服従を促されることになろう。〔正義のこの理解によるなら、〕いうべきことはただひとつしかない。すなわち、正義による抑制なきところ、〔必ずや〕不正義が君臨する、と。

こうした通常モデルにおける正義の組み立て方に何か馬鹿げた点があると私はいいたいわけではない。なんだかんだいっても、それはアリストテレス主義者とホッブズ主義者、カント主義者と功利主義者、自由主義者と保守主義者〔といったそれぞれ対極に位置する立場の人々〕、そして多くの神学者によって受け入れられてきた。要するに、通常モデルの正義概念は、この問題についての広く行きわたった理解と一致するのであり、私はそれを疑うつもりも、それが掲げる法的な価値を否定するつもりもない。法制度やそれを支える信念がなければ、まともで、正しく、安定した社会関係は成り立ちえず、逆に、不安、相互不信、そして不安定さしか存在しなくなるだろう。〔このような、ホッブズのいうところの〕自然状態は、私たちに、法の外に置かれた存在がいかに悲惨になるのかを思い出させてくれる、完璧なまでに説得力をもつ「それらしい」物語である。私が疑問を投げかけたいのは、法の原理に対してではない。そうではなく、通常モデルの、不正義についての無頓着な見方に対してであり、またそのモデルのもつ自信、つまりみずからが支持する制度が不正行為に実際に対処しうるということへの自信に対してである。実際、何人かの懐疑主義者たちは、以前からずっとこれらの前提に対して違和感を抱いていたのだが、私も彼らの疑念を共有しているということだ。

むろん、いかなる正義論も、それが本格的なものであるなら、不正義についてただ無関心であるはずはない。J・S・ミルの議論が典型的であるが、正義の通常モデルによる記述は、正義というものは、その他のさまざまな道徳的概念と同じく、その反対語によって最も適切に定義される、という発想から始まる。『功利主義論』においてミルは、最初のわずか数センテンスで、不正義が何を意味するのかを読者に説明する。不正義が意味するのは、優れた法を犯すこと、約束を破ること、有効な主張の承認を拒否すること、明白な実績に対する褒賞を拒否すること、犯罪の処罰を拒否すること、そして最後に、偏った方法で争いごとを解決することなどである。これをいい終えたところでミルは話題を変えるのだが、実のところ、彼は通常の正義のルールを破ることが不正義だと示したにすぎない⑤。こうした手順をとる点では、ミルは決して特異ではなかったが、だからといってそれが完全に満足いく手順だということにはならない⑥。

ミルの説明では、不正義は、正義の不在として示されているが、それはただ自明かつ循環的な意味合いにおいてである。というのも、不正義は、最初から、通常の法的正義がその除去を目的とする類の行為として提示されているからである。たしかに、ミルの本当の関心は、なぜ正義が私たちを拘束すべきなのかということ、そしてなぜそれが社会的な美徳の中で第一のものなのかということを示すことであった。つまり、あらゆる既知の不正義や、それらを制御する難しさを網羅的に説明することは、ミルの目的ではなかったのである。彼は、最悪の歴史的状況というものを熟慮することを知的作業として好まなかった。その意味で、彼の多くの後継者と同じく、ミルが不正義というものを、健全で前向きな正義論の離陸地点としてしか扱わなかったのは、驚くべきことではない。もちろん、不正義などどこかに消え去ると目《もく》されているわけではないが、しかし、通常の正義の何たるかがわかりさえすれば、不正義を実践において制御するという課題も、それを理論において理解するという課題も、それで十分に遂行されうると暗に考えられているのである。まさにこの考えこそが、しばしば、懐疑主義者による懸念を引き起こしている。

懐疑主義者たちは、通常モデルを、それが不正義のことを忘れているかどで非難するのではない。彼らは、〔通常モデルによって要請されている〕法や慣例が、不正義を除去することを目的とするものであるということはわかっている。しかしながら、彼らは、通常モデルが、個人的かつ政治的な経験としての不正義、ないしは歴史上知られたあらゆる社会の一部としての不正義についての、よく練り上げられた真剣な理解を提示しているということには納得していないのである。たしかなのは、不正義は、知的作業において、正義の分析の軽い前座として扱われるべきものではないということである。また、不正義が考察されるべき真の領域は、道徳的基準もなければ法も存在しないような自然状態なのでもない。不正義は、政治的秩序が完全に崩壊するというような稀な場合にのみ登場するものではないのである。不正義は、これまで存在した最も優れた国家からさえも、駆逐されてはいない。ほとんどの不正義は、法のシステムが実効性をもって機能している安定した政治体の枠組みの中で、平時において、絶え間なく起こるものである。しばしば、最も深刻な不正義の行為に手を染めてしまうのは、まさに不正義を防ぐべき人々、すなわち公職者という資格をもった人々なのであり、しかもその不正義は、市民たちからのたいした抵抗もなく為されるのである。

不正義の帝国における正義に対する疑念

〔不正義が消滅したことはないという〕このありふれた歴史的現実が、これまでのどの時代にも政治的懐疑主義者が存在してきている主たる理由である。すなわち、彼らは、こうした歴史的現実を引き合いにして、通常モデルの自信に満ちた知的で道徳的な主張を根拠のないものだとみなすのである。いかにも、通常モデルを完全に拒否したのは、プラトンだけである。ほとんどの懐疑主義者たちは、司法的な合法性の実践を、〔望ましくはないとはいえ〕存在せざるをえないものとして受け入れてきた。だが、彼らは、その実践の真の価値に対して、とりわけその効き目について、重大な疑念を抱いていた。彼らは不正義の精確な実寸をあますところなく計測し、それが〔通常モデルでは対処しえないほど〕いかに巨大であるかを理解していたのである。

政治的懐疑主義は、多くの場合、一般的な認知的懐疑主義に根ざしてはいるが、知識一般についての特定の哲学的な前提に依拠しているわけではない。政治的懐疑主義とは、たんに疑うこと、すなわち受け入れられている社会的な信念に対する型にはまらない見解をもつことなのである。この種の懐疑主義者が、〔世の中についての〕ありふれた理解から距離を取る旅へと船出することはもっともなことであった。なぜなら、彼や彼女は、その時代時代の悪しきものに取り囲まれていたからである。間違いなく、プラトン、アウグスティヌス、モンテーニュには、自身の周りを絶望と嫌悪感で見る十分な根拠があった。そして〔彼らがそれぞれの時代において経験した〕内戦とその残骸の只中において、つぎのように問うことは理に適っている。すなわち、「なぜ私たちはこんなおぞましいことに手を染めるのだろうか」、つぎに「私たちは自分やお互いのことについて何を知っているのだろうか」、最後に「そもそも私たちは何を知ることができるのだろうか」と問うことである。このようにして、偉大なる懐疑主義者たちは、何にもまして、正義の通常モデルの道徳的現実性を疑うようになった。そして、従来の政治倫理学によって可能になるよりももっとはっきりと不正義を顕在化させるような仕方を求めて、通常モデルを拒否したりそれに異議を唱えたりしたのである。

隠れた無知をさらけ出すこと、これが常に懐疑主義の目指すところである。実際、法が、私たちに誤った知的自信を与え、この自信が〔不正を抑制するどころかむしろ〕不正を為すよう積極的に私たちを促してしまうというのは難なく示されうることである。偉大なる懐疑主義者たちは、法によって行為を統治するということが実効的でありうるのか、あるいはそのようなことがそもそも可能なのかに、疑いを抱いた。なぜなら、端的にいって、そうした法の要求を満たすために十分なほどには、私たちは人間について、そして〔人間が織り成す〕諸々の出来事について知ることができないからである。だからこそプラトンは通常モデルに背を向け、かたやアウグスティヌスとモンテーニュはこのモデルの重要性を差し引いて考えた。彼らは皆、さまざまな不正義のあり方についての並外れて広い理解を有しており、たとえ個人の不正義の感覚にまで焦点を当てることはなかったにしても――より民主主義的な理論家がいずれするだろう――、不正義論（the theory of injustice）の主要な骨組みをつくりあげ、それに知的な力を与えたのである。

むろん、この懐疑主義者たちは、無法、犯罪、不公正な取引や裁き、これらが不正行為だということは否定しなかった。しかし、彼らは、これらの明らかな悪行を超えたところにある不正義それ自体を、その等身大のあり方において、しかし限りなく詳細にわたって再発見した。彼らは不正義を、法や秩序が除去すべき行為のみを指すものとしてではなく、私たちに怒りと憤りをもって「それは正しくない！」と声をあげさせるすべての機会を網羅するものとして、直接的に捉えていたのである。私が懐疑主義者の思想をここで喚起しているのは、主として、通常モデルが批判的に吟味されるや否や生じる道徳的および政治的な難題の範囲の大きさを示すためである。そして私たちがこれらの難題に向き合う用意ができたなら、不正義を新たな観点から見るのによりよい状況に立っていることになるだろう。偉大なる懐疑主義者たちを検討することは、私たち自身の問いを立てる助けになるはずであり、だからこそ私は本書を、彼らの力強い「否！」という叫びから始めるのである。

不正義をその甚大さにおいて検討するいかなる努力も、まずプラトンから始めなければならない。それはプラトンがこの問題について何から何まで語ったからではなく、彼があまりにも私たちとかけ離れていて、私たちが自分自身について把握することを学ぶいわば異国の鏡だからである。プラトンを読むことで、私たちは一から出直すことを余儀なくされる。というのも、彼の通常モデルの拒絶は、他のそれに比して最も急進的な拒絶だからである。知的にこれに匹敵する出発点は他にないのである。

プラトンによれば、〔正義の〕通常モデルは、深い無知を表現するものである。(7) 通常モデルは、悪い冗談であり、茶番である。それは不正な人々を変えるどころか、そうした人々の悪い習慣を促し、維持するのみなのである。プラトンにとって、正確に理解された不正義とは、魂のエネルギーが誤った方向に導かれている状態である。すなわちそれは、攻撃的で欲深い衝動が拡大する一方で、理性はおのれをほとんど主張できないでいるような状態なのである。このような〔魂の〕性格を反映する社会は、その社会の構成員を教育する能力がないだけではなく、実のところ、構成員を積極的に間違った方向へ導いてもいる。こうした社会における支配の技術というのは、これらの無秩序の傾向を、抑制しながらも生かしたままにする、ということに尽きる。そして、そうした傾向が存続することで、魂への配慮を欠いた《マインドレス》社会が生き延びる。たとえば、裁判所は、強欲な者に訴訟を促すこと、つまり、彼や彼女よりもっと強欲な者を、その強欲さおよび敵意によって生じる侵害を理由に訴えるよう促すこと以外の何をしているというのだろうか。正義の通常モデルの存在そのものがまさに、このモデルの無能さを示す最も雄弁な証言である。通常モデルは、不正義をなくすというみずからの約束を果たすことができないだけでなく、首尾一貫しないことに、なくそうとさえしていないのである。〔プラトンの理解では、〕無知なる私たちは、不正なる者がその望むところのものを追求することを、その望みを表明する公的な備え〔としての裁判所〕を彼らに与えることによって、まさに知らぬ間に奨励してしまっているのである。

誰もが、自分に課せられた仕事をこなす能力を持ち合わせず、理解の範囲を完全に超えた事柄に対して常に世話を焼いているようなときに、果たしてひとは、私には私にふさわしいものが与えられたとか、私は誰々に対してそのひとにふさわしいものを与えたとか、いうことができるだろうか。プラトンにとって明白であったのは、これまで歴史上知られているすべての社会は、端的にいって、その社会自身の規範を達成することも、それを理解することさえも、できないでいたことである。無知が君臨するということは、それゆえ、本来的に無秩序状態であるというにとどまらず、その言葉の定型的な、通常の意味で、不正な状態でもある。というのも、そこにおいては誰も、通常の社会的ルールが要求するところのものを与えることも、受けとることもしないからである。能力と職業が一向に合致することがなく、また、本来的に際限を知らない人間の欲求を抑制し秩序づけうる支配的な理念もないのであれば、そこには正義のかけらもないということになる。通常モデルは、正義を確立するどころか、たんに個人レベル《パーソナル》の無秩序を、社会のシステムとするだけである――つまり、それはたんに不正義を永続化させるだけなのだ。このようなことが、通常モデルの効果および社会的機能である。

法は、それが最も有効に機能した場合でも、不正義を一時的に緩和するにすぎない。法というものが失敗を宿命づけられていることは、プラトンのような法を観察する者の目から見てのみならず、法それ自身の目からしても――その壮大な自負に照らして――明らかである。さらに、どこかしらの知られた社会から、法執行の制度をただ取り除いてみたとしても、事態は改善しないだろう。その反対に、かえって秩序が乱れてしかるべきである。通常モデルが失敗していることは、まさに〔法なくしては秩序は乱れるという〕その見込みによって証明されている。というのは、それは法を遵守する市民を改善するために何の役にも立たないからである。通常モデルは、不正義の影響を弱める方法を提供することによって、そのような市民に、より危険でない生き方を提供するだけである。しかし、プラトンによれば、通常モデルはそのことを不正の存続を不可避にする方法で達成するのである。

ひとは気づくだろうが、プラトンのいうところの調和とは、公正さではない。そうではなくむしろ、この調和は、そこにおける役割の完璧な分業とそれに応じた褒賞が、争いをあまりにも稀なものにするため、通常の衡平さというものを不要にする類のものなのである。合理的な社会の支配者は、通常の意味において正しくある必要がない――もっとも、彼らは正しくあることを選ぶことはできるのだが⑧。このような支配者の仕事は、魂をあるべき型に枠づけ、人々に各自に適した社会的な仕事を与えることであって、これは正しく統治することの通常の形式ではない。だが、通常の形式で正しく統治することは、不正義を積極的に促しながら正義を目指しているという点で完全に矛盾している。この意味では、そのような統治は、徹頭徹尾、非合理的なのである。

〔プラトンによれば、〕合理的な統治がまったくなされていない社会であっても、〔そのすべてが等しく劣悪なわけではなく、〕そのうちのひとつは、私たちが親しんでいる社会よりは、まだしもうまく運営されるはずである。すなわち、この〔合理的でないなかでもまだましな〕社会では、ひとは、いくらか豚のようにして、ほかならぬ肉体的およびその他の差し迫った必要によって駆り立てられている。労働・生産・消費の分業は、そのすべてが、肉体的な必要性の厳しい要求によって、制御されかつ秩序づけられているのであり、そこには無秩序がないので法も不要であり、それゆえにそもそも不正義の余地がない。しかし、〔私たちの社会においてそうなっているように、〕必要の支配が、欲求の支配に取って代わられると、通常の意味での正義が運用される領域に入るのである。この通常の正義は、人々が絶え間なく――お互いに、隣接都市とのあいだで、自都市のなかで――争い合うその仕方を抑制するためにのみつくられていて、そもそも争って生きること自体を軌道修正するようにはいささかもできていない。裁判所、弁護人、議会、陪審員、軍隊〔等々〕、すべての通常の政治制度は、公の無秩序を生み出す〔争いへの〕こうした衝動、個々の市民の魂の無秩序を反映するこの衝動を、たんに整序するためのいくつかの方策にすぎない。[*2]

欠乏していること、有り余っていること、そしてそうしたことの帰結が、通常の正義を根底においいて要請するのであり、この正義は、そのそもそもの傾向からして、あげてこれら〔つまり欠乏や余剰とその帰結〕をより深刻なものとする。こうしたことがいつまでも延々と続いているのは、私たちが道徳的に無知であって、自分たちの魂の無秩序、もしくは抑制を欠いた公的構造のどちらか一方さえも理解する力をもっていないからである。人々は物事がこうあり続けることを決して真に望んでいるわけではない。この状態が続いているのは、人々が、自分を知ること、そして自分の生き方を幸福へと向けて整序する仕方を知ることが、まったくできていないからである。だからこうした人々は、通常の正義における不正義に耐え続け、終わりなき無知の状態へととどめ置かれるのである。

通常モデルとは異なり、プラトンは、法以前の状態こそが平和であって、司法の導入は悪夢を生んだのみであるという見方を提示する。彼の合理的な秩序のイメージの実現はあまりにも難しいとしても、少なくともそのイメージは、ふつう正義として理解されているものが何であるのかに鋭い光を当てるものである。〔プラトンによれば、〕通常の正義は、実はそれ自身の基準において不正義である。なぜなら、通常モデルの正義はみずからが設定した目的に到達することもないし、到達できもしないからである。そもそも何が人間の価値を構成しているのかを誰もわからない状況では、各人に値するものを、平等にもしくは比例的に分配することなど不可能である。誰ひとりとして、それぞれにふさわしいものを、得ることも与えることもできない。誰ひとりとして、正義が確立するはずのバランスを、魂においてであれ社会においてであれ、実現するに至ることはできない。これこそが無知によって招かれざるをえない事態なのである。

プラトンにとって不正義とは、何よりもまず認知的な問題である。私たちは物事の全体を知ることができないこと、そして、合理的な社会というものが、その総体において、ないしその諸部分の関係の一つひとつにおいてどのようなものであるかを、理解することもできないこと、それが、正しい秩序を私たちが樹立することを阻んでいるのである。たとえもし〔物事の全体や合理的な社会についての〕私たちの知識が完備的に揃っ〔て、正しい秩序を樹立しえ〕たとしても、かなりの確率で、私たち〔人間〕はそれを支え続けることはできないだろう。歴史に対するプラトンの告発から、私たちがつぎのように推定したとしても無理はない――不正義の観念については嫌になるほどよく知っているにもかかわらず、私たちは、正義が何であるのかを経験したこともないし、それがどういったものであるのかを想像することさえもできないはずであると。ソクラテスの若い友人たちは、実際、正義がわからないといっているし、それについての十分な慰め〔となるような回答〕を得るわけでもない。彼らが教えてもらうのは、正義が何であるのかではなく、ただ、どのような条件があれば合理的な秩序が存在しているといえるのかということだけである。私たちには、そのような条件に見合うレベルに到達することは期待されえないのであるから、〔こうした条件設定は、私たちを導くものではなく、〕ただ私たちの現実的能力に対する厳しい烙印を押すだけのことである。〔私たちが〕無知である以上は、あれこれの特定の社会においてだけではなく、すべての社会において不正義が揺るぎないものとなる――自覚的に自己変革する社会に負けず劣らず、〔すぐ後に述べるように〕伝統的な社会においてもである。

合理的に構築されたものでありながら、しかし同時に一貫して伝統的であるような都市を構想するという一見矛盾した試みにおいて――それは実のところ、変化することのない慣習および信条をつくりあげるよう計画された都市なのであるが――、プラトンは、古きよき秩序なるものが、過激なまでに合理的な構想と同じ程度に、空想的であり、実現不可能だということを遠回しに明らかにしてしまった。すなわち、〔一方の〕敬虔さ、迷いなき信仰、〔他方の〕堕落の予兆、神々の怒りに触れる危険性といったことは、〔前者が衰えたり後者が広がったりしないよう〕管理する役人や教育者を大勢必要とする。〔プラトンの〕『法律』に描かれる都市においては、その数があまりに膨大であるために、支配されている者より支配する者のほうが多いのではないかと疑われるほどである。この都市では、たしかに通常の正義には役割が与えられてはいるが、その効力は、〔分配的ではなく〕懲罰的な機能へと限定されている。すなわち、この懲罰の機能が、不敬虔さのわずかな兆候をも根絶するためと同時に、〔慣習および信条の〕変化を防止するためにも必要とされているのである。〔しかし、〕プラトンの見解において、通常の正義は、ここでもまた失敗する。なぜなら、この正義の必要性そのものが、敬虔で、自力で効果をもち、畏怖を与えるような伝統が崩壊していることを証明してしまっているからである。〔通常の正義において頼りにされる〕法というものは、効き目に乏しい社会的薬である。というのは、法は、不正義に打ち勝つには調和――理性による調和であれ、信仰による調和であれ――が事前に必要であるということを理解していないからである。〔通常の正義を支える〕型にはまった思考は、ありうるすべての社会――伝統的であれ合理的であれ、受け継がれたものであれ自作のものであれ――における不正義の範囲と力をまったく理解できないでいる。〔型にはまった〕常識というものは、優れた統治を得ることが叶わないからといって、〔法という〕効果の弱い治療法で手を打ってしまうのである。無知のゆえに、私たちは、自分たちのすべての希望を、〔変革へと向けた〕新しい希望と〔伝統を守ろうとする〕古い希望のいずれをも、裏切る。プラトンは、リベラルを不安に陥れるからといって、〔リベラルの対極にある〕保守主義者に安心を与えてくれるわけではないのである。

実際、〔プラトンのいう〕完全なる合理性が正義の通常モデルと対立するのと同じくらいにしばしば、宗教的信仰もまた、正義の通常モデルと対立するものである。ヨーロッパの神学において、遠く離れて勝ち誇る神と、絶望的に罪深く自己破壊的な人類との関係についての、妥協なき厳格なヴィジョンを示した人物として常に代表的地位を占めるのが、アウグスティヌスである。この絶望に彩られたアウグスティヌス的世界観からも、ほとんどの正義論が帯びている自信に満ちた面持ちは、すっかり締め出されているのである。もちろん、そこには、絶対的な正義と不正義とが、もしくは神とルシファーとが、世界の統治を平等に分かちもつというような、そしてもっと悲惨な場合には、悪が善に対して全面的に勝利するというような、マニ教的な世界観が示されているわけではない。〔アウグスティヌスにおいて〕疑いようのないことは、〔こうしたマニ教的世界観とは対照的に、〕キリストによって最終的に〔悪が〕贖《あがな》われるということである。だが、それは人間の正義とは何らの関係もない。いまここにおける人間が負わされた罪の状態はきわめて深刻なものであって、法や正義によっては、彼らが受け継いできた罪責、絶え間なくなされる悪を、目に見えるかたちで大きく変えることなどできないのである。なるほど、私たちは、統治の強制力およびあらゆる類の抑制がなければ、はるかにもっと不正に手を染めるだろうが、これらの対策はたんに最悪を防ぐものにすぎない。そして、〔人間の犯した〕罪の諸々の帰結のひとつが、無知なのである。この無知はあまりに深刻であるがゆえに、私たちはどうしても正しくあることができない。というのも、私たちは、〔まさに無知であるがゆえに、〕適切な判断をするために十分なほどには、お互いについて知ることができないからである。(9)

正しくあろうとするキリスト教的な君主ないし裁判官は、その試みに失敗する宿命にある。こうした君主ないし裁判官が「嘆かわしい判決」を下してしまうのは、自分が糾問する証人の性格について、自分が判決を下す被告人の性格について、彼らが無知であることに基づいている。〔そもそも〕私たち〔人間〕には、このような判断を適切に行うのに十分なほど他人を知ることは決してできないのであり、裁判官が良識的であればあるほど、彼は自分の職務の重荷を嘆くことになりがちである。それにもかかわらず、この裁判官は、自分でも嫌になるこの任務を遂行し続けざるをえない。なぜなら、厳格な懲罰がなければ、誰もがあらゆる意味でもっと悪い状態になるだろうからである。⑩キリスト教的な君主であれば、心から平和を求め、戦うにしても正しい戦争以外は戦わないかもしれないが、その彼でさえ、真の和解の達成を見込んでいるとは限らない。彼もまた被害を制御するという営みに携わっているのにすぎず、それも成功する可能性もほとんどなしに、そうしているのである。

プラトンやその他の懐疑主義者たちと同じように、アウグスティヌスは、不正義が私たちの認知的な能力が限られていることの表れだということを認識していたが、しかし〔彼にとって〕不正義は、異教的な無知にとどまるものではない。私たち〔人間〕は、神に対しても、〔自分以外の〕人間に対しても、各々にふさわしいものを与えるに十分な知識を持ち合わせていないのである。〔たとえば、〕異教的な国家は、自身が神に負っているものがわかっておらず、キリスト教的な統治者によって統治されているようなある程度は正しい国家もまた、その義務を果たしてはいない。後者は、その意図においては義務を果たそうとしている場合もあるのだが。〔果たそうという〕意図があるかどうかは、道徳的な観点からは大きな違いだとしても、政治的な行為としては〔実際に果たされなければ〕どのみち不完全である。

善い意図だけでは、ひとが日常生活において犯す大きな道徳的な危害をなかったことにするのには不十分である。したがって、正義が失敗するのには、ふたつの理由があるということになる。すなわち、認知的理由と実践的理由である。かくして明らかになるのは、不正義の領域が、それほどまでに広大だということである。それは実効性を有した政治的法や秩序によってさえも、手に負えないくらいのものである。悪はあまりにも圧倒的であって、自分の罪のせいで無知である私たちには、正しくあることなどできない。アウグスティヌス的な世界観においては、不正義は、正義が和らげることができるかもしれない社会的な病理以上のものを意味している。それは罪びととしての私たちの道徳的な失敗の総和なのであり、それによって最初から私たちは不正なる存在として宿命づけられている。キリスト教的な統治者は異教的な統治者よりましな仕事をしようとするが、大きな成功を必ずしも見込めないのである。

異教的な国家は、規律をとおした社会的管理をのみ実施する。いちばん優れた状態での古代ローマ〔つまり共和政ローマ〕でさえ、すべての物事は、栄光のためだけに行われていた。アウグスティヌスの観点からは、共和政ローマが正しい社会だったという誇らしげな主張は、たんなる戯言《たわごと》であるということにとどまらない。このような主張は、古代ローマ人を、彼らの本当のイデオロギーや情念、つまり、すべてが戦争と名声を目指していたイデオロギーや情念という観点から判断しそびれていたのである。共和政ローマが各人がそれぞれにふさわしいものを与えられている真の共和国《コモンウェルス》であると主張したキケロは、必然的にアウグスティヌスの冷笑の的になった。そのような自己満足に浸る根拠は、異教的な国家において、とりわけ軍事的なローマにおいて、あるはずもなかった。〔正義のなかでも〕法的な真直さというものを好んだキケロが、〔ローマにこの意味での正しさがあると述べたのは〕ただたんに間違っていたということではない。むしろ彼は、不正義の支配について、そして正義の真の要求について、あまりにも狭い視野に囚われていたのである。その意味でキケロは、〔アウグスティヌスによれば、〕二重に無知であった。つまり、まずは人間誰もに定められた無知であり、つぎに異教徒ならではの無知である。私が思うに、〔アウグスティヌスの〕この断定は、公正であったとはいえないが。

正義の通常モデルに対する懐疑主義者の攻撃は、プラトンとアウグスティヌスによって言い尽くされたわけではない。〔彼らに加えて、〕純粋に心理的な懐疑主義も存在する。この懐疑主義は、私たちがお互いのためにルールをつくるに十分なほどお互いのことを知ることができるのかと疑問を呈するだけではなく、こうしたことをする私たちの努力が、〔かえって〕大きな害悪をもたらすのではないかと疑うのである。このような考え方をする最も代表的な思想家は、モンテーニュである。彼によれば、私は自分のことは知りうるかもしれないが、他のひとは常に私のことを、私が自分を知るのとは異なったかたちで理解する。私たちの主観的で個人的な経験は、行動の一般ルールとするにはあまりにも多様で伝達不能であり、それらを〔他人にも〕押しつけようとする試みは裏目に出がちである。ルールというものは、私たちの残酷さを減少させるどころか、私たちの凶暴性を、たんにその方向性を変えることだけして、〔抑制せずに〕むしろ公認してしまうのである。もっといえば、私たちの思考や感情は言語のルールによって歪曲されるし、私たちの記憶は解釈のルールによって改変されるし、私たちの最もよい道徳的な気質は社会的なルールによって阻害される。実際のところ、私たちが創出しうるであろういかなるルールも、物事をよりよい方向に導きはしないのである。なぜなら、私たちはあまりにも無知で、あまりにも多様であって、何かしら単一の規範的な構想に包摂されるということはないからである。私たちは、お互いにとって他人であり、お互いについて判断するにはあまりにも無知である。

それだけではない。私たちがルールに信頼を寄せる場合、私たちは自分たちの能力を過信しがちであり、その過信が私たちを傲慢に、残酷に、そして専制的にする。要するに、正義の通常モデルは、それ自体として見れば欠陥のないものだろうが、しかしそれは端的にいって私たちに合うようにはつくられていないのである。そのモデルは間違っているわけではなく、たんに、実践的には不毛であり当惑を招くものだということである。というのは、それは、私たちがどうあがいてももっていない心理的および知的な性質を、私たちにあるとみなすからである。したがって、〔モンテーニュの考えでは、〕私たちが〔物事についての〕極端なまでの不確実さにさらされているなかでは、私たちができる最善のことは、私たちの乗り越えがたい限界を悔やみ、できるだけ害を与えないようにすることだけである[11]。また、私たちが判断や非難を控えれば控えるほどに、私たちの社会は、より非暴力的でより恐怖に囚われないものになる、そのようにさえ期待されているのである。

こうした考えはプラトンがたどり着いた結論ではないが、正義についての型にはまった理解に対するモンテーニュの批判は、〔結論は異なるとはいえ、〕プラトンによる批判とかなり似ている。私たちには認知的能力が欠如しているにもかかわらず、自分たちのなけなしの制度的な創造物で巨大な不正義に対処しうるなどと信じるとき、私たちは自滅を招く。実際、そうした制度的創造物は、ただ不正義の支配領域を拡張するばかりなのである。

モンテーニュの心理的な懐疑主義は、現代においてもその切れ味を少しも失っていない。それどころか、現代の社会心理学上の発見は、彼の懐疑のいくつかをむしろ強固にしている。〔この発見によれば、〕どうやらごくわずかなひとにしか、統計学的な情報を応用することはできないし、単純な確率の計算さえ行えないようなのである。それゆえに、完備的でない情報しか与えられない状況において何らかの判断をするとき、私たちのほとんどは、手許の利用可能な証拠を間違って解釈してしまう。私たちの社会的な決定には統計や推測が必要なのだが、しかし私たちは、それらについての知的な訓練を受けることを拒んでしまっているのである。さらにいえば、適切に思考することができないのは、知性ないし教育の問題なのでもない。単刀直入にいって、それは私たちのありのままの姿である。同じく落胆させることであるが、新たに得られた情報によってみずからの考えを更新するべきときであっても、私たちは、頑固なまでに、自分たちの信念を変えることをしないものである。私たちの物事を因果的に捉える思考様式は、臨機応変さを備えており、そのおかげで、新たに現れた証拠を、私たちのそれまでもっていた既存の期待を修正してそれへと適応させることなく、とり込んでしまう。そしてまた、行為について説明する場合にも、どうやら私たちには、自分自身の行動についてはそれを外的な環境的要因に帰するのに対して、自分以外のひとの行動については、それを本人の内的な動機に帰する傾向があるようである。(12) 私たちはその直観において、責任回避的なのである。

ほとんどのひとは生まれついての科学者なのではなく、そして常識というものは、モンテーニュが考えたように、欠陥だらけである。こうしたことに鑑みれば、私たち〔人間〕は正義のシステムには向いていないというモンテーニュの考えに、賛同を与えたくなるのももっともなことである。正義のシステムは、私たちの心理的および認知的な限界を無視しているのである。したがって、その結果として、モンテーニュが示唆したように、正義のシステムは、たんに正義を実現し損ねるだけではなく、そのままで十分に適切であると思い込んでしまったり、根拠のない自信をもってしまったりすることで、全般的な過酷さおよび社会的な融通のなさに陥ることになろう。こういった状況のなかで、〔正義のシステムへの疑いを表明する〕懐疑主義は、不正義に対してそれにふさわしい地位を与えているといえる。なぜなら、それは、私たちの判断が暗闇の中で下されているということを認めており、それらの判断の正しさを疑うからである。このような疑いは、私たちの自己統治能力に対するプラトン的な総攻撃に必ずしもつながるわけではないが、しかしそれは、思索的な読者に対して不正義の領域の存在についての実感を強くしてくれるとはいえる。いかにも私は、ひとつの狙いがあって懐疑主義的な思想史から本書を始めたのである。それは、懐疑主義によって暴かれる、人間の不正義の巨大さについての実感を取り戻すためである。

不正義が、そう見えるとおりに、複雑でかつ手に負えないものであるのならば、特定のルールに比較的縛られずに物事を捉える類の現象学〔的思考様式〕が、この問題を探究するうえでのより優れた方法として浮かび上がってくる。さらにまた、〔懐疑主義によって〕ひとたび疑いの扉が開かれると、次々とたくさんの問いが頭に押し寄せてくる。そうした問いを生み出すもののひとつは、不正義の被害者についての新たな関心である。すなわち何といっても、これらの懐疑主義者たちは私たちに、本当のところ被害者とは誰なのかを考えさせるからである。〔そこから生まれるのが以下のような問いである。〕私たちは誰もが、無知の被害者ではないだろうか。〔そのなかから〕どのようにして〔本当の〕被害者を選び出すことができるのか。もしかしたら、不正なる者こそが、彼自身ないしは彼女自身の悪行の、最大の被害者かもしれない。[*3] 私たちは不正なひとに対して、そしてその直接の被害者に対して、どのような責任を負っているのか。それに、そもそもどのようにして、誰かを不正義の被害者として認めることができるのだろうか。

不正義の被害者とは誰なのか：不正なひとか、その餌食となるひとか

アリストテレスの案内に従って考えるなら、不正なる者は、どこからどう見ても被害者ではない。不正なる者は、ただひとつの悪徳に支配されている。すなわち、強欲《グリード》という悪徳である。[*4] 彼が法のルールや公正さのルールに違反するのは、それが理由である。彼は要するに、何もかもを、もっと欲しいのである。物質的な財であれ、名誉であれ、権力であれ、何もかもを、である。そして彼のこの強欲の影響は、あげて他者に降りかかる。周りの人々は、彼の強欲な行動のせいで、本来受け取るべきものより少なく受け取るはめになる。

しかしながら、〔アリストテレスの案内から離れて考えれば、〕不正なる者は、何よりもまず、みずからの魂に対して恒久的な危害を加えることによって、自分に対して不正であるといえるだろう。これこそが、たしかにプラトンの見解である。すなわち、プラトンの考えによれば、不正なる人々は、自分が何をしているのか本当のところは理解しておらず、自分の意志で行動していない。そして、彼らは、たいていあまりにも誤った方向へ導かれているため、本当のところは憐れみを向けられるべき存在なのである。彼らは無秩序な魂によって苦しみを受けており、満足させることも制御することもできな

い猛烈な欲望や怒りに悩まされている。非合理性、傲慢さ、制御不能の欲望、攻撃性、まったくの無能が、すべて、それぞれのかたちで、私たちを不正にする魂の病である。このような状態での生き方を続けることをこの人々に認めるということは、彼らに対して何らの親切心を示したことにもなりはしない。⑬

もし不正義が理性を制圧することであり、人間のなかの最も低い性質による最も高い性質に対する支配なのだとすれば、不正なひとは、他者に対してと負けず劣らず、自分に対しても不公正であるといえる。しかしながら、正義の通常モデルの観点に立つならば、これは——トマス・アクィナスの言葉を借りていうと——たんなる「比喩的」な不正義である。⑭というのも、いったい誰が、みずからのことを進んで傷つけようとするだろうか。⑮もし不正義というものが自由意志による行為によって成り立つのだとすれば、〔不正義が生まれるには、〕少なくともふたりのひと——不正を行う主体と不正を受ける被害者——がいなければならず、またたいていは両者の争い合う主張を裁定する第三者も必要である。だが、アリストテレス的な常識には反することになるが、私たちは、しばしば自分に対して不正を加えることがある。それは必ずしも、プラトンが考えたごとくに、自分の魂を傷つけることによってではない。すなわち、私たちは、実際には為したわけでもない行いを理由に自分を責めたり、想像上の過ちのために罪悪感を覚えたりすることがある。私たちは自分に対して、理に適わないかたちで罰を加えることがあるのだ。

さらにいえば、より古い時代の文化的な場面の数々において、自分に対する不正というものには、大いに意義が与えられている。たとえば、神殿荒らしの下手人や殺人を犯した者、とりわけ同族を亡き者にした輩は——プラトンが思い起こさせるとおり——、穢れを身にまとうことになる。このような者は、同時にまた、自分の周りの人々にまで穢れを及ぼしたり、〔周りのみならず〕すべての者への神の罰を招いたりする危険性をもっている。不正に手を染めたこの者の共同体だけではなく、その子孫もまた、危険にさらされることになる。なぜなら、償われていない罪は、その子孫に受け継がれるからである。[16] 不正なる者が、そしてその共同体が浄化されるためには、この者は、裁かれそして祓い浄められなければならない。罰を下すことは、〔不正を為した者を〕更生させるただひとつの希望なのである——ただし、罰には、同じ罪を犯すことのないよう周りの人々に教えるという目的もありはするが。[17] 不正なる者が精神的な病に罹患しているという考え方は、〔たしかに〕その実際の大本《おおもと》は明らかに古代にある。しかしそのことは、この考え方を、より伝統的でない社会にとって意味のないものにするわけではない。〔不正なる者は〕狂気にとりつかれているというのは、〔あらゆる社会において存在するとはいえないような〕極端な事例であり、プラトンもまた思い起こさせてくれるように、〔そのような極端な事例ではなく、〕奴隷を酷使するというようなそれ自体としては穢れを生まない類の不正行為であっても、なおもそれは自分の性格を取り返しのつかない仕方で損なわせるのである。私たちは、自分より劣る者に怒りを覚えることによって、みずからを醜くする。[18] 穢れを身にまとうほどであるのが極端な場合のみであるとしても、ともかく不正なる者は、常に自己破壊的なのである。そしてそこで要求されるのは、よしんば命を奪ってでも、〔穢れを〕浄めて〔病を〕治癒してくれるような罰である。たとえ、その代償として命を奪われるとしてもである——もっとも、浄化および治癒という目的には、追放刑くらいでよさそうであるが。

不正なる者の惨めさについてのプラトンの説明と比べるなら、アリストテレスの説明は地味《アンドラマティック》なものである。〔アリストテレスによれば、〕間違いなく、不正なる者は、ただ腹を立てて行動しているというわけでもなければ、ただ激情に流されて行動しているというわけでもなく、取り戻しようもないほどに歪められた性格を、強欲が習慣的になることによって身につけてしまっているのである。さらに、不正行為がいっそう頻繁に為されるにつれて、そのひとの全体としての人格もいっそう悪くなる。そのような〔悪い〕ひとを突き動かす動態的な欠点は、しかし、〔アリストテレスによれば、〕たんなる強欲さなのであり、つまり〔複合的でも流動的でもない〕単一の固定された特質なのである。アリストテレスは臆病さについても、それと結びついた感情とともに悪徳のうちに含めたものの、それらを不正行為の重要な原因として取り上げることはなかった。だが、事実をいうなら、私たちが数多くの不正行為に手を染めたりそれらを容認したりするのは、私たちが、怠惰ないしは怖がりだから、もしくはその両方だからにほかならない。〔このような事実にもかかわらず、〕アリストテレスの見るところの不正な主体には、ただひとつの動機、すなわち強欲しかないのである。さらに、〔アリストテレスによれば、〕この不正な主体の欠点は、そのすべてがこの者の不公正な行為によって導かれた諸々の帰結のなかに見いだされるべきものである。私たちがこのひとは不正だとわかるのは、欲望の対象となるものや喜びを与えるものを、本来は共有されるべきであるにもかかわらず、他人にあまりにも少ししか与えなかったり、あまりにも多く自分だけのものにしたりしてしまうことによる。[19] 不正なる者は、他者のことを考えず、ただひたすらに、取れるだけ取ってしまいがちなのである。これこそまさに、アリストテレスの正義の通常モデルが求めるところの不正なる者のあり方である。〔すなわち、〕このモデルは、分け前を主張するすべてのひとにしかるべき取り分を取り戻させることをもって、首尾よく正義を実現しえたとする類のものなのである。

最良のフィクションによる人間の性格描写、歴史、伝記、そして私たちの経験は、不正なる者には、〔不正を為すにあたって、〕たんに強欲だけではなく、数多くの動機が絡み合って存在していることを教えてくれる。たとえ不正なる男女が、最初は強欲や野心によって動かされていたとしても、すぐに他のいくつかの気質が作用し始める。〔たとえば〕不正な政治というものにおいては、強欲に、イデオロギー、狂信、偏見、外国人嫌悪、男女差別などが合流している。政治的にいって、そうでなければまともな人々が、集団になって行動することで抑制を失っていくことほど不気味な感情的現象は、ほとんどどこにも見あたらない[20]。不正義への衝動を、〔アリストテレスのように〕たんなる強欲に還元することは、数多くの不正な政治活動を実質的に理解不能にしてしまうだろう。

〔アリストテレスの正義の通常モデルが〕単純な強欲を不正義の唯一の動機へと仕立て上げようとすることとの困難のうちでも、とりわけ重要なのは、〔このモデルでは本来、〕不正義は、ルールによって自分に定められた分け前よりも少なくしか取らない者、すなわち十分に強欲でない〔気前のよい〕者をも、〔不正なる者として〕非難の対象とするように思われることである。気前のよい者は、〔性格そのものとしては〕不正なひとではない。なぜなら、おそらく、彼ないし彼女の行動によっては誰も被害を受けていないし、そのような行為によって〔むしろ〕そのひと自身の性格全体が優れたものになっているからである[21]。しかしそれでも、〔通常モデルにおいて〕気前のよさは、〔それを身につけたひとの性格としてではなく、それが生み出す〕結果としては、ふたつの仕方で不正なのである。まず何よりも、もし誰かがそのひと自身の本来の分け前より少なくもらい、別の誰かがそのひと自身の本来の分け前より多くもらうとき、その帰結は、〔通常モデルにおける〕不正義の定義からいって、不正である。つぎに、公的正義がないがしろにされていることである。というのも、気前がよく寛大な者は、通常の正義の追求を見下し、そのことによってこの通常の正義の政治的な効果を弱めるからである。たしかに、一ドルをめぐって裁判で争うようなことを拒絶するのは気高い性格の印かもしれないが、それは暗に司法秩序の倫理的な品位を貶めることになるのである。気高き者にとって重要なことは〔気前のよさがそのひとつであるような〕自己完成であり、正しい公的な秩序の維持ではない。〔正義の通常モデルの観点から〕一貫性を保つためには、アリストテレスは、不正なる者の抑制のない強欲に対応《マッチ》するような正しい者の属性として、〔強欲を通常の正義に適う程度にのみ抑制する〕限定的な気前のよさを挙げなければならなかっただろう。もちろん、おそらくは一貫性を欠くかたちで、アリストテレスは〔強欲を限りなく抑制することで可能になる自己〕完成を〔推奨されるべきものとして〕選んだのだが、彼の後継者たちの多くは、〔通常モデルに見合うような〕道徳的な凡庸さでよしとしたのである。*5

アリストテレスの正義の通常モデルに見られる〔強欲を不正への唯一の動機とする〕道徳心理学の不十分さは、おそらく、そのすべてが、〔このモデルの〕公正であれとする要求に応えようとした結果である。不偏不党〔つまり公正〕であるためには、ひとは不正なる者を、〔その性格や境遇などを踏まえた〕全体として考慮するのではなく、当該事案に関連する限りでのこのひとの特徴や行為のみを考慮するだろう。実際のところ、分け前以上に取ったり手に入れたりするひとの動機をあまりに深くのぞき込むことは、そのひとについて判断する際に公正さを欠くことにつながるかもしれない。〔複合的な動機に深入りせずに、〕強欲〔という単一の動機のみを挙げること〕は、〔不正かどうかの〕判断を担わされた者にとって現実に意味をもつような〔あくまで外に現れる〕行為についての表面的な説明としては、十分によく用を果たすものである。さらにいえば、強欲によって説明することは、無法者に共感するどのような傾向をも確実に萎えさせるものである。プラトンがそうしたように、不正なひとを魂の無秩序の被害者として考えるならば、私たちは、この不正なひとによって傷つけられたひとたちよりも、この不正なひと自身に対して憐れみを抱く気になってしまうかもしれない。たしかに不正なひとはおそらく善き生を送っていないだろうが、その被害者は確実にもっとひどい状態に置かれているのであって、私たちはそのことを忘れるはずがない。常識が教えるところによれば、不正なひとは、惨めであるかどうかはともかくとして、みずからの悪行の真の被害者などではないのである。それにもかかわらず、どうやら誰も、不正義の被害者に対して、その加害者に対してと同じだけの関心を示してはいないように思われる。

自己完成という貴族的な倫理において、被害者の存在が見失われるのは、驚くべきことではない。そのような倫理は何よりもまず、主体の性格に目を向けるものだからである。プラトンにせよアリストテレスにせよ、不正義の被害を最終的に受ける者に対しては、その加害者に対してと同じだけの関心を示すことはなかった。彼らにとって何にもまして重要なのは、支配者の地位にあって不正を為す市民、ないしは暴君たち、そして彼らの歪んだ魂だったのである。プラトンにとって、政治的に自分よりも劣位にある者によって支配されることと、自分の低俗な衝動に屈することは、互いに照応し合う経験であり、そのいずれもが不正義なのであった。秩序が乱れている都市に住むことはすでに十分悪いのに、不正なる者がそうならざるをえないように、みずから招いた恥辱によって苦しむことはもっと悪い。かくも惨めな生き物こそ、真の被害者というべきである。私たちが知っているように、ソクラテスは、そのような魂の破滅《フェイト》にみずからをさらすよりは、事実上の自死を選んだ。魂の無秩序へとひとを導きうるのは、本当の無知のみであった(22)。

プラトンとは異なった見解——不正なる者へのいかなる免責も排除し、そうした者を決して被害者とみなしたりはしない見解——をもっていたアリストテレスでさえ、不正なる者に対して同情心を呼び起こすことはありえた。不正な行為がいずれ自分の性格にどんな影響を与えるか本当に理解しているひとは、このような行為を選ぶわけがなかった。というのも、こうした行為の結果、その行為者の個人的な人格は深刻に腐敗することになり、それによってこの不正なひとは、みずからにふさわしいものを与えられなかった被害者よりも、いっそう悪い状態に陥るのである(23)。不正なる者に対して憐れみを抱くように仕向けられはしなかったとしても、私たちは、そうした者の個人的な状況に関心をもつようには促されるのである。彼の堕落を抑え、彼を処罰するだけの関心は、間違いなくもつべきだろう。むろん、キリスト教徒には、このような罪びとへの慈悲の心をもつことが期待されている。彼らにとって罪びとは、結局のところ、本当の被害者よりはるかに目をかけるべき存在なのである。

永遠の救いを追求することも、不正義の被害者を脇に追いやる点では、自己完成への貴族的な探求とちょうど同じような働きをするだろう。アウグスティヌスの『神の国』において、私たちはつぎのことを告げられる。すなわち、政治的不正義の被害者、ことに奴隷は、究極的にはその所有者〔たる主人〕よりも被害を受けていない、なぜなら奴隷は、その所有者ほどに多くの誘惑にさらされているわけではないからである、と。そしてもし被害者がみずからの定めを忍耐強く耐えるのであれば、彼女はその高慢な主人よりもよほどよい来世を期待できるのである。奴隷は主人ほど財産にしばりつけられてはいないため、主人よりも霊的に自由であることが容易な立場にある。ここでもまた、社会的に被害を受けた受難者ではなく、不正なる主体こそが本当の被害者として現れることになる。[24] さらには、罪に支配されたこの世界では、被害者であるのはおのれの富にしばられる、〔奴隷の〕主人たちだけではない。〔政治的に〕支配する人々もまた、特別の道徳的な危険を負わされている。この世のすべての権勢あるひとたちは、絶望的な状況にいるのである。キリスト教の見解では、権力者こそが本当の被害者であり、最も貧しい者たち、最も惨めな者たちは、罪を避けるのに誰よりも有望な人々である。〈最後の審判〉を描く絵画の数々は、そのすべてが、こうした人々がどれほどに恵まれた存在であるかを私たちに物語ってくれるだろう。

このような陰鬱な見解へのはっきりした対抗として、そして明らかに愉悦とともに、ニーチェは、歓喜に満ちた古代ギリシアの異教時代においては、刑罰というものは娯楽であったと主張した。すなわち刑罰とは、〔罰の名において苛烈な暴力に処させるという意味での〕被害者〔たる受刑者〕に対して、ひとが自分の残酷さを発散させることが許される娯楽であったと。[25] 少なくとも、その時代においては、誰が被害者であるのかにかんして疑いの余地はなかった。さらには、誰ひとりとして、〔刑罰を下す〕手続きが公正であるかどうかなどといったことに気を揉むこともなかった。こうした事例が、せいぜいのところ多神教にのみ当てはまるような歴史的な空想であるかどうか、それはどちらでもよいことである。〔ニーチェによって〕ここで目指されているのは、ヨーロッパの思索的な分類によってこそ、被害者の概念の複雑化、および被害者になることの聖化がなされたことを指摘することであった。月並みな犯罪者であっても、〔みずから魂を歪めて被害者になるような〕哀れなどじなどではなく、むしろ力をもって真に自己主張する者である――ニーチェにはそう信じることが喜びだったのだろう。〔しかし〕実際には、ほとんどの犯罪者は、〔自己主張するような〕英雄的態度を取り損ねるばかりか、自分こそが被害者であると言い張ることを――無理もないが――選んだのであった。もっとも、概して、このように言い張る際の根拠は、〔加害は自分自身の魂をこそ害するという〕プラトン的ないしはアウグスティヌス的なそれではない。

　通常の犯罪者は、いくつかの〔プラトンやアウグスティヌスよりも〕いっそうわかりやすいごまかしを試みるだろう。たとえば、強姦の場合、自分は、被害者によってその行為へと誘われ、犯罪者へと仕立てあげられた、と主張するだろう。また、犯罪者は、被害者の言い分がまったくの誇張だと主張するかもしれない。暴行や詐欺の場合、間違いなく彼らは、必要に迫られてやむをえずそのような行為に至ったと訴えるだろう。だが、私たちにとって最も重要なのは、犯罪者は、つぎのような論法を、ルソーやその後継者たちから学んだのかもしれない、ということである。すなわち、自分の犯した不正な行為は、不正な社会によって強いられたものである。そもそもこの不正な社会が、自分の道徳的な感性のかたちを崩して歪めてしまい、物質的および精神的な支えを自分から奪ってしまい、その結果自分は不正な行為をせざるをえなかったのだ。それゆえに――またしても同じ結論になるが――、自分こそが本当の被害者なのだ、といった論法である。このような主張はたんなる偽善として捉えるべきではなく、むしろ犯罪者自身を被害者として見る長い一連の議論の、最後の砦として理解されるべきである。誘惑による強制にせよ、自分が常に社会の被害者だという感覚にせよ、不正なる者がみずからの行為もしくは自分の置かれた環境の最大の被害者であるとするその他の議論と同じく、心からのものである。〔先に見たように、〕キリスト教の考えでは、被害を受けた奴隷こそが、主人――みずからの不正の被害者でもあるような主人――の為す不正義から利益を得ている。こうした見方は、不正なる者こそ真の被害者であるとする考え方の、ひとつのはるかに極端な事例にすぎない。しかし、いずれの場合も、〔つまり、加害を不正な社会のせいにする場合も、被害者をこそ幸いとする場合も、〕現実の不正義の被害者は、被害者として扱われていない。不正を為す主体は、〔その行動を社会的に強いられたものとされることで〕自己主張を奪われているし、被害者はその〔本当の〕経験を歪曲されているのである。アウグスティヌス主義者およびニーチェ主義者のいずれにも、被害を受けることこそもうけものだ、そう思い描く余地が残されているのである。被害者には、〔アウグスティヌスの言い分によれば〕天国への道が用意されているし、さもなければ〔ニーチェが描くように〕真に気高く自由な個人〔たる強き者〕を〔、弱き者どうしの結託によって〕抑圧して勝利を収めるということも、やろうと思えばできるのである。

被害を受けた者たちがもっている力というものは、誰にとっても自明なものというわけではないかもしれない。それでもニーチェは、彼らの勝利を、集団的な制圧として理解する。すなわち、その勝利は、自由で気高き人々を拘束し壊滅させたいとずっと意を決していた聖職者たち、〔自由で気高き人々への〕憤り《リゼントフル》をもったこの聖職者たちによって率いられた奴隷反乱が、成功を収めた結果なのである。ニーチェのこうした考え方は、歴史上初めて提示されたわけではない。というのは、〔プラトンの『ゴルギアス』において描かれる〕ソクラテスに対するカリクレスによる挑戦は、すでにそのような考えに基づくものであったからである。[26] カリクレスは、自分こそが〔ある意味で〕被害者だと感じており、また不当に支配されていると感じていた。それは、彼が弱く無力だったからではなく、彼があらゆる観点からいって大半の人々よりも優れていると自分自身で知っていたからである。すなわち、彼は、〔優れた存在である〕自分が、自分より劣った人々に対して好き勝手に振る舞えない限り、自分には自分にふさわしいだけのものが与えられていないことになる、と考えるのである。劣った人々による相互保護社会が彼に集団で襲いかかり、いまや都市を支配している。弱き者たちが、自分たちよりも優れた存在を払いのけるために団結し、そしてその存在に対していまや弱者による圧制的で不正な支配を及ぼしている。〔これに対して、〕カリクレスは、彼を苦しめる者たちの倫理的および政治的な制度に屈服する義務があるなどとは微塵も感じることなく、なんとしても自分の思うがままに振る舞おうと心に決めているのである——弱き者たちが課してくる法やルールをものともせずに。

注目すべきことは、カリクレスが、惨めな詐欺師でも小物の泥棒でもないということである。〔むしろ〕彼は、自分の無法さを公に宣言する、最上の標本的存在なのである。カリクレスが憚《はばか》ることなくみずからの無法さを宣言しうるのは、自分こそが支配をすべきである、それも自分自身の利益のために支配をすべきである——そう主張しうる完璧な理由をもっていると彼が感じているからである。すなわち、その理由とは、自分が他の人々に比べてあらゆる点において優れているというものであった。自分自身と自分が置かれた状況に対するカリクレスの見解を受け入れるとしたら、彼はたしかに〔フランツ・ファノンのいうところの〕地に呪われたる者たちの団結した力の被害者だといえる。〔プラトンの〕『国家』は、主として、カリクレスのこの挑戦に対する応答である。すなわち『国家』では、〔カリクレス本人こそ登場しないが、〕ソクラテスの若い友人たちがこの挑戦を紹介する——そしてこの友人たちは必死になって、ソクラテスに、それを論駁してくれるよう求めるのである。

通常の正義には、カリクレスのような人物に対して語るべきことはほとんどない。というのも、真の支配者——カリクレスの気高い敵対者——たるものは、〔欲望の充足ではなく、〕みずからの知恵によってこそ幸せになるという〔カリクレスに対する論駁としてソクラテスが挙げるような〕ことは、結局のところ、〔各人の分け前の正しさを問題とする通常の正義においては〕話題にもならないからである。〔ソクラテスによれば、〕真の支配者たちが、都市を、真理の洞察に基づいて支配したなら、彼ら彼女らの人生はより調和的で、より合理的なものになるだろう。すなわち、そうした支配は、おのれの尽きることなく絶えず高まる欲望を満たすための手段としての支配よりも、いっそう調和的で合理的な人生を支配者たちに与えるだろう——カリクレスが支配者の地位にあれば選ぶだろうような支配よりも、である。おそらくは、カリクレスの〔自分こそが誰よりも優れているという〕心理的設定は、現実にはありえないものだろう。しかし仮に彼が、本当にそんなにも優れているのであれば、彼は、自分より劣る者による支配を、その人数がどれほど多かろうとも、正しいものとして受け入れる理由がない。彼は無法な犯罪者の卵であって、待ったなしに追放刑に処されるだろうが、彼自身の観点からすれば、彼こそ型にはまった正義のシステムの被害者である。すなわち、このシステムは、彼の理解するところによれば、彼に対してふさわしい分け前——と彼自身が考えるところのもの——を与えていないのであるから。ソクラテスの観点からすれば、〔たしかに〕カリクレスも被害者なのだが、それは他人によって受けた被害ではなく、自分自身の秩序なき情念がもたらす被害である。これは、カリクレスもニーチェも共有しはしない見解である。それはまた、カリクレスやニーチェの〔唱えるような、強者による欲望のままの生き方の犠牲になる〕被害者が——そんな被害者が実際にいるとして——、このふたりに対して抱く思いとも異なるだろう。

それでは、不正義の本当の被害者はどうなってしまうのだろうか。哲学は、この本当の被害者について、ほとんど何も言ってこなかった。この被害者たちの姿を明るみに出すことで、哲学の本来の道から外れるわけではない場合でさえもそうであった。しかし、それでもなお、そしてカリクレスやニーチェの考えに反して、これらの被害者はやはり間違いなく重要である。被害を受けた当事者の性格とはどんなものだろうか。私たちは、彼らや彼女らについて何を知っているだろうか。彼らや彼女らの経験をあますところなく考慮に入れなければ、不正義の全体像は不完全なままである。貴族的なエートスがこうした被害者に対して比較的に無関心であることは理解できるが、いずれの類であれ民主主義的な政治理論であるなら、不正義の被害を受けた者の魂にくすぶる不正義の感覚を無視することはできないだろう。民主主義の道徳的な意味というものが何かしらあるとすれば、その意味とは、すべての市民の人生は価値あるものであるということ、そしてすべての市民の、自身の権利への感覚が広く認められるべきであるということである。すべてのひとは、最低でも自分の声を聞いてもらうのに値するものであり、市民が自分たちの社会的および個人的な不満を認識するその仕方も無視されてはならない。民主主義的なエートスは、私たちの誰もが不正義の感覚をもっているということを前提にし、それが、私たちがお互いについて判断したり、社会を判断したりする際に重要な役割を果たすということを前提にしている。それゆえ、被害者の声、すなわち自分は不当に扱われたと訴えるひとの声は、民主主義的な原理の問題として、沈黙させられることがあってはならないのである。しかしそもそも、誰が被害者なのだろうか。被害者であるとはどういうことなのだろうか。

被害者の性格を特定することは不可能である。被害者とはたんに、間違った集まりにおいて、間違ったときに、間違ったところにいた人々なのである。不正なる者は何かしらの性格をもつが、被害者は固定された役割ですらない。今日《きょう》の被害者は、その多くが、明日の加害者となって誰かを傷つけるだろう。被害者であることは、被害者（*victim*）という言葉のまさにその語源からはっきりとわかるように、受動的な概念である。『オックスフォード英語辞典』によれば、「被害者」という言葉は、かつて、何らかの神に捧げられるために殺され生贄にされた生き物のことを指していた。[*6] 一七世紀以降ようやく、被害者という言葉は、死刑に処された人々、もしくは残酷で抑圧的な扱いを受けてきた人々をも指すようになった。この言葉の意味は、やがて、たんにいいように利用されただけのひとばかりか、自主的に引き受けた行いの結果苦しんだひとのことさえも含むまでに拡大されていった。こうした定義の拡大は、〔被害者とみなされる者の範囲を広げるという意味では〕人道性の進展を表しているのかもしれないが、そのことによって、私たち〔の時代〕において、〔実際に〕被害者となる人間の数を減少させてきたとは到底いえない。

私たち〔人間〕が未来永劫に残酷さをもち続けることは、内戦ともなれば残酷さを発揮するという事実において明らかであるが、それと同じ程度に、笑うことに悦びを感じるという事実においても明らかである。しかも、私たちのほとんどは、被害者をだしにして大笑いするのである。ドタバタ喜劇は、それを当てにして成立している。たまたま居合わせただけのひとが、その顔にクリームパイをベチャっとぶつけられ、バナナの皮で足を滑らせ、ゴミ収集車に落っこちる姿ほどおかしなことがあるだろうか。社会派喜劇は、ほとんど常に不運の被害者をだしにする。モリエールの不滅の〔戯曲作品〕『ジョルジュ・ダンダン』をその典型としよう。[*7]〔この戯曲においては〕裕福な農民〔であるダンダン〕が、貧窮に陥った貴族の家に婿入りする。結婚した妻はこの男を欺き、義理の両親も彼を侮蔑し愚弄する。劇のなかば、彼が「自業自得というものだ」と叫ぶとき、観客は笑う。そして観客は、この哀れな男の人生がますます悪化していくなか、笑い続けるのである。私たちが、傷つけられ〔社会から〕拒絶された人々におのずと肩入れするということは、〔このように、〕決して明白なことではない。そうするのは限られた人々だけであり、しかもその人々も、たまにしかそうしないのである。

被害者である状態のあらゆる形態を網羅的に列挙することはおそらく不可能であるものの、純粋な個人《インディヴィジュアル》による不正行為だけが、被害の全形態の原因であると想定する理由はない。そうした個人による不正行為はもちろん目につきやすいものであるが、多数の人間が関与する災害、もしくは自然災害もまた、非常にたくさんの被害者を生み出している。実際、まさにこれらのふたつのあいだの違いが、しばしば不正義を理解するうえで重要である。しかしながら、苦痛の原因だけを見るのでは十分ではない。被害者の自己理解もまた、十全な不正義論であるためには考慮されなければならないのである。さらに、そのような不正義論は、公式の被害者、および非公式の被害者の双方――すなわち、法的にも慣例的にも被害者として認知されている人々と、不正義の最もよくできた社会的目録にも現れない人々の双方――に関心をもつべきだろう。(27) というのも、公的ルールの射程の外側へと完全にはみ出してしまった、たくさんの不正義の被害者が存在するからである。これは、民主主義化がいまに至るまでに、犯罪の被害者への法的な関心を著しく拡大させてきたにもかかわらず、そうなのである。

ニュージーランドを皮切りに、いまではアメリカ合衆国のいくつかの州においても、犯罪の被害者に対して賠償、損害補償、社会的サービスを提供することを定めた法律が存在する。このような漸進的ではあるが本物の変化と並んで、いまでは被害者学についての研究も隆盛をきわめている。第二次世界大戦勃発以降の世界中での恐怖の広まり、アメリカの都市における暴力的な犯罪の増加が、これらが生み出される大きな背景となっている。これらの研究の担い手は、たいていは急進的なひとたちである。すなわち彼らは、犯罪者だけではなく、犯罪の被害者たちのほとんどもまた、貧しい人々だということに注目する。これらの研究は、たしかに〔貧困層を救済しようという〕特定の目的をもった研究ではあるが、この学問において、中産階級の人々が約束を反故にされたり、脅しに遭ったりする事例もまた、考慮されるべきではない理由はない。被害者学の政治的な重要性というのは、不正義の感覚が民主主義的な反応を喚起したこと、そしてその感覚がたんに疼《うず》くだけではなく、それが新たな制度の創出へとつながったことを、この学問が体現していることにある。

これらの変化にもかかわらず、正義の通常モデルは、被害者と折り合いをつけるうえでの厳しい困難に直面し続けている。なぜなら、このモデルは、被害者の状況を〔正義の〕ルールに照合することにみずからの役割を限定しているからであり、そのようなやり方は、被害者を〔そのそれぞれの状況に見合うかたちで適切に〕認識するのには不十分だからである。被害者である状態は、どこまでいっても主観的な要素を含むものであって、それは正義の通常モデルに容易には汲みつくされえないのである。

たとえば私が、期待していたことが叶わなかったという被害を受けた者であるとして、誰がいったい、そのような期待をもつことがそもそも正当であるとか、正当でないとかいえるというのだろうか。〔被害者たる〕この私は、〔自分の期待を正当なものとするような〕ルール、慣習、共通理解というものが存在している〔からそのような期待を抱いたのだ〕と主張するだろうが、そうしたものは〔本当に〕あったのか、それともなかったのか。〔なかったとすれば、〕そうしたものが、あるべきだったのだろうか。私は、誤っていたのか、不誠実だったのか、それとも正しかったのか。それを決めるのは誰か。被害者が〔それを決める者として〕信用されうるだろうか。すなわち、恵まれない立場にあるが――ひとは何らかの仕方で常に恵まれる者とそうでない者とに分かれるとして――、その〔恵まれないという〕条件からあるいは何らかの利益を得ることになりそうな被害者が、信用されうるのだろうか。〔問題は〕それだけではない。社会的な環境〔の推移〕、もしくはイデオロギー的な変化が、いままでのすべての前提と衝突するような新たな期待をつくり出した場合、いったい誰が、どのようなルール――そもそもルールがあるとして――によって、ある集団が自分たちのことを被害者であると感じてもよいなどと、認めたり認めなかったりするのだろうか。こうした新たな期待は、そもそもそのような〔被害者の要件を再定義する〕ルールを〔新たに〕つくるのだろうか。誰が、誰のためにつくるのか。〔被害者かどうかをめぐる〕こうした争いを裁定する諸々のルールがあるとしても、それはまったくもって固定的なものではない。ひとたび異議申し立てがなされれば、すぐに揺らいでしまう類のものである。なにしろ多元的な社会においては、数々のルールおよび命令が変化を繰り返し、かつ互いに衝突し合うのであって、それらのルールや命令を定式化することは到底できないのである。実際、私たちはしばしば合意へと向けて交渉をするが、そうした合意は正しさとはほど遠く、たんにいったん合意しておいて私たちそれぞれのさまざまな企てを進めていく、ということにすぎない。被害者たちはこれらの合意と「折り合いをつけることを学ばなければならない」のである。私たちには、せいぜいのところそれくらいしかできないのである。〔被害者をめぐる〕こうした一連の問いを提起するのは、答えを求めることでもなければ、答えを提案することでもなく、たんに私たちが自分たちについて知っていることを確認しているのみである。

政治的な都合〔に左右されること〕や、倫理的な不一致は、本当の被害者が誰であるのか知るうえでの唯一の困難ではない。人間というものは、端的にいって、自分が個人的に不当だと感じることについて大きく意見が異なるものなのである。[28] 私たち〔周りの人間〕が、被害者を〔被害者として〕認識することをしばしば拒否するだけではなく、被害者のほうでも往々にして、自分たちの不満を示すことができなかったり、示そうとはしなかったりするのである。加えて、〔被害者が誰であるかを周りが知るには、〕被害者自身が自分を被害者として認識するという要素もいくらかはなければならない。第三者たる観察者から見れば被害者だと映りそうなひとのうちの多くが、自身では自分を被害者とは見ていない。〔夫から〕虐待されているにもかかわらず、警察に通報しようとも告訴しようともしない妻〔というのはそのわかりやすい一例であるが、しかし彼女〕のみが公的な被害者になりそこなったわけではない。大っぴらな被害者になることを拒否するのには、〔妻が夫に感じるような〕恐怖や無力さ以外にも、よりいっそう繊細な諸々の理由があり、それは多くの場合政治的にきわめて重要である。そしてその被害者が、特定の属性によって特徴づけられる集団の構成員の場合、とりわけそうなのである。

こうした属性的な集団の構成員を特に標的とした社会的な差別は、〔その差別の被害者に対して欺瞞的な決めつけをするという意味で、〕単純な類のペテンである。〔標的とされた〕被害者たちは、誤りや失敗の濡れ衣を着せられ、その決めつけに従った扱いを受ける。しかし、驚くべきことに、多くの被害者たちは彼らの状況の不当《インジャスティス》さを認めることを選ばないのである。このような不正義に対するひとつの極端な応答は、たやすく「攻撃する者と一体化すること」であり、彼からの中傷をまったくのところ自分にふさわしいものだと卑下して受け入れることである。ここでは、傷つけられたこのひとは自分自身に嫌悪を向ける。自分のことを不正義の被害者だと考えるのではなく、たんに自分は、まことに自分にふさわしい――と彼女が思う――軽蔑と蔑視を受けただけだと考えるのである。[29] それよりも自傷性においてはるかに深刻ではないのは、女性の多くが〔自分に降りかかった〕不正義を並べ上げるよりも、自尊心を保つことを優先することである。〔たとえば、〕雇用慣行における不正義や、女性の給与伸び率における不正義について、十分に承知している女性であっても、その多くは概して、自分個人としてはこれまでに不正に扱われたことはなかったと主張するだろう。その反対のことを示す証拠があっても、そうするだろう。彼女自身の〔一見して不正に扱われている〕事例を例外的なものとする諸事情、すなわち本当のところこの事例は不正ではないとする諸事情というものは、〔探せば〕常にいくらでもあるものである。ブルーカラー労働者たちも、この女性たちと同じようなことを頻繁にすることで知られている。こうしたことは、マルクスがそうすべきと考えたように労働者たちが行動すればよいと思うひとたちを落胆させるだろう。しかし、労働者のこうした行動は理解できるものである。ほとんどのひとは、自分たちを被害者であると考えることが嫌なのである。何といっても、これほどみっともないことはないからである。私たちほとんどにとって、自分たちが不正義の無力な対象だと認めるより、現実認識を変えてしまうほうがましである。自己欺瞞でさえ、敗北を認めるよりまだしもよいということである。[30]

被害者であることを、見たところうまく利用して、それを自分の有利へと転じるやり方もある。属性を標的とする不正義の被害者、とりわけ人種的および宗教的な差別を受けている被害者でさえ、ユダヤ人たちが時代を超えてしてきたように、自分たちを苦しめるひとたちと自分たちを比較することで、誇りや力を引き出すかもしれない。しかし、実際には、沈黙のうちに苦しみ、おのれを責めるひとのほうがよほど多い。事実、女性たちによく見られるように、多くの被害者たちは力なき状態になることを習い覚えるのである。そうすることによってこのひとたちは、被害者であるということを意識することから逃げられるからであるが、しかしそれは自分に対する甚大な代償を強いるものでもある。究極的には、不正義に正面から向き合うことを拒否することは、現実的でもなければ公正でもない。それはたんに、慰め《コムフォーティング》になるというにすぎない。なぜ慰めになりうるかといえば、どうやら私たちのほとんどは、世界の正しさを信じる、つまり世界とは人々がみずからにふさわしいものをたいていは得ることができるところであると信じる、強い必要性《ニード》をもっているからである。〔加害者ではなくむしろ〕被害者を責めるのは、〔被害によって喚起される〕ありがちな反応ではあるが、それはこうした反応をするひとの心の卑劣さによるものだけではない。それは私たちが暮らす社会の秩序を信頼するという、私たちの必要《ニード》の表れでもあるのだ。[31]

それでもなお、実際に被害に遭った者、自分が被害者であることを意識している者のみが、不正義を不正義として認識するわけではない。私たちはたいていは〔他人の被害に対して〕無関心であったり、それよりひどい態度であったりするにもかかわらず、そうなのである。被害者の訴えにイデオロギー的な理由で寄り添う人々はしばしば、彼ら自身が不正義を被った個人的な経験をしているわけでもなければ、それにともなう屈辱を味わっているわけでもない。政治というものは、とりわけ政治的に抗議を行うことは、利己的な企てではないのだ。自己利益ではなく、信念こそが、その抗議活動を突き動かしているのであり、なかんずく象徴的に政治を行う場合にはそうである。最も過激〔に政治的抗議を繰り広げるよう〕なフランス系カナダ人学生たちは、自分の個人的《パーソナル》な生活はうまくいっていることを進んで認めるし、また〔アメリカでは〕人種統合を達成するためのスクールバスによる送迎に最も反対した人々が、関係する学校に子どもたちを通わせている当事者であるということもほとんどなかった㉜。地に呪われたる者の政治的主張を取り上げる人々が、必ずしも常に、自分自身で直接経験《パーソナル》する不正義の感覚によって悩まされていなければならないわけではないのである。

　被害者に身を寄せようとするこうした政治的行為者は、被害者は本来そうするべきだと自分たちが考えるような仕方で、行動する。つまり、このひとたちは、衰弱した被害者の代役を務めているといえるかもしれない。こうした政治的行為者は、政治的な抗議にまで関わっていこうとする傾向がある。実際、抵抗する人々というのは、概して、〔被害者の声を代弁するなどの〕何らかの大義をもっており、自分たち自身の価値や力に対する肯定的な感覚を抱いているものである。もちろん、彼らは危険な狂信者にもなりうる。彼らの正義感に満ちた熱意や、彼らが私たちに押しつけるかもしれない政治的ルールよりも、ある程度の不正義のほうがまだましだということはあるかもしれない。同時に私たちは、他のひとたちの不平不満を自分たちの利益に変えてしまえるような、政治的な詐欺師の存在を忘れるべきでもないだろう。こういう〔狂信者や詐欺師などの〕輩は、ごく控えめにいっても、悪い市民である。もっとも、他にも悪い市民がいるなかで、彼らは、不正義の感覚が絶え間なく存在することが、どれほどに危険でありうるのか思い出させてくれる存在ではあるのだが。

受動的不正義：どのようにして悪い市民になるのか

不正義が蔓延するのは、正義のルールが、能動的に不正な人々によって日常的に侵害されているからだけではない。実際の被害者および被害者になりそうなひとに背を向ける受動的な市民も、不正の総量に加担してしまっているのである。不正義に受動的に加担する者に目を向けることなく、不正義の能動的な主体だけに注目するのは、通常モデルの短所のひとつである。この弱点は、どうしても避けられないものではない。実際、古代ローマの卓越した法律家であるキケロは、受動的不正義が大々的に広まっていることに光を当て、大きな影響を残した。彼もまたいろいろな意味で懐疑主義的であったが、しかしプラトンとは異なり、共和主義的なシティズンシップの可能性を諦めていなかった。さらに、彼は、アウグスティヌスによるキケロ批判がそう思わせるのと違って、視野が狭いわけでは少しもなかった。キケロは優れた法律家として、通常モデルを熱心に信奉しており、とりわけ法の公的運用の公正さおよび有用性について関心をもっていた。彼の批判は厳しいものであったが、それはまさに、私たちは〔懐疑主義者が想定するような無知なる者ではなく、〕正しくあるための十分な知識を備えている――そう考えていたから〔、つまり私たちは可能なことをしていないという批判だったから〕である。それ彼が通常モデルに見いだした欠点は、認知的なものではなく、政治的なものであったのである。それゆえ彼は、不正義論への、哲学的な貢献というよりは、政治的貢献《シヴィック》をしたわけである。

キケロは通常モデルを大きく拡張し、かつそれに装飾を加えることで、不正義の概念に新たな次元を与えることになった。彼が不正義についての考察を深めたのは、公職から追放されていた時期においてであった。深い辛苦の心持ちのゆえに、彼はほとんどのローマ人が目を向けようともしなかったところに、不正義を見いだすようになった――たとえば、ローマ人の、同盟国に対する扱いのうちにである。すなわち、キケロによれば、ローマ人は、忠誠心に満ちた同盟国を、自分たちに都合のよいときに滅ぼしてしまう。キケロはここに不正義を認める。キケロは同時に、法が、洗練され複雑になることによって、それ自体によって不正義をつくり出してしまうのではないかとも危惧した。しかし、彼の本当の独創性は、不正義にはふたつの種類があるということを強調した点にある。すなわち、能動的不正義と受動的不正義がそれである。(33) 曰く、「〔……〕できるのに不正に対する防御も抵抗もしない人は、いわば、親や友人や祖国を見捨てるのと同様の過ちを犯している」。この受動的不正義という概念は、古代であれ近代であれ、いかなる共和主義的なシティズンシップ論にとっても特別な重要性をもつものである。

受動的不正義は、〔通常モデルの意味で〕正しくあることに失敗しているわけではない。すなわち、ここでいう不正義は、シティズンシップという理念が個々人に求める〔正しさのより高い〕基準を満たしていないということなのである。疑いもなく、キケロの共和主義思想において、不正義は、能動的な不正行為のみを考慮しがちな正義の通常モデルと比べて、はるかにずっと大きな射程を獲得している。通常モデルは、私たちの直接的な関心ではない事柄をたんに自然の成り行きのままにすることによって私たちがつくり出してしまうような災難を、等閑に付す。〔実際、通常モデルの典型である〕アリストテレスの思想において、受動的に不正な人々についての言及はなかった。もっとも、当然予想されるように、プラトンはそうした者たちの存在をよく認識していたようではある。プラトンによれば、若い悪党が老人を殴打するとき、壮健なる者がそこに介入しないとすれば、この者は加害者と同罪なのである[34]。

念頭におくべき重要なことは、受動的不正義が、紛うことなく政治的《シヴィック》概念だということである。受動的不正義は、いかなる特定の道徳哲学にも支えられる必要がない。消極的功利主義ないし積極的功利主義、契約論、はたまた義務論、そのいずれにも支えられる必要がないのである。これらの道徳哲学は、そのどれもが、受動的不正義を非難するような能動的な共和主義的シティズンシップ論を展開するのに〔不可欠ではなく、たんに〕役に立ちうる〔という程度のものである〕。さらにいうなら、人間の純粋に道徳的な論争は、受動的不正義論の関心事でもない[35]。受動的不正義は、〔道徳にではなく、むしろ〕私たちの公的な役割とその政治的文脈に関心を向けるのである――すなわち、立憲民主主義におけるシティズンシップにである。恐怖で支配する政府の臣民に、自由な共和国の市民がそうするだろうような仕方で、政治的に振る舞うことを期待するのは、理に適ってはいない[36]。ここでいう恐怖支配が、近代的なそれであれ、伝統的なそれであれ、どちらにしてもその政府の臣民に政治的な振る舞いを期待することはできないのである。〔それに対して、〕自由な共和国の市民は、恐怖で支配する政府の臣民にはない権利、責任、可能性をもっており、そして市民どうしのお互いへの期待もある。すなわち、受動的不正義とは、これらの共和主義的市民が、その主要な義務の遂行を怠ることを意味する。すなわち、その義務とは、正義のルールが維持されるよう目を光らせること、そして、共和主義的な秩序がそれに依拠し、また共和主義的なエートスがそれを規定するような、非公式の関係性を積極的に支えようとすること、である。公的に間違ったことが明らかに為されているときに、政府機関が動くまで、ただ手をこまねいて待っているだけというのでは、市民は自分たちの義務を十分に果たしているといえるはずがないのである。

受動的に不正であるということは、慈善的《チャリティ》精神を欠くということではない。慈善的精神は、私たちに対して〔受動的な不正に陥らないこと以上の〕より大きな要求をする。〔慈善的精神に溢れる〕聖人であれば、人間のルールを超えた、さらには義務が求めることさえをも超えた援助を施す。こうした聖人は、実際のところ、正しいとか健全《ライト》とか呼ばれうるすべてのものに優越しているのである。受動的に不正な人間というのは、義務を超えた〔慈善的〕行動を取らないかどで責められているのではなく、市民である限りは通常の正義が要求する以上のことを為さねばならないということを理解していないかどで責められているのである。通常の意味で不正な人間の罪とは、法や慣習を積極的に犯したり、また〔たんに〕不公正であったりして、法や慣習が求めるところ以下の存在になることである。対して、受動的に不正な人間は、これとは違ったことをしている。こうした人間は、自分の周りで起きていることにただひたすら無関心なのであり、とりわけ詐欺や暴力を目前にしてもなおそうなのである。彼の過ちは、まさしく市民としての過ちである。ここでいう過ちとは、人間誰もが一般的にもつべき善良さを欠いているといった類の事柄ではない。受動的に不正なのは、〔そうした善良さの有無にかかわらず〕違法な行為や犯罪を目撃したとき、ただ背を向ける人間である。[37] 彼がもし公職者ならば、その害悪は非常に深刻である。彼は、不正義をそれから目を逸らすことで許容する暴君であるか、もしくは社会的災難や自然災害を和らげたり阻止したりするために何もしようとしない怠慢な公職者である。こうした人間こそ、常に率先して「そもそも人生とは不当なものだ」と言い、被害者を忘れ去るのである。

キケロの思想では、不正義とは、市民的《シヴィック》な悪徳であり、その性質においても範囲においても独自性を帯びている。この不正義は、悪事の全部を集め合わせたものでもないし、不正《アンライチャスネス》の全部を含むものでもない。そうではなく、キケロのいう不正義は、悪しき政府、および、そうした政府が樹立されかつ栄えることを――それを防ぎえたかもしれないのに――見過ごしてしまうその無関心な市民、この両者を特徴づける悪徳について、そのすべてを網羅的に包含するものである。こうした悪徳は、立憲民主主義の利益を享受しながら、しかしそれを維持するため何もしない人々に典型的である。不正なひととは、不正行為から直接利益を得るひとたちだけではなく、自分の身近に蔓延する不正義に対して目を閉ざす人々のことをも指すのである。

〔現代の〕私たちの都市に当てはめてみるなら、キケロ主義者は、公職者、犯罪者、詐欺師によって犯された不正義をのみ不正義として認めるということはしないだろう。彼は、より注目されるべきものとして、犯罪を報告したり警察に通報したりすることを拒否する市民、裁判所で証言することを拒否する市民、たんに都合がつかないからといって被害者を助けることを拒否する市民、こうした市民もまた、不正義を犯していると見るだろう。この市民たちは、不正であり抑圧的だとみずからが考える法や条例について、何もいおうとはしない。行動に出ることを恐れる何らかの理由がひとつでも彼らにあるのであれば、不正義の責任は、彼らの周りの人々および警察にあることになる。しかし、典型的には、受動的に不正な市民はそのような状況にあるわけでもなく、たんに他の誰かに自分の義務を代わって果たしてもらえたらと願っているのである。彼はただ乗りする《フリーライダー》ひとであり、それ以外の何者でもない。典型的なパターンとして、彼は選挙にはいかず、〔町民〕会議には参加せず、情報を得ようとせず、発言をしようともしない。そして、この市民が受動的であることを彼の住まう政治共同体が奨励しているのだとすれば、このようにただ乗り《フリーライド》されることは、政治的共同体にとって〔自業自得の〕罰である。

その力があるにもかかわらず、暴力や詐欺を止めようとしないひとというのは、どういったひとだろうか。受動的に不正であるとは、求められている以上に成果を上げたり、聖人的および英雄的に振る舞ったりといった、通常の市民的《シヴィック》な義務を上まわることを為し得なかったことで陥るものではない。こうした〔通常の市民的な義務以上の〕ことはそもそも義務的な行為とはいえないのである㊳。詐欺や暴力を阻止できるときに阻止することは、人間として〔誰もが誰に対しても〕為すべき行為というのではなく、市民であることにともなう〔同じ共同体を共有する者どうしにおいて為されるべき〕行為である。加えて、私たちは、キティ・ジェノヴィーズのような事例においてのみ受動的に不正なのでもない。ジェノヴィーズは、彼女の隣人たちが窓から目撃しているその前で、殺害された。隣人たちは、無関心にすぎるがゆえにか、それとも恐怖のあまりにか、警察に通報しなかった。いずれにしても、こうした衝撃的な事例においてのみならず、小さい日常的な不正義に対して目をつぶるときにも、私たちは不正なのである――たとえ、それが、ことを荒立てたくない、おせっかい焼きになりたくない、平和を乱したくないという、それ自体としては害のない動機だとしても。

隣人によるその妻への虐待を介入することなく放置するとき、はたまた大学講師である同僚がたんなる怠慢から、日常的に、でたらめで恣意的な成績評価をしているのを見て見ぬふりをするとき、私たちは受動的に不正なひとである。私たちは、家庭内の不和というものは私的な問題であるとか、この妻はどちらにせよ感じのいいひとではなかったとか言ったりするかもしれない。また、私たちは、学部内の礼節というものが、学生に対する公正さより重要だと主張するかもしれない。しかし私たちが、それでもなお、不正義に加担することで平和を得ている事実は変わらない。これらの事例が示すことは、誰よりも個々の市民こそが、受動的不正義のもたらす負荷を重く担わされているということである。私たちの臆病さや回避行動は、私的な影響だけではなく、公的な影響をも与えるのだ。アメリカ的シティズンシップの栄光は、結局のところ、たんに政治参加する権利だけではなく、日常生活における民主主義、平等を習いとする慣行、そして市民のあいだでの平凡な義務の相互性において見いだすことができるのである。〔ただし、〕アメリカ的シティズンシップは、ひとつの理想であり、それも、私たちがあまりにしばしば受動的な不正に陥るために、めったに実現しない理想ではあるのだが。

スーパーのレジで間違ったおつりをもらった買い物客の事例を考えてみよう。間違えた金額の総額は二ドル五〇セントであり、その客にとっては相当な金額だとしよう。その買い物客は抗議するのだが、レジ係はその主張をはねつける。このレジ係は、明らかに、能動的に不正を為しているといえる。その買い物客の隣にいる女性はどうか。彼女は、この時点で介入しないとすれば、受動的に不正を為していることになる。彼女には、介入しない言い訳となるようなことも特にはないのである。彼女が介入しない動機には、人間嫌いであるといったことから、たんに急いでいたといったことまで広く考えうるが、そのいずれにしても、彼女が、そうすることが自分に対する危険を及ぼすわけでもないのに介入しなかった、という事実を変えはしない。信頼できる実証的な証拠はつぎのことを私たちに示している。もし彼女がその列にひとりでいたら介入していたかもしれないが、しかし彼女の周りに何人かがいたとすれば、彼女は何もしないだろう、と。それはひとつには、人目に付くことへの恐れからであり、もうひとつには、自分以外の誰かがその責任を負ってくれることへの期待からである。このような状況にいるほとんどのひとは、自分が何をしているのかをはっきりとわかっている。彼らは、不正義に加担しているのであり、自分が目撃している被害を止める絶好の状況にありながら、行為へと自分を奮い立たせることができないでいるのである㊴。

被害を受けた買い物客が、今度は店長に苦情を言いに行くとしよう。しかし店長もまた、買い物客の主張をはねつける。彼女の仕事は、もちろん、買い物客の苦情を傾聴することである。店長本来の業務に鑑みるなら、彼女はレジ係と同程度に能動的に、もしくはそれ以上に能動的に不正に手を染めているといえるかもしれない。ここには階層《ヒエラルキー》があり、店を運営する者としての権威の大きさに見合うだけの、責任の大きさというものがある。買い物客の誰もが、つり銭を少なく渡されないようにするのは、他の買い物客の仕事ではなく、〔店長たる〕彼女の仕事であるべきなのである。市民としてのみならず店長としても、つまり彼女は二重の意味で不正なのである。彼女はしかし状況をこのようには理解しない。というのも、〔仮にこの店が架空の王国である〕ルリタニア〔にあるとして、この王国〕には深刻に労働力が不足しているからであり、彼女には従業員のあいだの雰囲気をある程度よくする義務があるからである*8。彼女は店長としての自分の役目を店の内側から理解しているのであり、そこにおける彼女の職務を、互いに互いを大目に見合うような環境を構築することだと理解しているのである。しかしながら、彼女をこのように動かしているのはイデオロギーなのであって、職務上の板挟みからそうせざるをえないといったことのみではない。ある行為がどのようなイデオロギーによってなされたのかという点は、不正義を評価する際に決して無視されてはならないものである。〔このシナリオでの〕店長は、熱心な共同体主義者《コミュニタリアン》としてのイデオロギーに支えられているのであり、この店長を雇っている経営者もまた、自分と同じエスニック集団および宗教的集団の成員ばかりを雇用したり保護したりする傾向があるのだ。この経営者や店長は、これらの集団的紐帯を維持したり、共同体をひとつにする伝統を守ったりすることのほうが、社会一般のルールを遵守するよりも、よほど誠心誠意取り組むに値する、と信じるよう育てられてきたのである。彼女らはまた、こうした倫理観は、他の集団も取り入れるべきものだと考えている。私たちの架空の店長は、あとでレジ係を窘《たしな》め正すだろうが、部外者の面前でそうすることはない。従業員がしてしまった間違った行いは、〔あとで内々に叱るという〕その程度には店長にとってどうでもよいとはいえない問題であるが、しかし共同体の連帯という絆の重要性に比べれば、ひとりの部外者に対する正義などというものは、道徳的な問題として、この店長にとってははるかに重要性の低いものなのである。

それでも、スーパーの店長は、なんだかんだいって円滑に業務をこなすために雇われたのだし、それに彼女の行動にはイデオロギー的に正当化できる理由があるのだ、と考えてみよう。さて、彼女は、当該の買い物客を、ルリタニア〔王国〕の顧客少額請求および不服申し立て裁判所に送ることにする。そこでも買い物客は、裁判所は五ドル以下の申し立てを取り上げないという理由で、追い返されてしまう。これは基本的正義とは平仄の合った扱いである。というのもルリタニア人は、〔あくまで架空の設定であるが〕先の選挙で、行政サービスを運営する公務員を補充するのに税収を使うくらいなら、むしろその代わりに新しい学校や下水処理施設を建設するのに割り当ててほしいと明確に意思表示していたからである。この国では教育や健康はとても重要な価値なのである。とはいえ、私たちのシナリオにおける貧しい年老いた市民であるこの買い物客にとって、二ドル五〇セントは大金であり、彼には、誰もから不当に扱われたと感じるまことにもっともな理由がある。彼が得たものといえば、締め出しをくらったことくらいである。

最も不正なのは誰であったのだろうか。レジ係や、列に並んでいて沈黙を守った買い物客には、それ以外のひとたちとは違って、まったく言い訳の余地がない。列に並んでいた買い物客は、このシナリオにおいては、他の義務と板挟みになっているような状況にあるわけではなく、純粋な市民として位置づけられている。ゆえに、彼女こそ、誰よりも受動的に不正である。店長のはぐらかすような行動については、彼女の職務と照らし合わせて検討されなければならないが、しかし彼女のイデオロギー的な立場はまったくもって顧慮するに値しないものというわけではない。裁判所に至っては、それ以外の行動をとりようはなかっただろう。裁判所はたんに規律に従っていただけでなく、民主主義的な機関がとるべき行動をとっていたのである。〔買い物客、店長、裁判所といった〕これらの傍《はた》から見ている面々が理解しえた範囲においては、この事例は、もちろん、たんなる不運なのである。誰も、レジ係の最初の不正義に対して何かをできる立場にはなかったのであるし、哀れな買い物客に対応する立場にもなかった。この事件は不正義として始まったが、途中で不運に変わった。ついてなかったね、としかいえないのである。しかし、実をいうと、登場人物の全員には、彼ら彼女らの「ゲーム」のルールの外に踏み出して、買い物客の苦情に対して何かをすることができたはずである。その意味で彼らは全員、受動的に不正である。買い物をしていた市民は何もせずただそこに立っていたのであるし、店長は正義よりも共同体を優先したし、裁判所の書記官も、スーパーの経営者に内々に話を通すことができたはずなのにそうしなかった。どこをとってもありふれたこの出来事からは、ふたつのありうる結論を導き出すことができる。ひとつは、私たちは、いうほど正義に関心があるわけではなく、本当のところ平和と多様性《ダイバーシティ》のためであれば不正義を許容してしまうということ、そしてもうひとつは、一人ひとりすべての市民に対する大がかりで効果的な市民的徳の教育よりほかには、不正義を大きく減らす方法などないということである。私たちが、自由であることを優先して、このような市民的徳の教育といった〔自由への制約となりうる〕方向性を退けるとするなら、それはつまり、私たちが、能動的に不正であると同時に、受動的にも不正であることを選択しているということになる――そう判断するのが筋というものだろう。私たちは、自分たちの数知れない不正行為についてのもっともらしい言い訳を発案するのに、努力を惜しまない。こうしたごまかしのうち、いちばんよくあるのは、不正義を不運として再定義してしまうことなのである。

不正義に対する治療法が見あたらないひとつの理由は、まずまずの高潔さをもった市民でさえ、この治療を欲していないことにある。それは何をもって不正というかについて意見の相違があるからではなく、不正義によって提供されうるし、実際に提供されているような平和と平穏、これを手放したくないという気持ちがあるからである。平和や平穏を何よりも望むという点については、こうした市民たちにも理があるといえるだろう。まともな社会《ディーセント》には一連の肯定的な条件が必要であり、この条件のなかでも、平和や広く寛容な精神といったものは、たしかにないがしろにできるものではない。たとえば、洗練された懐疑主義者であれば、ある程度の受動的不正義を受け入れることは、その他の社会的な財を得るために払うに値する代償だと考えるかもしれない。さらにそうした懐疑主義者は、市民であることの義務を能動的に果たそうとすること(active citizenship)が、無条件には、賢明で正しい、ないしは人道的な政策へとつながるわけではないと指摘するだろう。すなわち、その能動的な市民はよい隣人でもありうるだろうが、しかしまた同じだけありそうなこととして、怒り狂った偏屈者であったり革命家であったりするかもしれないし、またはその両方であるかもしれないのだ。

正義に限界があると認めること、それは、ありとあらゆるかたちの不正義を受け身のままに容認することと理解されてはならない。市民たちが、みずから進んで暴政のもとに生きることを選ぶという事態は、考えにくいことである。ただしそれは、その市民が、自身がこの政体からの直接的な利益享受者の一員たることを当てにしているのでない限りにおいてである。〔たしかに〕現代の独裁者が約束する平和と平穏が、実際に現実のものとなることは稀であるし、そのことは独裁者の支持者の一部が身をもって知ることになる。しかしながら、否定しがたいのは、暴君が、みずからに追従する人々、つまり頼りにできる追従者に事欠くことはないということである。なにしろ、本当に抑圧的な政府というのは、能動的に不正であるだけでなく、〔こうした不正から目を背けて、自己利益のために暴君に付き従うというかたちでの、〕臣民の〔受動的〕不正を促しもする存在なのである。受動的に不正なる者とは、誰よりもまず平凡な市民であるが、しばしば統治者ないしは公職者もまたそうでありうる。何もしない政府は、たいてい、何にもまして最も不正である。

このような統治者をまさに完璧に描写する絵画が、イタリアのパドヴァの、スクロヴェーニ礼拝堂にある。それは、ジョットの作品《不正義（*Ingiustizia*）》である。(40)*9《不正義》はその他の悪徳の真ん中に位置しており、キリスト教の〔七つの大罪のひとつである〕高慢に取って代わって鎮座している。しかし、そこから宗教的な意義がなくなったわけではない。というのも、この絵画の男性は、横顔を見せて右を向き、《最後の審判》のなかの、類稀なる詳細さで地獄の恐ろしさを描写している例の部分を視ているからである。ジョットの《不正義》の顔貌《フェイス》は、冷たく残忍《クリューエル》であり、口の両脇には小さく牙のような歯がある。彼は、裁判官ないしは支配者の帽子をかぶっているが、それは後ろ向きになっており、またその手には、杖でも司教帽でもなく、ぞっとする刈り込み鎌が握られている。種を蒔いたのは彼であるから、刈り入れをするのも、疑いようもなく彼自身である。というのも、彼を囲繞する樹々の何本かは、彼の足元にある土に根を下ろしていて、そこでは罪が栄えているからである。彼の周りには寂れた門があるが、そこではなく彼の足下にこそ、受動的不正義の本当の姿態が見える。(41)そこには窃盗があり、強姦があり、殺人がある。ふたりの兵士がこの光景を見ているのだが、何もしない。支配者もまた何もしない。絶え間なく危険な場所である森には、見張りがいない。この場所は、受動的不正義のもとでのさばる類の者どもが、好きなだけ狂暴になれるところである。彼らは、残酷《クリューエル》な暴君によって統治されるのであるが、この暴君と彼に統治される狂暴な輩は、互いにお似合いであり、実際、互いが互いを生み出しているのである。こうした面々の周りにある樹々によって生《な》るのは、「霊の結ぶ実」ではなく、パウロが〔『ガラテヤの信徒への手紙』で〕挙げた諸々の罪に含まれる「肉の業《わざ》」である。樹々の種は、能動的不正義によってのみ蒔かれるのではない。こうした能動的不正義が生じるがままに任せる統治者によっても、蒔かれているのである。(42) この図像は、驚くべきデシェイニー判決に対する、ブレナン判事の情熱的な反対意見を、見事に描写している。*10 すなわち、ブレナン判事はこう述べていた。「何もしないことは、行為によって虐げるのとまったく同じだけ虐待的な力をもっており、抑圧は、国家が重要な義務を引き受けたのにそれを怠ることによっても生まれうるのである」(43)。

ジョットの他の悪徳とは異なり、《不正義》には、まったくもって苦しむ様子がない。彼は、いっさい何からの影響をも受けないようなのである。〔ジョットが描く他の悪徳である〕《妬み》では、その口から蛇が出てきて、彼女の身体へと戻っている。《怒り》は、憤激のあまりもだえ苦しみ、みずからの胸を引き裂く女性である。彼女の恐ろしい情念は、まるごと自分自身に向けられていて、その顔には痛みが映し出されている。明らかにジョットは、アリストテレスほどには、怒りについて快活な見方をしてはいない。アリストテレスの考えでは、怒りは、それが与える苦しみにもかかわらず、来るべき復讐を待ちわびることによる何らかの悦びをもたらすものである。〔アリストテレスによれば、〕怒りを表すべきときに表さないというのは、魂の狭隘さの徴《しるし》であり、深刻な性格的欠陥を示すものなのである。(44) ジョットは、これに対して、悪徳なる人々を、苦しみに苛まれた人々として理解する。こうした者たちは、その多くがこの地上では惨めな人生を送り、その全員が永遠の裁きを受ける宿命にある。その意味で、彼の描く《不正義》もまた、究極的には被害者なのである。

しかしながら、《不正義》がジョットが描くところの地獄に堕ちると知ったところで、私たちがなおも、強姦され、盗まれ、殺される限り、私たちにとって何らの慰めにもならない。〔むしろ〕私たちが理解したのは、完全に不正なる公職者とは、実際のところどのような者なのかである。不正なる公職者は、自分自身の行動ないしは自分以外の誰かの行動の結果、他の人々に何が起ころうともまったく気にも留めない。政府の役職を担う者としてであれ、もしくは一般市民としてであれ、この公職者は、他のひとが被害に遭うことに、何の関心も引かれはしないのである。不正なる公的人間というのは、かくして、他のひとからその尊厳や人生を奪うだけの大胆さを持ち合わせているか、もしくはそうしたことにそもそも無関心か、そのいずれかであることが明らかになる。彼は自分自身の悪辣さの被害者ではあるのかもしれないが、私たちの共感を呼びはしない。なぜなら、私たちは、彼の被害者が彼を見るようにして、彼を見るからである。いずれにしても、彼は、私たちの誰もが為しているような不正義そのものを、みずから体現しているのである。

　ここで政治的に重要であるのは、不正な市民は、《不正義》自身と同じく、狂暴で強欲な者としてのみ理解されるべきではなく、道徳的に聞く耳をもたず、周りとの道徳的関係を断ちもした者として理解されるべきだということである。不正な市民は、悪い政府を維持しそれに仕えることに加担しているのであり、また日常生活において、詐欺や侵害を容認することに加担している。不正義の被害者に対して彼が為しているのは、被害者をたんに直接的に攻撃するというにとどまらず、被害者の苦情を無視するということでもある。被害者が不正義を知覚するところにおいて、不正な市民は、運の悪さ《バッド・ラック》のみを見ようとするのである。被害者たちが怒りを覚えるのも不思議はない。アリストテレスは怒りが何らかの快楽をもたらすと考えていただろうが、私はジョットのほうが真実に近いと思っている。怒りほど辛く、魂に対して破壊的なものはない。私たちが、〔誰かに対してその〕不正義の感覚を刺激し、それによってそのひとの怒りを呼び起こしたとする。その場合に、このひとに私たちが加えた危害というものを、たんに具体的な損失をのみ考慮することによっては、測ることができない。そこには、私たちが与える心理的な危害も加える必要があるのであって、とりわけ私たちが惹起した持続的な怒りを加えなければならないのである。人々からその社会的な権利を奪うことが不正であるというにとどまらず、人々に屈辱感から生じる怒りや憎しみを感じさせることもまた不正であるということは、人種差別による傷について考えてみるだけでわかるだろう。そしてまた、私たちは、組織化された怒りが生む政治的な代償についても見逃すべきではないだろう。

ジョットが描く不正義の肖像画は、どこか遠く離れた見物人の視点ではなく、被害者の視点から不正義がどう見えるか教えてくれる。彼の描く《不正義》は、公的に危険を及ぼす存在であり、すべてのひとに対する物理的な脅威である。こうした危険性ないし脅威は、《不正義》が為すことによってだけではなく、彼が〔為さないことによって、つまり〕自分以外の人々の運命《フェイト》に対して、そして自分の行為がそのひとたちへ及ぼす影響に対して、無関心であるということによっても生まれるものである。私たちは、彼を、他のひとが受ける屈辱に対する受動的な傍観者として、最も的確に理解する。ジョットの絵画においてこそ、不正義についての道徳心理学が、その奥底をえぐるようにして露見させられている。この絵画は、正義の通常モデルよりもはるかにより包括的に、不正なる公職者というものがどのような存在なのかを私たちに教えてくれるのである。なぜなら、それは不正義の感覚を、ぼやかすことのないそのままの姿で表現してくれるからだ。いかなる正義論ないし不正義論も、不正義を被っているという主観的な感覚や、私たちに復讐を叫び求めさせる感情を考慮しない限りは、不十分なままなのである。とはいえ、司法制度は、その存在そのものによって、私たちのうちにある多くの不正義に気づかせてくれるものである。公的な正義には、逆説がもともと備わっている。すなわち、この正義が〔不正義の処罰に邁進して〕成果を上げれば上げるほど、不正義に対する市民の意識が高まり、そしてこのような意識とともに司法サービスおよび効果的な復讐への要求がますます大きくなる。これは、司法制度が絶対に勝利しえない政治的な競争なのである。

懐疑主義的な観察者にとっては、通常モデルが、不正義に力を与えるような非合理性、物欲、恐怖、無関心、侵害、不平等の存在を等閑視していることは明らかに思える。それは、懐疑主義者の見るところ、通常モデルが、その認知的な自己満足に浸っているがゆえである。私たちが〔一般的に〕固執する正義の通常モデルは、不正義の性質やその被害者の性質を探査しようという志向をさほどもっていない。このモデルは、私たちがそれらの一つひとつについて知るべき多くのことを教えてくれない。むしろ、通常モデルの目的そのものが、私たちがそれらを知ることを阻むのである。正義論の倫理的な目的が、正義そのものの倫理的な目的と同様に、その知的な範囲を狭めてしまう。いずれの目的も、司法的な合理性、非人格性、公正さ、不偏性の要求に応じようとするものである。この場合、〔この要求に〕誠実であろうとするなら、〔不正義やその被害者について〕推量することを禁じられることになる。それはそうあるべきである。司法的な思考様式は、その社会的な目的にとって意味のあるものだけを見るのであり、不運や不正義について私たちが知るべきすべてを見るわけではないのである。

政治理論の課題は、しかし、それとはかなり違うものであり、またそこまで限定的ではない。政治理論は、不正義にかんする可能なあらゆる問題を提起することができるし、また提起すべきでもある。

この問題の中には、たとえば個人的な性格としての不正義、個人間の関係としての不正義、そして政治的な現象としての不正義といったものがある。何にもまして、政治理論は、不正義の感覚というものから目を逸らすことができない。この不正義の感覚は、私たちの社会的および個人的経験――私的であれ、公的であれ――の核心を構成するものであり、また民主主義の理論と実践において不可欠の役割を果たすのである。政治理論は、不正義を不運からどのようにして区別するのかという問題を考察するのに理想的に適している。このような探究は、問題を解決するというよりは問題を生むものだが、しかし懐疑主義的な観点からすれば、それは決して欠点ではないのである。

〔いくつかその例を挙げてみると、〕たとえば、私たちは、災難をもたらした直接的な主体を――人間であれ、神であれ――責めるべきなのか。それとも、おそらく時間的にも空間的にも遠くにあるような、強力な集団的諸原因に目を向けるべきだろうか。何が自然な原因であり、何が人為的原因であるのか、またそうした違いはそもそも重要なのか。何であれば避けられたり緩和させられたりしえたのか、そして誰がそれを配慮しえたのだろうか。なぜ私たちは、不条理に何かを責めたり、反対に、あまりに簡単に悲運《フェイト》を受け入れてしまったりするのだろうか。何が不可避ないしは必然なもので、何が不可避でも必然でもないものなのか。また災難の被害者に与えられる理由づけ、すなわち、たとえば「人生とはそういうものだ」とか「自然はそもそも不正である」といった理由づけは、どの程度有効なのだろうか。世の中にはどのくらい不正義があるのか。懐疑主義者はこれらの悩ましい問題を解決しようとまではしない。しかし、正義とそれが与える確実性しか見ようとしない人々とは異なり、懐疑主義者は〔こうした問題を考えることによって〕、不正義にふさわしい地位を与えようとするのである。

訳註

＊1　injury は、in(否定)＋jūri-, jūs(合法、正しい)によって成り立つラテン語 injūria を語源としている。

＊2　プラトンは『国家』第二巻において、構成員がその最低限の必要性のみを相互に満たし合う(「豚の国」のような)国家から、必要以上の贅沢な欲求を満たそうとする「熱でふくれあがった国家」へと発展することで、戦争が生まれ、また正義と不正義が成立したと述べている。

＊3　以下では、the unjust person を「不正なる者」、the unjust を「不正なひと」と訳し分けるが、たんに person が省略されているだけの the unjust は「不正なる者」とする場合もある。

＊4　「強欲(greed)」は、「より多く取ること」、「過分に取ること」を意味するギリシア語のプレオネクシアーの訳語。「貪欲」と訳されることが多いが、本書では、悪徳としての側面がよりはっきりする「強欲」という言葉で訳出した。

＊5　ここで問題とされているのは、アリストテレス『ニコマコス倫理学』における不正義の動機を「強欲さ」に求める議論(第五巻第一章)と、浪費とけちの中庸をなす立派な徳として「気前のよさ」を讃える議論(第四巻第一章)との関係だろう。アリストテレスは、後者の気前のよさについて論じる文脈において、気前のよさが「与えること」に関わる徳であるのに対して、正義が「受け取らないこと」に関わる徳であると整理したうえで、前者をより賞賛されるものとして捉えている。「ものを与えることよりも、受け取らないことの方が容易である。実際、他人のものを受け取らない場合よりも、自分のものをあまり手放さない場合の方が多くある。そのために与える者は気前のよい人と呼ばれる。これに対して、受け取らない人が賞讃されるのは、気前のよさのゆえではなく、むしろ正義のゆえである。一方、受け取る人となると、決して賞讃されることはないのである。他方、気前のよい人は、徳に基づいて賞讃される者のうちで、もっとも愛される者である。なぜなら、彼らは有益な者たちだからであり、その有益さは贈与に存している」(神崎繁訳「ニコマコス倫理学」『アリストテレス全集』(第一五巻)、岩波書店、二〇一四年、第四巻第一章 1120a)。この記述に基づく限りでは、仮に、分け前以上に「与えること」と、分け前以上

の贈与を「受け取らないこと」とが直接対立するような局面があったとして、アリストテレスは分け前以上に与える気前のよさのほうを優位に置くことになるだろう。

＊6　神に生贄として捧げられるという意味での victim は、「被害者」よりも「犠牲者」と訳されるべきであるが、訳語を一貫させるために、ここでも「被害者」とする。

＊7　モリエール作、秋山伸子訳「ジョルジュ・ダンダン」『モリエール全集』(第七巻)、臨川書店、二〇〇一年。

＊8　ルリタニア(Ruritania)は、アンソニー・ホープ(一八六三―一九三三)の複数の小説の舞台となっている、中央ヨーロッパに存在するとされる架空の王国。経済学者ルートヴィヒ・フォン・ミーゼス(一八八一―一九七三)の著作をはじめとする学術的議論において、しばしば架空の国を指す名称として用いられる。

＊9　《不正義》は、中世後期イタリアの画家・建築家ジョット・ディ・ボンドーネ(一二六七ころ―一三三七)の手になる、パドヴァのスクロヴェーニ礼拝堂の装飾画(一三〇五年完成)のうちのひとつ。同礼拝堂の内部には、左右両壁および入口側の壁の上中下三段に一連のフレスコ画が並べられてあり、上段には両親から始まるマリアの生涯、中下段にはキリストの生涯が、右奥から時計回りに順に展開していく物語として描かれている。礼拝堂の入口から見て正面最奥の壁一面を占めているのが、物語の結末となる《最後の審判》である。本書の分析対象である《正義》および《不正義》は、左右両壁三段のフレスコ画のさらに下部に並べられた、七つの美徳の寓意画と七つの悪徳の寓意画のそれぞれ中央を構成するものである。なお、左壁に並ぶ美徳は、《最後の審判》に描かれるキリストの右手側で天国へと迎えられる者たちの列へと連なり、右壁に並ぶ悪徳は、キリストの左手側で地獄の苦しみを味わう者たちの阿鼻叫喚の場へと連なっている。瀧口美香「スクロヴェーニ礼拝堂におけるビザンティン図像の取捨選択」『いすみあ　明治大学大学院教養デザイン研究科紀要』一三巻、二〇二一年、参照。

＊10　デシェイニー対ウィネバゴ判決(一九八九年)は、父親によって虐待されているジョシュア・デシェイニーを、通告を受けたにもかかわらず保護しなかったウィネバゴ郡の児童保護機関の怠慢が問われた裁判の判決(「はじめに」参照)。通告後も保護されなかったジョシュアは、さらなる虐待によって深刻な後遺症をともなう障害を負うことになったが、判決は児童保護機関の責任を認めなかった。

第二章 不運と不正義

近代という時代は、その誕生の日をたくさんもっている。そのうちのひとつで、私のお気に入りは、一七五五年のリスボン大地震である。この災禍《ディザスター》がかくも記憶に残るものとなったのは、それが裕福で美しい都市を破壊したからではなく、荒廃したその都市で一万人から一万五〇〇〇人近くの人々が亡くなったからでもなく、それがヨーロッパ中に喚起した知的な反応による。すなわち、この地震は、神の人間に対する関わり方が一般市民の論争の主題となり、同時代の最も知的に優れた人々によってそれが議論された、最後の機会だったのである。こうした論争や議論は、神の不正義に対する――意味のあるものとしては――最後の抗議の叫び声であった。こうした叫び声は、その後すぐにも知的意義を失うことになる。むろん、神学者や一部の世俗の人々も、なぜ罪のない者の苦しみを神が許すのかを問い続けはするが、この問題は一般的な知的議題からは外されることになったのである。その日からこの方、私たちの苦しみの責任は完全に、私たち自身と、無慈悲な自然環境へと帰せられた。そして、いまもそこにとどまっている。

「なぜ私たちがこんなに苦しまなければならないのか」、〔大地震に接して〕こう問うたのは、リスボンの市民たちだけではなかった。ヴォルテール、ルソー、そしてカントは、この問題に答えようとした多くの人々のうち、最も目立つ声であったにすぎない。六〇年ほど後に、ゲーテは、この問題が、幼い子どもであった彼をどれだけ困惑させたか振り返るだろう。正しく善良な神が、どうして、正しい者とそうでない者を区別なく滅ぼしたりできるというのだろう。ゲーテの周りでも、フランクフルトの至るところで、聖職者は警鐘を鳴らし、市民たちは議論を戦わせ、そしてそのいずれもが、地震の詳細が知られるようになるにつれ、震撼したのである。[1]

粉々になったリスボン市の中では、この地震を毎年起きる洪水のごときたんなる自然現象として理解したひとはほとんどいなかった。リスボン市民の多くは、そして特に聖職者は、この地震が、罪深い都市に対して下された、神の正しい罰だと主張した。しかしながら、他の人々は、自分たちリスボン市民の罪深さを認めながらも、自分たちが他の都市の人々よりいっそう罪深いとは考えなかった。「なぜ私たちなのか」、「なぜいまなのか」という問いに対しては、明快な答えなどなかった。知ってのとおり、こうした苦悩を強いる難題に対する、満足できる応答はない。当時もそうであったし、いまもそうである。〔当時のリスボンには、〕民衆に対して祈り悔い改めるよう呼びかけ、そしてそれにあまりにも成功しすぎてしまった、あるイエズス会の神父がいた。しかし、この神父は、ポンバル侯爵という、リスボンに秩序を取り戻すことを任され、都市が再建されるよう取り計らわなければならなかった人物によって、死刑に処されることになる。悔い改めたり祈ったりしている余裕はなかったのである。さらにいえば、ポンバル侯爵の命令は、神は正しいのだが、その正しさは人間にはまったく理解しえないものであるという、広く共有された考えに支えられてもいた。[2]

リスボンの人々が生活を取り戻そうとしているあいだ、ヨーロッパのその他の人々は思索に耽った。まずヴォルテールが火蓋《ひぶた》を切った。ヴォルテールは、〔アレクサンダー・〕ポープとライプニッツの、「存在するものは、すべて正しい」――もしくは、存在するものはすべて、世界全体としての善にとって、少なくとも必要なものである――という、世界についての楽観的《オプティミスティック》〔最善説的〕な理解〔、すなわちこの世界にはたしかに悪があるが、全体として見れば善悪の帳尻の取れた正しい秩序が実現しているという考え方〕に対して、長らく嫌悪感を抱いていた。ヴォルテールの『リスボン大地震に寄せる詩』は「すべては善である」という陳腐な公理に対するたゆまぬ攻撃である。

これらの山なす被害者たちを見て、貴君はこんなことを言うだろうか。／〔被害は〕神の御業になる復讐《ヴェンジェンス》である、被害者はその見舞われた悲運《フェイト》に値する者たちであった、などと

神は私たちに何をしているのだろうか。よもや、こんなことをする必要などないだろうに！

神は、束縛されず、柔軟で、正しい。／それならば、どうして、神はわれらの信頼を裏切るのか

〔それを教えてくれる〕運命の書《ブック・オブ・フェイト》は、私たち〔人間〕には閉じられている。悪が至るところ蔓延《はびこ》っているということは明白であって、神は、存在はするにしても、どう見ても人類を救おうとはしていないのである。ヴォルテールは〔この詩において〕私たちに、〔神の正しさを否定するような〕危険を冒さないよう勧めはする――彼の〔小説の〕主人公であるカンディードがその危険を回避したのと同様に。[*1] しかし、〔そうはしながらも、〕裏切られたという感覚――これこそが不正義の感覚の中核をなすものだが――は、〔ヴォルテールにおいて〕鎮まることがないのである。それはこの詩の一文一文に渦巻いている。③

ヴォルテールの神への抗争は、ルソーを激高させずにはおかなかった。というのも、この抗争は、

〔ルソーにとって、〕不正義の真の犯人、すなわち金持ちと権力者から、目を逸らさせようとしているかに見えたからである。一貫して民衆の味方であるルソーは、ヴォルテールに対して攻撃をしかける。ヴォルテールが、貧しく惨めな人々から、彼らの最後にして唯一の希望、すなわち神の寛大さおよび死後の世界への信仰を奪い取っていることを彼に気づかせたのである。〔ルソーによれば、〕あの地震は、自然の出来事であった。それが災難になったのは、人々が六階建てやら七階建てやらの高層の建物をつくったからである。地震が砂漠や小屋しかない村で起こったとしたら、犠牲者《インジャリー》はいなかっただろう。つまり、多くの犠牲者が出たのは、私たち自身のせいなのである。聖職者たちも哲学者たちも、自然現象に神の摂理を持ち込んできた点で同等に間違っていた。前者は迷信深く、後者はあまりにもうぬぼれた連中のため、両者ともに、たとえ歯が痛いくらいでも、神を責めた。ここで必要なものは、ふつうの人々の霊的および社会的な要求を充足してくれる新たな市民宗教であって、怠け者や暇人にのみふさわしい、意気沮喪させるような神の否定《アンチ・セオロジー》ではなかった。[4] 貧しい人々や社会から弾かれた人々は、十分に不幸《ミザリー》を背負っており、さらなる宇宙的な絶望を背負う必要はなかったのである。

しかしそうはいっても、ルソーがそう見せようとしていたほど、彼とヴォルテールとのあいだの距離は大きくはなかった。なぜなら、ルソーにとっても〔説明のつかない〕「邪悪な偶然の出来事」というのは無縁の発想ではなかったからである。『人間不平等起源論』において、ルソーは、そのような偶然的な大変動が私たちを、自然本来の満たされた状態から、人為的で、絶えずいまある以上のものを求め続けるような、社会的な存在へと追いやったに違いないと〔地震以前にすでに〕主張していた。ルソーは、悪が目の前にあることを、いささかも否定などしてはいなかった。むしろ、彼ほどはっきりとそれを見た者はいなかった。ルソーはたんに、私たちが行ったことの責任を、神に押しつけたくなかっただけである。〔しかし〕結果として、ルソーはヴォルテールがしたよりはるかに徹底的に、私たち人間の生から神を追い出したのである。実際、私たちは〔社会への移行という〕この最大の禍い《ディザスター》が具体的にどのようにして起こったのかさえ知らない。しかし、それがどのように始まったにせよ、自然から文明への移行ほどひどい禍いが私たちに降りかかってきたことは、これまでになかった。私たちに克服しようもない不平等と抑圧を宿命づける偶然的出来事より甚大な宇宙的不正義など、ほかに何が想像できようか⑸。ルソーが、ヴォルテールの〔神を標的とする〕形而上学的な抗議を蔑むようにして拒絶したのは、この、私たちにとっての現実の、社会的な不運《ミスフォーチュン》（不幸）という問題に集中して取り組むためにこそなのであった。

カントは、リスボン大地震が起きたとき、科学科目を教えるまだ若い講師であった。リスボンの地震のことを知った後、彼は地震に寄せた三つの論文を書いた。そこでの彼の思想は、驚くべきことではないが、ルソーの思想と非常に近いものであった。カントは読者に対して、地震にかんする当時の支配的な科学的説明の概要を示し、地震というものは必然的に起こるものであること、そしてそれがある点においては有益でさえあることを確証し、最後に、私たちには決して知りえない神の道についてあれこれと詮索しないようにと警告した。またカントは読者に対して、超人的な技術を発明しようとして時間を無駄にすべきではないとも警告した。もし人々が、人類を滅ぼすような真の不運に対して何か意味あることをしたいのであれば、戦争――あらゆる災難の中で圧倒的にいちばん悲惨なもの――を終わらせるべきである⑹。この点は、キケロが、カントと同様に自然災害と人為的な災難を対比したときに、すでに指摘していたことであった。[7] こうした対比は、今日であれば誰もが見落とすことのない点であるが、しかし、それは新しい考えというわけでもない。〔古代において、ローマとのポエニ戦争の結果として〕カルタゴの陥った〔滅びという〕悲運《フェイト》を、そして〔三十年戦争の終結した〕一六四八年におけるドイツが、〔第二次世界大戦によって致命的な損害を負った〕一九四五年とほぼ同じようだったということを思い出すなら、〔戦争のような人為的災難こそが自然災害以上の禍いをもたらすという〕こうした考えが古くからあったことは、私たちにとって驚くべきことではないはずである。

〔啓蒙時代の〕哲学者たちは、神の創造や、数限りない惑星に対する神の支配を強調することで、神の力を広げながらも、リスボン大地震のような人類にとっての切迫した問題からは、神を除外した。個人の苦しみも、多くのひとが亡くなる災難も、神にとってはほんのわずかの関心事でもないのである。「神の業＝不可抗力《アクト・オブ・ゴッド》」は、〔やむをえなかったという理由で〕法的な責任を回避するための冷笑的な言い訳〔として持ち出される表現〕になった。いまやでたらめな運の悪さ《バッド・ラック》と必然性だけが、私たちを免責できるのである。それにもかかわらず、たしかに非合理的で一貫性を欠くことではあるが、私たちは、人生に対してはその不公正さを、自然に対してはその不正を、相変わらず責め続けている。実際、私たちはしばしば、まったく根拠なしに自分たちを責めることがあり、それは、単純にいって、恣意的で完全に非人格的な世界よりは、〔神ではないにしても〕少なくとも何らかの力が諸々の出来事の責任を担っている世界のほうが、その世界がたとえ不正であったとしても、まだしも耐えやすいという理由によるのである。

誰が責められるべきか？

世界の合理性へのやみがたい信仰を維持するためには、いずれにせよ誰かが〔苦しみの〕責任を負わされなければならないのだが、神が無罪放免となったからといって、それに代わって誰が責められるべきなのかがより容易にわかるようになったわけではない。また神の無罪放免は、私たちの苦痛のうちどれが不正義によるものであり、どれが不運によるものであるのかを判断する助けにもなっていない。どのような場合に私たちは他のひとを責めることができて、どのような場合に私たちの痛みは、〔誰のせいにもできない〕自然の必然性ないしはたんなる運の悪さの産物ということになるのか。本書でこれまで見てきたように、本当の被害者と偽のクレーマーとを区別することは常に難しい。私たちは誰もが被害者にも加害者にもなりうるため、私たちは事故や災難を易々とどちらの観点からも見ることができる。被害者の立場に立つならば、私たちは不正義と叫ぶだろうが、しかし自分が実際の加害者であると考えるなら、あるいは加害者でありうると考えるだけでも、私たちはそこに不運を見いだすだろう。まるで一切の物差しが存在しないかのようである。例の中立の観察者[3]（neutral observer）が、〈この哀れにも苦しんでいるひとを、誰がこんな目に遭わせたのか〉という問いに対して、得られる限りの証拠では答えを出すことができないと判断せざるをえない場合、その被害者に対して、仕方ないから諦めるようにいったとすれば、観察者は〔加害者を特定できないという判断において正しかったとしても、それに続く〕結論においてはおそらく間違っているだろう。その被害者が傷つけられたと感じ続けることはもっともであるし、また社会に対する彼の期待も、いましがた被った災難の結果に対するあからさまな公の無関心によって、なおも深く失望させられているだろう。この時点で、不正義を被ったという感覚は、彼の目下の状況を防ごうともしなかったし和らげようともしなかったという、〔社会の〕――能動的ではなく――受動的不正義によって、高められたのである。これを不正義とみなすということで暗示されているのは、私たちには〔誰かの苦しみを防ぐために〕行動することができるということである。不正義が為されたのか、もしくは為されなかったのかを判断しなければならないときには、たいていはこのことが暗黙に前提とされている。同時にまた、〔苦しみを前にしても、〕可能ならば何もしないという強い衝動も常にあるものである。私たちは誰もが、受動的に不正なひとになる傾向をもっているのである。

　不正義と不運とのあいだの区別そのものが、時として害を及ぼすこともありうる。なぜならば、その区別は、往々にして私たちに、〔不正義とされたものへの対応に〕前のめりになりすぎ《トゥー・マッチ》たり、はたまた〔不運とされたものへの対応に〕及び腰になりすぎ《トゥー・リトル》たりするよう仕向けてしまうからである。〔後者についていうなら、〕あることが自然によるものだろうが、もしくは見えざる社会の手によるものだろうが、それは私たちを、可能な限りそのことによる損傷を修復したり、そうしたことの再発防止に努めたりしなければならないという責任から免除はしない。また〔前者についていうなら〕、私たちは、すべての不正行為に対応しうるのでもない。アメリカでは、誰かに責任を転嫁することが、あたかも人気のゲームであるかのように盛んになされているが、それは必ずしも常に建設的な結果をもたらすわけではない。人間の犯人探しには、実際のところ、限られた効用しかないだろう。それはたとえば、被害者のために賠償金を引き出すための取っ掛かりになったり、将来の無謀さに対する可能な抑止力になったりはするが、それ以上のものではない。不運と不正義の境界線において私たちは、この被害者の事例がどちらに該当するものであっても、それとは無関係に、私たちができうる限りのことを被害者のためにしてあげなければならないのである。

しかしながら、私たちがいつしか不正義を追及したりしなくなるだとか、あるいは、不運だったという言い繕いに甘んじたりしなくなるだとか想定するのは、合理主義者の幻想である。[*4] これらのことをしなくなるのは、望ましいことでさえないだろう。不正義を被ったという私たちの感覚は、抑圧に対する私たちの最大の防壁なのである。ヴォルテールの不屈の抗議など心静かに忘れてしまおう、などとは誰にもいわせないようにしよう。同様にまた、私たちは、自分たちが甘んじて受け入れなければならない不運というものが本当にあるということを覚えておくべきでもある。さもなければ、私たちは、全能性や絶対安全性といったものが実現されうるという幻想に陥ってしまうだろう。不運という観念は、私たちが達成しうることには限界があるという事実、とりわけ、技術的手段によって達成しうることには——私たちは〔すべてを思いどおりに〕支配するという夢を叶えるために手っ取り早くこうした手段に手を伸ばそうとするものだが——限界があるという事実を示してくれるのである。こうした支配を夢みることとは、〔不運を受け入れるべきか、不正義として責任を問うべきかという〕難しい選択から目を背けるように私たちを促すだけのことである。

不運と不正義の対比が維持されるべきであるのには、心理的な理由に加えて政治的な理由もある。[*5] 民主主義においては、私たちは、災難や事故を前にして何もしない公職者を厳しく非難するべく想定されている——そうした災難や事故を予防することも、それらが起きた後にその影響を緩和することもしない公職者を、である。そうしたことをしない公職者は、みずからの怠惰と無関心において、受動的に不正である。実際、私たちは、私たちの不正義の感覚を、災難の端緒であったかもしれないひとや、その直接的な原因を探すことに対して向けるよりも、こうしたことを防ぐために何もしなかったひとや、被害者を助けるために何もしなかったひとに対して向けるべきである。民主主義における公職者は、国民に対して責任があると考えられている。私たちの最初の疑いは、政府機関や準公的機関などに向けられるべきであって、それというのも、彼らが、私たちの安全を確保するために、過去において何かもっとできたことがあり、また未来においてもっとするべきことがあるというのは大いにありうることだからである。〔私たち自身が生み出したわけではない〕私たちの亡き前任者によって残された惨憺たる面倒ごとであるとか、もしくは見えざる手の仕業であったり、厳しくも予測可能な自然によってもたらされた事柄だったりは、たとえ〔それをそのままにしておくことが〕能動的な不正としては認定されえないものであるにしても、いくらかよりましなものへと修繕される余地はなおもある。これらの面倒ごとの進み行きを変えることができる者や、その影響を防ぎうる者が、何もしないとすれば、彼らは受動的に不正なひとである。政治においては、不運と不正義の違いは明らかに意味をなすものであり、私たちにとって有益でありうるのである——この区別を賢く使うのであれば。

いずれにしても、私たちの不正義の感覚は、いわれなき苦痛が私たちを襲うとき、〔それをもたらした誰かや何かを〕責めたり呪ったりし続けさせることを確実に私たちに促すものである。自然界に何らかの目的を見いだすという私たちのどうやら尽きることなく根深い要求によってもそのような追及は促されているのではあるが、しかしそれに負けず劣らず、この不正義の感覚もまた、そうした追及を促すことに与っているのである。私たちが、地震を個人的《パーソナル》な攻撃として、自分を標的とした邪悪な行為として経験するということを言葉にするのに、ウィリアム・ジェイムズほど適任の心理学者はいない。彼は、たまたまサンフランシスコ大地震のときパロアルトにいた。以下は、この大地震について彼が書き記したことである。曰く、「私は、地震というものを、滅びることのないひとりの個体的存在として擬人化した……。この存在は、私へと、まっすぐに向かってきた。それは私の背後にひそかに陣取り、ひとたび室内に入るや、私を独り占めにして、有無を言わせずみずからの姿かたちを露わにした。人間の行為において、敵意と意図が、これほどにはっきりと現れることはかつてなかったし、人間の行動が、その源泉と発端を、ひとつの生きた主体へとこれほどに確実に遡れたこともかつてなかった」。さらに、「私にとって、この地震が、動揺の原因であったのであり、それを生きた主体として知覚することは、抗いがたいことであった。それは、圧倒的なまでに劇的な説得力を備えていたのである」[8]。彼は、「素朴な人々」が、これほどの出来事に、警告や応報を見いだすのは自然なことだと考えた。ウィリアム・ジェイムズがこう感じるのであれば、私たちもまた、〔苦しみの対象として〕狙い撃ちされていると感じ、そしてそのような感覚に基づいて、〔自分を狙い撃ちにした〕誰かを非難すべき者として見つけ出そうとしたとしても、まったく驚くべきではない。たとえば我が子を痛ましい死によって失ったときのごとく、恐怖と苦痛が予期せぬものでかつ耐え難いものであればあるほど、なおいっそう私たちは不当にも標的にされたと感じるのである。「なぜ私が」あるいは「なぜ私たちが」という問いは、それを〔自然の因果性によって〕説明すること以上の何かを叫び求めている。すなわち、それは、道徳的な意味づけを与える何かを求めているのである。

　たとえば、医者は、不正義の感覚、裏切られたという感覚がふつうであれば湧き上がるような類の

〔患者が経験する〕悲嘆に目を向け、この悲嘆に対する反応のパターンというものを観察してきた。最初の反応は、信じようとしないことであり、それから、つぎのような問いかけが続く。「なぜ、どういうわけで、こんなことになってしまったのか」。そのあとに、どうして〔このようなことに見舞われたのが、ほかならぬ〕彼（女）なのか、という怒りがくる。「彼女（彼）よりも、こうなるべきだったひとはいくらだって思いあたるのに」。結論はこうである、「〔こんな仕打ちをする〕神を愛したりなんてできない」。これに続いて、諦めが訪れ、そして最後の最後で覚悟が生まれるのである。患者たちのなかには、致命的な病に罹っているという事実を受け入れられるようになるに先立って、神と取引しようとする者もいるだろう。意義深いことに、宗教心のかけらもない人々でさえ、自分の子どもが死ぬことになると告げられたときには、神を呪うのである。何かしらの出来事が、私たちの私的もしくは社会的なバランスを根底から崩してしまったとすれば、私たちは少なくとも神による正当化を求める。「なぜ私が」という問いに対する答えとしては、自己非難、罪悪感、羞恥でさえ、完全な沈黙もしくは無情な道徳的空白よりは、望ましいのである[9]。

災難を、不測の事態、もしくはたんなる偶然として処理したがり、「よくあることだ」としきりに主張しようとする一群のひとたちがいる。それは、〔この災害に、〕自分が潜在的に、ないしは実際に関与していたり、責任を負っていたりするかもしれないと恐れる者たちである。彼らにとっては、その振る舞いは自己防衛的な一手であり、今後同じような〔自分がそれに関与する〕出来事が生じることを見据えて、こうした手を打つのである。このようなことをするひとというのは、典型的には、自分たちを被害者であるとか、被害者に関係する者であるとかと考える根拠のない人々である[10]。彼らは、原則として、〔この災難についての〕合理的な説明を探し求める。しかし、苦しみを受けている者にとっては、〔既存の法則の必然的帰結であるというには尽きない〕それ以上の何かがあると考えないわけにはいかず、それは、たんなる偶然に降りかかった失望といったものではなく、ひとつの不正義、つまり何かしらもっと個人的《パーソナル》なものなのである。

自責、生贄、超自然的な力の操作、陰謀説の追及などの歴史的な記録を見ていくと、物事を実際そうあるがままに見ることと、〔実際以上に〕不正義が蔓延っていると信じることとを比べるなら、後者をこそ私たちははるかに強く必要としている、という結論に至るかもしれない。私たちは、正しい世界というものをできるだけ信じようとはするものの、〔すべてがでたらめに生じる〕意味のない世界に比べれば、不正な世界のほうがまだしも耐えられるのである。私たちは、しばしば、行為へと向けた準備のためではなく、原因や出来事にかんして一貫性がある物語をつくるために、自分自身やお互いを責めたりするようだ。とはいっても、〔こうした物語を追求することはせずに、反対に〕不運を受け入れることにするのが常に現実的である、というわけではない。まったくもってそうではない。不運を受け入れることは、端的にいって、理に適わない宿命論を意味するだろう。むろん、時として私たちは、ある出来事ないし状況が、不運とみなされるべきか、不正義とみなされるべきか、はたまたそのいずれをも少しずつ含んだものとみなされるべきかをめぐって判断ができないことで、本当に立ちすくんでしまうということがあるだろう。しかし、この当惑には、私たちの選好、地位、観点、そして政治的イデオロギーのすべてが関わっており、とりわけ公的政策が問題になっているときはそうなのである。

たとえば、女性であること〔にともなう劣悪な境遇〕は、不運なのだろうか、それとも不正義なのだろうか。飢饉はどうだろうか。失業や貧困は、不運なのだろうか、不正義なのだろうか。こうした難問に対する私たちの答えの大部分は、かなりの程度、私たちが何を不可避で変えられないと認識し信じるかに左右されるのである。そして、何がやむをえないものであるかということについての私たちの感覚には、政治的イデオロギーが大きく寄与することになる。だからといって、強い不正義の感覚をもつことで、あらゆる災難のなかに、回避できたかもしれない人的行為や誤った行いを見いだすように促されるというわけでは必ずしもない。そうではなく、この不正義の感覚は、私たちをして、カントをそうさせたように、人間の悲惨さの要因のうち、戦争のごとく、疑いもなく私たちに、そして私たちだけに責任があるそれを糾弾するように動かすのである。さまざまな災難を、社会的にやむをえないものとしてあまりにも容易に受け入れることは、歴史的ないしは経済的発展の鉄の掟〔のしからしめるところ〕というよりは、むしろイデオロギー的な便宜性〔としてなされているにすぎないの〕ではないかとひとは疑わざるをえないだろう。間違いなく、事故や災難に直面したときの人間の祈り、呪い、正当化などは、果てしなく冷酷な世界を甘受するようなことを、私たち〔人間〕が拒絶していることを証《あか》し立てているのである。

多神教徒であれば、その信じる神々を責めるだろうし、マニ教徒であれば絶望へと打ち拉《ひし》がれ、一神教徒は復仇をする神を前にして震える。これらの面々は全員、少なくとも、なぜそのことが起きているのかはわかっている。(11) ユダヤ教徒は、自分個人であれ自分が属する集団であれ、いずれにしてもみずからを責める傾向がある。〔旧約聖書の『ヨブ記』における〕ヨブの友人たちは、神の正義と人間の数知れない過ちをヨブに諭したときに、まったくもってその典型的な態度を示したのであった。彼らは、長いあいだ苦しみを受けているヨブに対して「誰がかつて罪なく滅んでいっただろうか」、「神が正義を歪めなどするだろうか」と尋ねる。このような神を前にしては、明らかに、受動的であることが奨励されるのである。しかしながら、もっとよくあるのは、超自然的な力の操作である。疫病を終息させるための入念な魔術的儀式はありふれている。中世ヨーロッパにおいては、みずからを鞭打つ人々や、狂気じみた踊り子たちは、黒死病《ペスト》を引き起こしていた悪霊を追い出そうとしていたにすぎない。代わりとなる信仰がない以上、こうした儀式に頼ってなんとかしようとする姿勢は、それがいかに成果を生まなかったとしても、どうやら萎縮することはないのである。[12] 実際にあまり見られないのは、「それは〔特に意味もなく〕ただ生じたことだ」という宿命論的態度のほうである。

神々だけが責任を追及される唯一の強大な力というわけではない――とりわけ現代においては。今日、アメリカにおけるキリスト教原理主義者でさえも、災難を神のせいにはしない。たしかに、「神のやり方にはたまに疑問を覚えるよ」という反応を示して、神や自然に対する信仰を失う者もある。だが、ほとんどのひとは、誰を責め、どこから救済《リリーフ》を得るべきか知っており、そしてそれは神ではないのである。[13] こうした人々は、地元の企業や公的機関に対して責任を追及し、災害への救援《リリーフ》については連邦政府に対して期待する。ビリー・グラハム牧師が、一九五三年のテキサス州ウェーコの竜巻が「悔い改めない私たちに対する神の御業」を示したと主張したとき、彼は福音派の牧師のなかでの例外であった。[14] ほとんどのアメリカ人は、自然の力を、科学技術の潜在力についての自分たちの理解に応じて、制御されるべき何か、修繕されるべき何かであると捉えている。もっとも、さまざまなエスニック集団によって、〔災難を手に負えないものとして受け入れる〕受動性のレベルにおいて文化的な違いがありはするのだが[15]。また、個々人は、明らかにまた、各々の心理的な性質に応じて、個人的《パーソナル》な災難をそれぞれ異なる仕方で受け止める。末期患者のなかには、〔みずからの境遇を〕不当な悲運《フェイト》のせいにする者もいる。「苦しむのはいつだって善人だ」、彼らはそう言って、不当な世界に屈するのである。同じ末期患者でも、それとはまったく異なる態度を取る人々もいる。

　不正義というものについての理解に最も資するのは、被害者が、〔加害者をではなく、〕自分自身を責めてしまう事例である。というのも、その際、彼らは、明らかに自分に対して不正を行っているからである。たとえば、ありがちなこととしては、被害者があまりにも深く自分を恥じてしまって、手遅れにならないうちに医療による救助を求めることを怠るような場合がある[16]。私たちの迷信深い文化には、いくらか卑しい部分があって、癌を患うことが不名誉なこととみなされているのである。同様に、職を失うことも、その失職者自身の責任に起因する不名誉とみなされる。罪の意識を抱くのは、病人や失業者だけではない。大きな災害に巻き込まれながらも助かった生存者が、自分は生き残ったというこの事実のみによって、自分以外の失われた命に対する罪の意識を、生涯にわたって感じ続けることがある。「なぜ私なのか」という問いは、〔被害者のみならず〕生存者をも苦しめるのである。

　しかしながら、罪悪感は、それ自体としては明らかに不当《インジャスティス》な感情であるにもかかわらず、有用性をも備えている。かつてなされた性的攻撃について、誰かを責める被害者は、その対象が自分自身であるにせよ他人であるにせよ、宿命論者に比べれば〔世界を本来は正しいものとして理解しているという意味で〕楽観的といえる。こうしたことは、また、壊滅的な自然災害の被害を受けた者たちが、しばしばまだ安全が確保されていないうちに自宅に戻ってしまう理由を説明してくれる。すなわち、この人々は、〔被災したことによってすでに〕自分の罪ある行いを清算し、これ以上の困難からいまや解放されたと感じている。彼らは、〔罪悪感とその清算を経験したことによって、〕自分たちの生活の立て直しへと向けて、健全な仕方で駆り立てられることになるのである。罪悪感はまた、ひとを〔神との〕取引へと向かわせもする。戦場に向かう兵隊は、しばしば、美徳が報われることを期待して、セックスを控えたりするのである。そして何よりも、罪悪感は、「中心性の幻想」の維持を可能にしてくれる。すなわち、それは、自分は選び出された存在であるという考え、ウィリアム・ジェイムズが描くような諸々の感情というものが理に適っているという考え、そして、私たち一人ひとりは、たんなる統計の一要素に尽きる者ではないという考えである[17]。要するに、自分を責めることは、正しくないことでありながらも、それに見合うだけの有益さをもたらしもするのである。それは、世界の正しさというものに対する信念を支えうるし、直面する状況をどうにかする力が自分には少なくともいくらかはあるという感覚を個々人に与えうる。もちろん、生じうる損失もまた、無視できるものではない。というのも、罪悪感は、往々にして、私たちの恐怖や嘆きにもうひとつ重荷を加えるだけに終わるということにもなるからである。

　事故や災難に対する、罪悪感に次いで最も疑いようもなく不正で弁護しがたい反応は、生贄《スケープゴート》を物色することである。とりわけ、深刻な失敗や災難のときには、そうである。クレオパトラの鼻の教訓〔すなわち、彼女の鼻がもう少し低かったら、世界の歴史は変わっていたとするパスカルの箴言に由来する、大きな出来事もその原因はえてして些細なものであるという教訓〕に耐えられるひとはほとんどいない。たいていの人々にとっては、結果と同じくらい重みのある原因が必要である。人為的に生じた恐ろしい被害があったとすれば、多くのひとに、そしておそらく権力をもつ重要人物に、落ち度がなければならないのである。〔このことを示すものとして〕かの最も注目に値し、詳しく調査されてきた事例、一九四二年一一月二八日のボストンの「ココナッツグローブ」における火災を思い出せばよかろう。この火災で五〇〇人近いひとがナイトクラブで亡くなった[18]。火災の直接的な原因は、給仕の少年がマッチを装飾物のプラントに落としたことである。しかし、やがて明らかになったように、本当の原因は、座席を覆っていた模造革に使用されていた化学物質であり、それが火の中に、人々を窒息させる煙を放ったのである。ほとんどの被害者を死に至らしめたのは、パニックおよび窒息であった。この模造革はほとんどのアメリカのナイトクラブの座席に使用されているものであったものの、その晩のココナッツグローブにおいては施錠された出口が多すぎたというのも確かである。またそれ以外にもいくつもの安全基準違反がありはした。しかし、そのいずれも深刻なものではなく、検査を避けるための贈賄があったという証拠もない。ボストンにおける当時のそして現在の商売の営まれ方を考えるなら、ココナッツグローブについて何ひとつ異常なものはなかったのである。

このようなセンセーショナルな災難の際にはよくあることだが、メディアは責任を負うべき面々を探り当てることにことのほかやっきになり、実のところ、その熱心さは、被害者の友人や生存者による責任追及をも上回っていた[19]。そういうわけで、その後一カ月ものあいだにわたって、戦争の渦中であったにもかかわらず、ボストンの報道の半数以上が火災とその調査、そしてそれに引き続く起訴へと捧げられたのである。クラブのオーナーのウェランスキーは正規の手続きにしたがって故殺罪で刑務所に送られ、死の直前まで恩赦を認められなかった。消防署が聞き取り調査を始めてまもなく、『クリスチャン・サイエンス・モニター』は独特な調子で「この隠蔽のやり口にはうんざりさせられる」と述べた。実際の原因と、道徳的な原因とは、なんとしてでも区別されるべきなのであった。道徳的な原因は、消防、警察、市長、そして市政府の全体――つまりココナッツグローブのユダヤ人オーナーと共謀していた者全員――に帰せられた。「やつら」は腐敗の塊で、「やつら」が、直接的ではなくとも実質的に、火災をもたらすことに共謀したのである。

いまと同じように当時も、ボストン警察は清廉潔白とはいえないが、だからといって市長のトービンやウェランスキーが隠蔽工作を講じていたというわずかの証拠もない。しかし、災害の巨大さを考えるなら、必要とされていたのは、それに見合うだけの悪意だったのである。来る日も来る日も、新聞は「やつら」の中にその悪意を見つけ出した。給仕の少年、施錠されていた出口、煙、パニック、そのいずれも、これほどのことをなしうるはずはないのである。このような明らかな悪事については、誰かしら大物が、責めを負わなければならない。これは異例のことではない。どのような人為的過失による事故においても、とりわけ産業もしくは運輸の分野においては、被害の大きさとそれを実際に起こした者、もしくは起こしたかもしれない者の社会的地位が、受けるべき非難の総量を決定する。ボストンにおいては、この非難を受けるべきは、政治を担う当局全体と、クラブの経営者であった。新聞と読者は、火災の翌日には、責任を負うべきはやつらだと確信していた。

「無数の手」によって引き起こされた災難の複雑さのすべてが、ココナッツグローブの火災においてひとつになって現れている。ボストン市民には、市政府の振る舞い、特に査察官の振る舞いを非難する十分な理由があった。怠慢があったのは明らかであり、ボストンは慢性的に悪政のもとにあった。しかしながら、災害は、それをもたらした直接のもしくは間接的な悪行のどれひとつと比べてもあまりに巨大であったがゆえに、何らかの目に見える人物ないしは集団——深刻な腐敗、罪深い強欲、慎重さの欠如の罪を負う対象——が見つけ出され、十分に責められるに値する主体として差し出されなければならなかったのである。陰謀と悪党が存在したに違いないのであり、さもなければあれほどのことは起きなかったはずである。〔実際には、〕火災の責任は広く散らばっているのであって、トービン市長がココナッツグローブのオーナーと共謀していたと非難したり、ココナッツグローブのオーナーを故意の犯罪者であると非難したりするのは愚かなことであった。ボストン市の政府の長として市長は間違いなく市の非効率な行政サービスについては責任があったが、こうした非難は、具体的すぎるか一般的すぎるというまさにその理由で、不当かつ無益であった。つまり、ウェランスキーは刑務所に送られるに値することはしていないという点で不当であるし、体制全体を責めても何も始まらないという点で無益なのである。

　私たちが自分やお互いを不当に責めるのは、世界がでたらめな悪《ランダム・イーヴィル》で溢れている、偶然の禍い《バッド・ラック》に満ち満ちているというヴォルテールの結論を、ただ避けようとしてのことである。顔のない責任、つまり、非人格的で、分かちもたれ、絡み合った責任を認めるだけでは、〔責任の所在が特定されていない以上、〕耐え難さはなお残る。自責の念に苛まれる場合と同様に、陰謀の存在を追及したり、生贄を求めたりすることは、宿命論とはほど遠い態度である。〔この態度の背景にあるのは、つぎのような考え方である。すなわち、〕どの災難の裏にも、悪意と落ち度があるに違いなく、そうした悪意や落ち度によってもたらされた帰結は、たまたま生じたものとはいえない。それらの帰結は、私たち自身か、力のある他の誰かによって、起こるべく設計されている。不正義は、でたらめなものではなく、私たち自身で対処し、そうして元の生活に戻ることができる〔、という考え方である〕。ほとんどの文化はこうしたひどい幻想の数々を、そのあり方は時代によっていろいろではあるものの、奨励してきた。なぜなら、こうした幻想は、多くの場合高度に機能的であり、社会的秩序の維持に大いに貢献するからである。〔たとえば〕テクノロジーが皆無で、相互依存性が高いアフリカの部族的な社会においては、個人《パーソナル》の不運というものは、たいていは、その不運に遭遇した者の知己にあたる誰かのせいということにされる。そこにおいては、善いことも悪いことも何でも他人のせいにする経験が、私たちにたんにたまたま生じたように思える事柄のすべてへと、そのまま拡張されてしまっているのである。

「なぜ私なのか」という問いに対しては、それは魔術のせいである、という答えは、そのほかのものと同じ程度には有効である。ひとりのアフリカの教師が、人類学者につぎのように語った。すなわち、私は、ある感染症が自分の生徒のひとりを死に至らしめたことは完璧に理解した。しかし、その病にさらされた生徒たちのうち、なぜほかならぬその子が死ななければならなかったのかは理解していない、と。〔なぜこの子が選ばれたのかというこの問いに対して、〕魔術のせいという説明は、彼に申し分なく受け入れられる答えを用意してくれたのである。[20] こうした説明は、不運を、既存の社会的および道徳的枠組みへと明快に統合してくれるものであり、人々に〔魔術によって不運をもたらした存在の〕悪意に屈することのないよう警鐘を鳴らすものでもある。もっとも、どれほど機能的だろうとも、それは現在の民主主義社会においてはまったくもって受け入れられうるものではない。それは、父親の罪がその子どもたちに受け継がれるというような、家父長的な社会における信念が、もはや受け入れられないのと同断である。しかし、魔術のせいとして説明することが、現代的な意味でいえば生贄を物色することに相当する、というわけでもない。というのも、この説明で探し求められているのは、罪を負うべき人々ではなく、不運についての共有された知識だからである。すなわちそれは、被害者のみならず、その敵さえもが十全に受け入れるような、そういった知識なのである。

また、同様に、アメリカ軍のような、いまなお残る数少ない真に階層的な組織においてなされる、失策の責めにかんする割当を、生贄の物色として語ることも間違いだろう。このような社会的階層秩序において、部下は上司に服従するのが当然とされているが、それは上司が部下から信頼されうる存在であるという期待とセットになっている。〔それゆえ〕アメリカ軍が失策を犯した場合には、指揮を執る者が全責任を負わなければならないのである。加えて、〔軍人以外の〕自分たちの保護を軍に頼っているすべての人々は、軍が大失態を犯したとき、裏切られたと感じざるをえないだろう。というのも、アメリカ市民は軍を大いに信頼するよう奨励されてきたのであるから。自分たちを護ってくれることを当てにしていた者に、その期待に背いたかどで責任を負わせるためには、期待の裏切りは相当にはっきりしたものでなければならない。だが、真珠湾攻撃のように、まさに災禍《ディザスター》が目もあてられないほどのものであるときには、指導的地位にある者は、国民の怒りをすべて引き受けるべきなのである。実際には、真珠湾での災禍は、軍事行動上の複合的な失策によるものであって、〔指導者である〕キンメル大将の無能さの結果なのではなかった。しかし、指揮する地位にある者として、彼がほとんどの非難を一手に引き受けたのである。もちろん、アメリカは彼を反逆罪に処して生贄にするほど不正な社会ではないが、それでも彼が負った責めは、実際に彼がその失策に果たした役割以上のものであった。そもそも階層秩序というものは、それが維持されるべきであるとするなら、そのようにして〔指導者が実際の役割以上の責任を負うというかたちで〕運営されざるをえないのである。

軍隊では、責任は、組織の最高レベルにおいて個人が引き受けるものとされなければならない。なぜなら、軍隊の指揮命令系統は、服従と信頼の原理に基づいているからである。軍事史家は、忌まわしげに、企業の世界では物事はそのようには行われていない、と指摘するかもしれない。誰も、フォード社の失敗作である車種エドセルの責任を、社長のヘンリー・フォード〔二世〕に押しつけたりはしなかった。とはいえ、私たちは、軍隊に頼っているのと同じようにして、自動車メーカーに依存せざるをえないというわけではない。〔軍隊のごとくに、〕勝敗の責任、とりわけ敗北の責任についての階層的原理を維持することに私たちの安全がかかっているような場合には、〔責任の階層的原理とは区別された真の原因の割当を見分ける〕哲学的識別力を発揮している余裕など、私たちにはないのである[21]。さらにいえば、フォード社の工場においても、〔軍事的敗北と〕同じように私たちの安全を脅かすような深刻な産業災害があったとすれば、会社のトップが責任を負わざるをえないだろう。このようにして、私たちは、原因を責任から切り離しているのであって、というのも、私たちは、〔実際の原因を生み出したわけではない〕最高位者に罪責があるという神話を必要としているからである。もちろん、こうしたことをするのは間違っているかもしれず、ひどい事態を招いているのかもしれない。というのも、結局それは、歴史的および組織的な事実を、自分たち自身に対して隠蔽することになるだろうし、それはきわめて危険なことだからである。

技術が進歩した社会において、不正義の感覚が、伝統的な社会ほどに容易には解消されえないというのは当然にありうることである。階層的な責任の原理〔によって指揮者に責任を取らせること〕は、この不正義の感覚を――復讐を果たすのと同じように――深く解消してくれるものだろうが、こうした階層的な責任原理は、現代の複雑な社会的秩序の実際の機能とはまさに両立しえないものかもしれないし、あまりにも非合理であるとして放棄されなければならないものかもしれない。そう考えるなら、私たちには、軍事的な失態に際して、罪なき者を生贄にするという手段に訴えるか、もしくは誰にも責任がないという応答に耐えるか、どちらかの選択しか残っていないことになる[22]。

懲罰的に責任を問うか、もしくは誰も責めないか、このどちらかしか選べないという極端な状況は、私たちが、誰か個人による信頼の裏切り、背後で蠢《うごめ》く陰謀、あるいは罪を問われうるほどの無能さといったものを探し求めることを控え、むしろ避けうるはずのミスを防げなかった事態へと関心を集中することで、いくらか軽減されはするだろう。すなわち、このような関心は、〔責任を問うことそのものを目的とするのではなく、〕あくまでもミスが繰り返される可能性をより小さくし、損害を可能な限り修復することを目指すことで芽生える類のものである。〔責任追及より再発防止を重視するような〕こうした態度は、実際、すでに私たちが多くの場合に取っているものではある。しかしながら、私たちはたいてい、避けられうるあらゆる災難を防ぐためのコストを負うことを選んだりはしない。それよりもむしろ私たちは、自分を、技術上やむをえず生じる被害者になりうると想定して、その帰結に対処する保険的な措置を講じたりするのである。功利的な損得勘定に基づくこうした実用本意の提案がなされていくことは、しかし、被害によって不正義の感覚を抱いた人々にとっては、満足のいく対応とはいえない。彼らは責めるべき誰かを探し求め続けるだろうし、その誰かとはおそらくは政府ということになるだろう。

もちろん、ある種の火災、洪水、嵐、地震といったものは、なおも自然で避けられないものとみなされてはいるが、それでも政府は、こうした事態が起きたときには、国民に対して警告し、国民を保護し、助けるものと期待されている。今日の私たちには、もはや小児病は存在せず、伝染病も稀になったため、そうした病――たとえばエイズ――が生まれた場合、私たちは驚愕し、その罹患者は、感染拡大を食い止めることができなかった政府を責めるのである。これらのすべての事例において想定されているのは、今日の私たちの手許にある技術的な手段をもってすれば、あらゆる自然災害をなんとか制御可能な障害に転じることができるはずだということである。私たちの不正義の感覚が強く呼び起こされるのは、〔そういった災害を〕防げるのに防ぎ損ねた場合である。技術に対する私たちの期待はしばしばあまりに高すぎるものではあるが、しかし過去二世代が〔技術的に〕成し遂げてきたことを考えて、私たちは、いまだに飼いならされていない自然の力から自分たちを守ってくれる者が誰もいないとき、〔そうした保護の任に本来あたるべき者の〕悪意ある無関心もしくは不正義を疑うのである。実際には、今日でもなお、〔自然の力からの保護という点で〕わずかなことしかなされえていないのは、科学者のせいでも役人のせいでもない。また彼らは咎められるほど現在の伝染病に無関心であるわけでもない。しかし、罹患者にとっては、〔病に罹ったことが〕運の悪さ《バッド・ラック》であるにとどまらず不正義でもあると考えうるほうが、自分の不運〔不幸〕[*6]により容易に耐えられるようになると思われるのである。

政府を責めたくなる衝動は、しばしば大いに不当《アンフェア》で、非合理なものではあるのだが、それにもかかかわらず、それ自体として非合理なわけではない。不正義とは、適切に表現するなら、社会に対する権力者による攻撃なのであり、私たちは、権力者が私たちに間違った振る舞いをしていないか注意すべきなのである。さらにいえば、そもそも政治とは、選択や企ての領域である。公職者は、自分たちが必然性の手に握られているとか、個人として無力だとか感じるように仕向けられるべきではない。権力者は、往々にして、現にそうしているよりもより優れた仕方で、より責任ある仕方で振る舞うことができるのであって、最悪でも受動的不正義の罪を負うだけにとどまることはできるはずなのである。

不運はどのような場合不正義になるのか

それでは、〔解消する責任が政府にあるような〕不正義ではなく、〔受け入れるほかない〕不運であるような何かが、〔自由な国である〕アメリカにいる私たちにとっても依然としてあるだろうか。女性であるということはどうだろうか。生まれながらに与えられた条件のうちで、ジェンダーや出産〔をする性であること〕ほど、社会的な定義に左右されるものはないだろう。正統派ユダヤ教徒は、毎朝の祈りの中で、自分を女性として造らないでくれたことを神に感謝する。彼らはたんに正直なだけであって、これはほとんどの男性が考えていることなのである。私たち〔英米〕の文学はその隅々まで、自分たちの不運に気づくことさえしない性に対する、また見下されたり、時には虐げられたりしなければならない性に対する、憐れみに満ちている。〔女性という性にともなう〕不運の性質とは、どのようなものなのだろうか。不運は、女性の身体に、そして女性が種の繁殖において果たす役割に、鎮座している。そのことは、何ら不正ではない。それは、たんに苦痛に満ちた自然的必然性である。だが、この必然性が、繰り返される男性的想像力によって、すなわち女性を自然の力、とりわけ生命の始原的源泉に近接した自然の力として見るような想像力によって、増大させられるのである。そのような〔女性という〕存在を待ち受ける運命《フェイト》の感覚は、トーマス・ハーディの『ダーバヴィル家のテス』に見いだすことができる。ハーディは、テスの運命が、たんなる社会的な秩序の乱れ以上のものであることを明らかにしている。彼女は、この小説の副題のいうところの「純粋な女性」なのであり、それはすなわち、よくいるひとりの女性にすぎないということである。彼女はそれ以外の何者でもなく、そしてそれが、紛れもなく生まれながらの呪いなのである。ある男が彼女のことを誘惑し、〔彼らは結ばれるが、〕ふたりが授かった子どもは死んでしまう。その後、別の男がテスを娶るが、彼はテスの過去を知ったとたん、彼女を拒絶する。彼女を最初に誘惑した男がふたたび誘惑したとき、テスは彼を殺す。それが彼女の唯一の、自己を主張する方法だったからである。彼女は、その罪のゆえに、しかるべく死刑に処される。この物語は、偶然に頼りすぎていることや性格づけの貧しさといったことをたとえ大目に見たとしても、信憑性をもつものではないだろう。物語の力は、テスのみに基づいている。彼女は女性という性そのものであり、純粋で自然な女性であるということを体現している。彼女に起こることは、女性であることにともなって、神話的な呪いのごとくに必然的に起こるのである。テスに起こったことは不正とはいえない。というのも、この小説は、テスが法的には通常の扱いを受けていたと仮定しているからである。男たちとの出会いはめぐりあわせの悪いもの《バッド・ラック》ではあったが、彼女の本当の悲劇は、自然の構造に、すなわち彼女の女性性そのものに存する。魅力的な女性であることのまったくの不運

〔不幸〕というものは、彼女の人生が、〔女性性という〕自然と〔、女性であることをもって彼女を死へと追いやるような〕文化との抗争として描かれることで、より十全に意味づけられることになるのである。

それでは、女性の運命がそこまで宿命論的なものとはみなされないとすれば、どうだろう。すなわち、女性が直面する困難がすべて生殖機能に根ざしたものであるとして、そしてそこからその他のすべての不運が派生するとして、いまやこうした障害を取り除く手段が技術的に可能になっているとするなら、どうだろうか。もしそうなら、こうした解放の手段を女性の手の届くようにする手立てが何も行われていない場合、それはたんなる不正義であるだろう。ひとたび、自然な不運からの脱出の可能性が開かれ、改善への期待が生まれたとするなら、その自然の不運に苛まれているひとの希望を打ち砕くことは不正となろう。こうした場合、不運に遭っているひとにおいては、不正義であるという感覚が喚起されることになるが、それは当然のことなのである。シュラミス・ファイアストーンを読めば、誰が私たちの自由を踏み躙《にじ》っているのかはっきりとわかる。〔彼女によれば、〕産むことは人工的にできるし、子育ては、それをしたいひとに、またこの最も骨の折れる仕事をこなす能力に特に秀でたひとに任せればよい。[*7] こうした観点からは、女性であることは、たしかにかつては不運であったが、いまでは不正義になるだろう。ファイアストーンのように、この解放が歴史的に不可避であると信じるにせよ、あるいはそこまで楽観的ではないにせよ、この解放は、私たちの不正義の感覚に対して再考を迫るものである。というのは、この解放の技術的手段を女性に与えないことは、彼女たちが期待するよう促されてきた大切なもの《サムシング》を彼女たちから奪い取ることだからである。すなわち、彼女たちが奪われるものとは、アメリカ人を物理的な苦痛および苦役から解放してくれる技術を、そして思う存分に生産的な社会生活を送れるようにしてくれる技術を用いるという未来である。[23]

もちろん、ひとは、この〔技術によって不運が不正義となるという〕筋書きでは不十分ではないかと疑うかもしれない。すなわち、この筋書きでは、女性であることの不運の内実は説明されていないし、その十分な解決も与えられていない。技術は、こうした状況に光を当ててその輪郭をくっきりと浮かび上がらせたにすぎない、と。もし、女性であることがたんに身体的な不運であるだけではなく、文化的にも深く根を張ったものであって、それゆえ、抜本的な社会変革がなされるのでもなければ――ほかでもない全世界的な兄弟愛が樹立されるのでもなければ――、その不運を和らげることができないようなものであるとするならどうだろう。シモーヌ・ド・ボーヴォワールは、女性であることが常に〔やむをえない不運ではなく〕不正義であるということを否定したことはなかったが、しかしまた、この不正義は、あまりにも深く身体的および社会的条件へと絡み合っているのであって、単純な技術的向上によって是正されうるものではないとも見ていた。加えて、ボーヴォワールにとって、不正な社会においては、正しくあることなどできないとも思われていた。よい結婚をしたり、まともな仕事に恵まれたりといったことは、原則に対する幸運な例外事例にすぎないのであって、ひとが女性として、つまり身体的および文化的に定義されたところの劣位者のグループの一員として経験する、不正義の状況を変えるものではない。この幸運に与ることは、どちらかというと、〔非白人やユダヤ教徒の劣悪な境遇をそのままにしておいて、〕白人や非ユダヤ教徒として「まかり通る」のといっしょなのである。[24]

ボーヴォワールが否定するのは、女性が耐えている不正義を、民主的になされる政治的および社会的な変化によって徐々に取り除いていく可能性である。〔ボーヴォワールによれば、〕そうしたところで、不運は残り続ける。あるいは、不正義に終止符が打たれれば、不運は、〔やむをえないものとして受け入れるべき、文字どおり〕本当の不運になるとでもいうのだろうか。〔そうではなく、〕明らかに、不運が不運であるのは、私たちがそれをそのようなものとして受け入れ、不運を前にしてお手上げ状態になっている場合においてのみなのである。〔自分を女として造らなかった神に毎朝感謝する正統派ユダヤ教徒とは対照的に、〕私の孫娘の世代ともなれば、祈りの中で、神が彼女を男にしないでくれたことに感謝するのではないか。なぜそうならないといえるだろうか。というのも、ボーヴォワール自身の実存主義的な見解においては、〔技術によって、あるいは政治的および社会的変革によって女性の不運を克服する以外の〕三つ目の可能性があるからであり、それは〔女性であるというような〕所与の事柄を、外的に押しつけられたものとしてたんに耐えるのではなく、自分自身の計画として、受け入れ、そして変革することである㉕。他者による特徴づけに服することを許す代わりに、その特徴づけを取捨選択し、ジェンダーの違いに個人的な誇りの中心を見いだし、女性の自由と平等を女性として主張するために使えるあらゆる手段を用いて、前へ進むのである。結局のところ、私たちはみな自然や歴史の産物であるのだが、それらの受動的な被害者であり続ける必要はない。私たちは全員、不運をひっくり返す努力をし、その不運を不正義として理解し、そうした認識において行動することができるのである。

女性であるということ〔にともなう劣悪な境遇〕は、もともとは不運であったが、私たちが自分たちの状況を変えたいと思うことによって、不正義になった。飢饉もまた、かつてそうであったもの〔つまり不運〕ではもはやなく、それも〔私たちが状況を変えたいと願ったという〕同じ理由からである。もはや純粋な不運とはいえなくなった多くのものと同じように、飢饉の直接的な始まりの要因は自然による不運なのだが、それがしぶとく残っているのは、ひとによる不正義ないしは愚かさ、あるいは、その両方によるところがはるかに大きい。飢饉には、人為的でない要素があるため、それを、地震のような不可避の現象と捉えるのはとりわけ容易である。さらに興味深いのは、飢饉に対して取り立てて何もしようとはしないことを選ぶひとが持ち出す、必然性〔という概念〕である。実際、飢饉は、人間的現象における必然性という概念全体に対して、仮借のない光を浴びせるのである。

多くのアメリカ人の先祖的な記憶に生き続ける飢餓、すなわち、一九世紀なかばのアイルランドのジャガイモ飢饉について考えてみよう。この飢饉は、ある菌類がジャガイモの収穫を破壊したことで始まった。この病害の原因は理解されておらず、それゆえ予防することも止めることもできなかった。農学は、いまだその揺籃期にあった。〔この飢饉に対する、〕用いることのできる純粋に技術的な解決はなかったのである。しかしながら、かくも大勢のアイルランドの農民が、単作をしていたこと、そして、土地法が農業方法の改善への厳格な障壁を強要していたことは、純粋に不運だったといえるだろうか。これは、歴史を遡って不正義を論じるという容易ならざる問いの提起に当たるが、しかしこの場合では、受動的不正義があったと認める理由は十分にある。当時の政府が実行できただろう多くの代替的な政策が見いだされるのは、後づけ的な視点においてのみではない。〔アイルランド政府に対する〕当時の多くのイングランドの批判者は、政策の変更を求めており、さまざまな積極的で妥当な選択肢を提案していた。また、ほとんどのイングランド人がアイルランド人に対して抱いていた甚だしい軽蔑の感情も無視することはできない。

ひとたび飢饉が本当に深刻なものになったとき、人々は、これをどう軽減するかという問題に直面せざるをえなくなった。多くの公職者は、宗教と経済的な必然性[*8]とのあいだで、板挟みになっていると感じた。一方の宗教的な義務は、政府に飢饉の被害者を救済することを求める。他方、経済原理は、自由競争に対するいかなる介入をも禁じる。責任を担った人々は、まったく期待されたとおりのことをした。彼らは、計画を立てたり、報告書を書いたりと、鬼のように仕事に打ち込んだのである。誰も、彼ら一人ひとりのことを、無神経さや無関心さのかどで非難しようもない働きぶりであった。彼らは、医療的な救助を十分に整え、病院に援助を送り、民間の慈善活動を宣伝することで、宗教的な義務を果たした。しかし、ウィッグ党が政権を握るや否や、政府の貯蔵は底を突いた。この貯蔵は、ロバート・ピール前首相が、食物の価格を抑えておくための、安価なトウモロコシの配給用に準備しておいたものであった。また、アイルランドの地主については、〔彼らを救済するための手立ては〕何もなされなかった。実際、ロンドンの政治家や役人の言葉を二、三、選び出すだけでも、彼らの頭には経済的な必然性という発想が大勢を占めていたことがはっきりする。たとえば、コーンウォール・ルイスは、政府によって委託された報告書において、つぎのように語った。「国民のためといってなんでもかんでも管理しようとする政府の計画は……国民のあいだに必ず無気力と無力さを生み出すことで終わるだろう」と。ここでは、アイルランドの人々が、飢えのため気力などとっくに失っているということがまったくもって頭の片隅にもないようである。ルイスにとっての懸念は、政府の役人が資本家に取って代わることで、偽計《フロード》、官僚の無能さ、災難が帰結してしまうだろうということだった。財政の責任者であったチャールズ・トレヴェリアンは、つぎのように書き留めている。曰く、「政府が、みずから主体的に国全体の排水の細々とした整備やら改良やらに着手することは、政府の本質および機能にまったくもってふさわしくない課題に取り組むことである」。〔むしろ、〕飢饉は、アイルランドの本当の呪いである人口過剰に対する解決として理解するのが最も適切だろう、と。そしてまた、一八四六年には、こうも記している。「この［問題］は、人間の力を完全に超えたものであり、呪いは全能の摂理の直接の介入によってもたらされたものであるので、それは、ある意味では、予期せざるもの、思いもしないものであるとともに、どうやら効果的なものでもある」と。

この一年前には、トレヴェリアンは、つぎのように主張していた。「貧窮の救済が、公共の福祉《ジェネラル》に反しない仕方でこれまでに遂行された方法、これから遂行されるだろう方法は、ただひとつしかない。すなわちそれは、地方にその任を担わせるという方法である」。しかし、そのころには、アイルランドの地主たちは、借用者たちと同じく一文無しになっていたため、〔アイルランドの地主に貧民救済の負担を背負わせる〕貧民法による税金の強制はもはや現実的なモデルではなかった――トレヴェリアンの自由放任主義的な考えの中においてよりほかでは。

当時、地主制度は聖域として考えられていた。ブルーム卿の言葉によれば、「地主が自分の土地を意のままに使用することが、地主の疑うことができない、奪うこともできない、最も神聖なる権利として認められていない限り、土地は価値がなくなり、資本ももはや土地の開拓へと投資されることはなくなるだろう」。いかなる状況においても、「貿易の通常の営み」は、政府によって邪魔されるべきではないのである[26]。また、これに加えて、政治的「必然性」もあった。ジョン・ラッセル卿の政権が、地主の権力をいかなるかたちであれ制限しようとするような法案を提出したとすれば、それは貴族院において手荒い洗礼を受けて、政権もろとも葬り去られたことだろう。

アイルランドの農民は、おおむね信心深い人々であって、えてして自分たちの苦しみを神の訪れ、神による天罰だと理解しがちであった。〔しかし〕彼らの子孫は、苦しみをそのようには理解しなくなっていたし、いっそう重要なのは、飢饉当時の多くのイングランドやアイルランドの人々もそうは理解していなかったことである。被害者の観点からは、この飢饉は、受動的不正義に当たるもの、すなわち軽減できたはずの苦しみを軽減することを怠った結果なのであった。仮に、被害者の声が優先され、第一義的なものとして扱われたとしたら、また、提案された合理的な政策のうち、最も能動的なものが採用されたとしたら、依然として多くの飢えに苦しむひとはいただろうとはいえ、不正義はなかっただろう。しかし、イングランド人がアイルランドの被害者に対して何度も加えた軽蔑や非難、そして自分たちの経済的正統学説に対するイングランド人の知識人の自己過信、これらを踏まえた場合、〔被害者の声の尊重および能動的な政策の採用という〕そのふたつのいずれも可能ではなかったのである。

トレヴェリアンにとっては、この飢饉は、悲劇的な選択を突きつけるものであった。福音派のキリスト教徒として、彼は、〔貧民の救済を命じる〕自分の信仰、はたまた〔自由競争への介入をしない〕公的な義務、そのどちらを裏切るかで板挟みになっていると感じられたのである。被害者にとっては、飢饉は、とりわけそれに窮乏が加わる場合には、故郷における惨めさと死、それともアメリカへの恐ろしい旅における惨めさと死、そのどちらかを意味しており、どちらにしても惨めさと死が待ち受けているのであった。しかし、これは本来なんら悲劇的な運命ではなく、まったくの不正義というべきなのである。なぜなら、〔不介入を旨とするトレヴェリアンの〕この種の姿勢は、避けることができ、弁解の余地がなく、繰り返されるべきではないからである。しかしこれを不正義と呼んだからといって、トレヴェリアンやその種の人々を、その限界のために犯罪的に責任があったのだ、とみなす必要はない。こうした人々〔が統治の任にあたっていたこと〕は、実際にはひとつの不運であった。というのも、大半のひとの、とりわけ役人の、慣例尊重主義なるものは、どうにもしようのないものだからである。しかしそれはそれとして、飢饉というものは、政治的に回避できる災難である。飢饉が起こったときそれを終わらせるために何もなされない場合、そこに不正義が存在するのである。

必然性／必要性《ネセシティ》の政治

実際には意図に基づいて人為的に制御しうるような出来事であるのに、受動的不正義を不運として理解させるイデオロギーが用いられることによって、その出来事を避けようもない悲劇であると感じさせるような諸事例がある。なかでも、アイルランド大飢饉は、そのわかりやすい事例のひとつである。〔こうした事例とは違って、〕本当に悲劇的な状況においては、望ましい選択肢そのものがない。ひとつとしてないのである[27]。そうした状況では、複合的な要因によって物事が動くがゆえに、人間主体は操り人形として見られなければならない。それにもかかわらず、この主体は人間であるから、自分たちの性格や振る舞い方についてはなおも責任を負い続ける。悲劇的な世界では、私たちは、自分たちのいくつかの行為にかんしては依然として自由にできるのであるが、しかしあくまでも世界は神々の手のうちにある。神々は、望むがままに、しばしば気まぐれに、私たちを手玉に取るのである。〔たとえば〕アイスキュロスの〔悲劇作品において、主人公の〕アガメムノンには、仮にみずからの行動について何らかの選ぶ余地があるといえるにしても、望ましい選択肢といったものはいっさい与えられていない。[*9]〔トロイア戦争を目前に控えてアウリスの港に船を停泊させている〕アガメムノンは、〔怒りのあまりに逆風によって船出を妨げる〕女神アルテミスを宥《なだ》めるために自分の娘を犠牲として捧げるか、さもなければ、船を出すことの叶わないまま、〔トロイア追討を命じる〕ゼウス神に逆らい、自身の軍隊を船内で餓死させざるをえなくなる。劇中の合唱隊《コロス》は、アガメムノンが娘のイピゲネイアを殺したことについては彼を責めないが、しかしその殺害の仕方については非難を向ける。アガメムノンは、イピゲネイアが我が子ではなく、あたかも数ある生贄の動物の一匹にすぎないかのように、彼女から身を離すからである。㉘実際、適切ではない《アンフィットネス》という認識こそが、不正義の感覚の中心的な部分であって、それはアガメムノンが陥ったよりもはるかに極端ではない状況であってもいえることである。権力を有する者が、災難において、期待されるように振る舞わない場合、憤りは増大するのである。かのバッファロー・クリーク洪水の生存者たちの一部は、会社が彼らの誰ひとりに対しても個人的な同情のそぶりを見せなかったことにかんして、ことさら苦々しく思っていた。[*10]同様に、ヒロシマの生存者たちの一部も、自分たちの悲運《フェイト》を戦争の〔不可避の〕一部として受け入れることはできたかもしれないが、トルーマン大統領が、なされたことに対する遺憾の意の表明を拒否したことには、憤りを覚えたのである。㉙たとえ他に選びようもなくやむをえずなされたとしても、それを行うその仕方によって、その行為はより大きい不正になったり、より小さい不正になったりもする。同じ悲劇的な選択をするにしても、よりましな顔《フェイス》つきにおいてなされる場合と、より悪い顔つきにおいてなされる場合とがあるのであって、そこにこそ主体の真の性格が表現されるのである。

いずれにしても、〔望ましい選択肢がそもそも存在しないような〕本当の悲劇というものはきわめて稀である。政治的必然性〔、つまり政治的事情に基づく必要性によってやむをえずになされた〕といわれるものは、本当のところ、厳密な意味においては、運命《フェイト》でもなければ、抗いえない状況でもなく、悲劇でもないのである。マキアヴェッリ以降、必然性なるものは、倫理的制約と、政治的野心とのあいだの緊張を覆い隠す役割を果たしている。すなわち、必然性〔という概念〕は、〔政治的野心に満ちた〕統治者〔による倫理的制約を侵犯するような行為〕の弁明に資する宿命論的言語を利用する努力の一環として用いられているのである。近代においてこうしたごまかしがたどった道は、たしかに壮観である。当初からマキアヴェッリの「国家理性」的な思想に懐疑的であった者たちは、同時に、君主たちによって呼び起こされた必然性〔という概念〕にも説得力が欠けていると感じてきた。モンテーニュは、名誉を重んじるひとが、君主の〔政治的必然性による要請の〕ために誓約を破るべきだなどとは考えなかった。曰く、「公共の福祉は、人々に裏切ることを、嘘をつくことを、虐殺をすることを求める。〔しかし〕私たちは、そうした務めを、もっと従順で言いなりになる人々に譲ろうではないか」と。明らかに、名誉は公共の福祉より重要なものであり、そうでないとすればそれは統治者が公共の福祉にかんする誤った理解をしているからである。「背信が許されることがあるとすれば、それは背信を罰したり、背信の裏をかいたりするためになされる場合だけである」とモンテーニュは言葉を継ぐ。モンテーニュにとって、対立は明らかに、個人《パーソナル》の名誉と、公的〔福祉によって要請される〕裏切りとのあいだにある。紳士は前者を選ぶことができるが、君主は常にそうできるとは限らない。それゆえ、統治者が名誉に反して行動しなければならない極限的な状況、そう行動しなければならないことに疑いの余地のない状況において、肝心なことは、彼がどのような方法で、いかなる精神でそうするかなのである。「差し迫った状況のせいで、あるいは何か突然で予想外の出来事のため、統治者が、国家理性による必然性から、自分の言葉に反せざるをえず、誓約を破らなければならなくなった場合……彼はそれを神罰によるものだと理解しなければならない……。それはまことに、不運というべきものである」。そのような良心の穢れは、公共の利益が「きわめて明白で、きわめて重要な」場合にのみ、引き受けるに値する。そして、場合によっては、君主にとってさえも、みずからの名誉と誓約のほうが、彼自身の安全、さらには臣民の安全よりも、いっそう大切であるということもありうるのである[30]。

　これらの発言の矛先が向けられているマキアヴェッリにとっては、対立は名誉と必然性とのあいだにではなく、道徳的な呵責と政治とのあいだにあった。彼にとっての政治的必然性は、運命《フェイト》によって強いられるものでもなければ、公共の福祉によって強いられるものでさえもなく、力と力が争い合う政治の世界において、君主の力を維持し拡大することの困難によって強いられるものなのである。君主がなすべき課題は、運命の女神《フォーチュン》*11によっては、わずかなりとも容易になったりはしない。〔マキアヴェッリにとって、そもそも〕この女神は、その悪意や気まぐれから私たちをどの局面においても邪魔立てしようとする存在なのである。モンテーニュとは違って、マキアヴェッリは、徳ある君主たるもの、大胆さと狡猾さによって、運命の女神を、未来永劫にではないにしても、しばしのあいだであれば出し抜くことができると考えた。むろんのこと君主は、このような期待を背負うことによって、あらゆる必然的〔必要〕な手段を使って自分自身を打ち出すよう勇気づけられることになる。この筋書きにおいて、運命の女神〔に邪魔されたという考え〕は〔君主の〕失敗の言い訳として持ち出され、そして必然性

〔つまり、そうせざるをえないという考え〕のほうは、残酷〔な振る舞い〕の口実となるのである。

こうしたナンセンスな考えを、誰もが信じようとしているわけではない。〔マキアヴェッリの言い分に反して〕何もかもが運命の女神次第であるならば、誰かしらが自身の名誉、あるいはそれ以外のなんであれ価値あるものを、たんなる偶然《チャンス》に賭けて失うことに何の意味もない。〔そう考える人間のひとりである〕モンテーニュは、つぎのように言う。「この世界におけるさまざまな振る舞いのなかに決まって目にするのは、つぎのようなことである。すなわち、運命の女神は、万事に対して揮われるおのれの力を私たちに見せつけるために、また、私たちの厚かましさを打ち砕くことに悦びを見いだすがゆえに、馬鹿者を成功へと導く。つまり、女神にもさすがに馬鹿者を賢くすることは叶わないので、こやつを成功させることで、徳あるひとに嫌がらせをするのである」と。要するに、〔モンテーニュにとって、〕マキアヴェッリとその後継者たちは、徳ある君主に熱狂的なまでに信頼を寄せる点で幼稚である。〔対して、政治的野心から距離を置いて、あくまでも名誉に忠実たろうとする〕モンテーニュ的な受動性は、〔運命の女神をひれ伏させようとする君主の厚かましさに対して〕警鐘を鳴らす助言であって、〔運命を前にして人間には何ひとつとして望ましい選択肢はないとする〕ギリシア劇の悲劇的精神を模造した紛い物ではなかった。それは、内戦の真っ只中において損害を制御するための、選択的で、個人的で、懐疑的な策だったのである。

懐疑主義は、必然性という言葉の、たいていは好戦的な使用方法〔つまり、戦わざるをえないという語り口〕に対する、きわめて理に適った反応である。というのも、概して必然性というものが正当化理由として呼び出されるのは戦争中ないし戦争に先立ってだからである。必然性は実に頑健なる主張である。この主張は〔、いずれの立場が政治の現実においてより有効かを決めるような〕政治的決疑論において、その競争相手、すなわち運《フォーチュン》に、粉骨砕身ののち粘り勝ってきた。〔物事は結局〕運〔の良し悪し次第であるという言い訳〕は、軍事的な無能さをごまかすには貧弱であることが明らかになった。〔運という概念の擁護者にとって〕厄介だったのは、運命《フェイト》はおのれの星によって定められているという考えに騙されない人々が常に存在したことである。〔シェイクスピアの史劇において〕リチャード二世は絶えず運が自分に対してなしたことについて不平を漏らすが、しかし〔巧みな権謀術数によって彼から王位を奪う〕ボリングブルック、シェイクスピア、そして〔近代以降に生きる〕私たちは、リチャードが責めるべき相手は彼自身以外にないということを知っているのである。[31][*12]

一八世紀この方、運〔という考え〕にしても、必然性〔という考え〕にしても、何らの挑戦も受けなかったわけではない。技術の進歩は宿命の支配領域を大きく縮小させたし、必然性〔の概念〕のほうは〔この概念に対して懐疑的な〕カントの影に付き纏われ続けてきた。たとえば、政治的な事柄において必然といえるものとは何だろうか。個人的および集団的な自己保存への本能は、自然の力として理解されることができるだろうし、その意味で必然なものといえるかもしれない。ある人民が、自分たちを徹底的に根絶しようと意気込んでいる侵略者から身を守ろうとするとき、この人民は、自然状態への回帰を強いられているといえる。すなわち、正義などというものはいっさいなく、たんに生き残りをかけた戦いのみがあるような自然の状態である。しかし、そもそも実際のところ、そのようにしてなされる戦争がどれほどあるといえるだろうか。そして〔仮にあったとしても〕そのような戦争のうち、回避しえた戦争がどれだけたくさんあっただろうか。私たちがこうした問いに誠実に取り組むなら、自己保存の必然性というのが稀であること、そして平和状態へと戻ることはたいていは可能であるということが明らかになる。これは、まったくもって新たな観察だとはいえない。この観察は、私たちをカントへと、そして民主主義の諸要素へと引き戻すのである。

カントにとって、貴族のモンテーニュにとってそうであったのとは違って、対立は名誉か必然性かというところには存在していなかった。カントにとって、対立は、法か戦争か、共和主義的統治か王政的無政府主義《アナーキー》かという、民主主義に関わる選択肢をめぐるものであった[32]。カントもモンテーニュも、正義という言語用法が戦争とは完全に無関係であるということを認識する程度には、戦争というものを十分に理解していた。罪なき者が罪人よりもいっそう頻繁に滅ぶこの企て、力と我慢強さによる根くらべ以外の何ものでもないようなこの戦争という企ての、どこに正義がありうるというのだろうか。たとえ、こうした力くらべが時にはルールに基づいているとしても、である。生き延びることただそれだけのために戦争へと引きずり込まれること、それは被害者には避けようもない不運であろうが、正義であるはずのないものである。

運命やら必然性やらという考えは、その後、モンテーニュとカントが対峙したような露骨な国家理性よりも、いっそう洗練された教義のなかに見いだされた。必然性という概念は、それ自体として現実主義的なものであるが、しかしそれは、〔現実主義よりも〕はるかにもっと宿命論的なイデオロギーの芽生えのなかでようやく再登場することになるのである。最近まで、マルクス主義的およびダーウィン主義的な歴史哲学は、鉄の必然性〔という考え方〕を政治に再導入しており、それによって計り知れない殺戮を正当化していた。他方、アメリカにおいては、ダーウィンの著作が人種差別的な目的のために強奪される以前から、地理的および生物学的な必然性〔という考え方〕が、先住民を「除去」することを宿命づけていたのである。

一八一八年に、下院先住民問題委員会はつぎのような見通しを立てた。「私たちの国の現状においては、ふたつの選択肢のうち、どちらかが必然だと思われる。森の子らが文明化されるか、さもなければ根絶やしにされるのか、そのいずれかである」。この同じ問題についての、トーマス・ハート・ベントン上院議員のよく知られた言葉は、何にもまして暴露的である。曰く、「文明化か絶滅か、というのが、進みゆく白人たちの通路のうちに身を置いたあらゆる人間の運命である」[33]。これはやむをえないことであり、それについて彼は遺憾に思うこともなかったのである。政治的必然性についてのこれらのよく知られている事例は、ほかならぬこうした発想こそが、完全な非人間性ないしは伝統的な制約の喪失へと私たちを導くのだということを思い起こさせてくれるだろう。明白なる天命《マニフェスト・デスティニー》という考え方のもつ強制的力が、われらアメリカ人をメキシコ、キューバ、フィリピンへ侵攻させたことを忘れることができる者がいるだろうか。一八五九年になされた、オハイオ州代表のサミュエル・S・コックス議員のスピーチは、この考え方を典型的に示すものだった。「この世界には、誰も逃れることができない法則が存在し、その法則とは、より弱く、組織されていない国は、より強く、組織された国によって吸収されなければならないというものである。下級の国の国民は、より優れた文明や国家に降伏しなければならないのだ！　メキシコの諸民族は、この自然法則に従わなければならないのだ！」。ジョン・クィンシー・アダムズでさえ「政治的重力の法則」があると考えていた。曰く、「キューバは、北米連合に重力によって引き寄せられるほかなく、また北米も、それと同じ法則によ

って、同国をその胸から突き放さずにおくしかない」と。[(34)][*13]

　これらの、当時においてはありふれた情感が述べられた日付を考えれば、それを生み出した責任をダーウィンに負わせることはできない。適者生存という〔彼の〕フレーズは、長らく持続していた心性に装飾として付け加えられただけなのである。〔ダーウィンのいうような〕物理的必然性という考えは、相対立する政治的衝動のいずれにも有無を言わせず、またこうした〔征服的な〕政策に対するいささかも静かとはいえない抵抗を黙らせるために、すでに準備されていた。実際のところ、必然性の主張が最も声高であるのは、好戦的な政策に対しての精力的な反対が存在する自由社会においてであると思われるかもしれないが、そういうわけではないのである。それは、どこにおいても、イデオロギー的な言説の主要な品目である。

　必然性は、外交政策の専門家が好む言葉であり続けているものの、彼らはむろんのことその使用を独占しているわけではない。必然性という概念の居所を自分たちの主張の中に見いだしてきた点では、自由市場の擁護者も同様である。私は、自由主義の経済理論にせよ、その他の経済理論にせよ、その経済学的な妥当性を判断するつもりはまったくない。私はたんにその政治的な含意を、ことにこれらの理論における社会的必然性の観念および不正義の観念を検討するにとどめておきたい。自由市場は、たしかに、〔その擁護者によって〕主張されるとおり効率的かもしれないが、だからといってそこから生じる悪しき影響のすべてが、政治的な判断を免れるわけではない。こうした悪い影響は、不正でもありうるし、変えようのない不運でもありうる。悪い影響のいくつかは、受動的不正義の結果かもしれないし、少なくとも、人間の手では防ぎようもなかったとはいえないものかもしれない。別のいくつかのものは、防ぐことは困難にすぎるのかもしれないし、もしくは費用がかかりすぎるのかもしれないが、しかし高くつくということは不可能であることを意味するわけではない。

自由至上主義者《リバータリアン》の教義によると、私たちがどのような政治的選択をするにしても服するほかないような、唯一にして最大の掟というものがある。すなわち、完全に自由な市場がない限りは、暴政が帰結せざるをえない、というのがそれである。ミルトン・フリードマンが認めるように、資本主義は、それ自体としては自由を保障するには十分でなく、それは戦前の日本や帝政ロシアが示すとおりである。しかし、資本主義は、自由の〔十分条件ではないにしても、〕絶対的な必要条件なのである。〔たとえば、〕アメリカ合衆国憲法修正第一条によって規定される〔政治的自由についての〕諸権利は、政治的な狂信者が私たちをクビにしても、私たちは別の働き口を見つけることができるということに〔実質的には〕支えられている。政府が唯一の雇用者であるならば、クビになった者が別の雇用先を見つけることは不可能である。というのも、市場が「二者間の自発的で十分な情報に基づいた」取引のシステムであるのに対して、政府は純然たる強制機関だからである。この政府が市場に介入したなら、必ずや災難が生じる。すなわち、繁栄および自由の全面的な喪失が帰結するのである。この結論は、歴史的な分析に基づくものというよりも、経済および政府の——どんな政府だろうと〔それが政府である限りは該当するような〕——そもそもの定義のされ方に基づくものである。だからこそ、この結論がこんなにも必然であるように見えるのである。

社会は、繊細な糸によってひとつのものとして維持されているのであり、所有権の保障以上のこと、市場のゲームのルール設定以上のことをするいかなる政府であれ、確実に、均衡的調和の崩壊を招くことになる。脆弱な社会的紐帯がこのように途切れるならば、利益の狂ったような奪い合いにつながり、混沌へと帰結する。〔しかし、社会には紐帯が欠かせない〕とはいえ、〔社会の中の〕多様性は奨励されるべきである。多様性は、政府の活動に頼ることなく表現される限りは、まったく危険ではない。確実にいえるのは、社会という領域がふたつのシステム——ひとつは自由で、非人格的で、協力的なシステム、もうひとつは抑圧的で、人格的で、強制的なシステム——で成り立つものであるとするなら、必然的かつ不可避的に、前者が優勢に立つことによってのみ暴政の勝利を防ぎうるということである。[35]

　フリードマンの著作の数々においては、不運といったものにときどきは触れることがあるとはいえ、彼の見解は実のところ宿命論的なものではない——もっとも、自由へのやみがたい要求は別であって、私たちには自由を放棄するという政治的選択の余地はないのであるが。自由市場の必然性と、そうした市場がもたらす不運を理解するには、〔フリードマンの著作よりも、〕フリードリヒ・ハイエクの驚くべき著作に目を向けるべきである。『社会正義の幻想』において、ハイエクは、雄々しくかつ明快に、完全無欠の経済〔システム〕が〔それでもなお〕引き起こさざるをえない不運を、不正義として見ることができるだろうかと問う。ハイエクは、こうした不運は不正義とはいえないと確信しているものの、決して、このみずからの立場が生む数々の問題のいずれをも避けることはしない。私が思うに、その点において、彼は唯一無二である。[36]

〔ハイエクによれば、〕私たちには、自由市場ないし彼のいうところの「自生的秩序」が必要である。なぜなら、私たちは手の施しようもなく無知だからである。この無知とは、懐疑主義者が認めるような一般的な無知のことではない。ここでいう無知は、市場取引にかんする私たちの知識についてのそれに限定されている。個々人は、みずからの経済的な決定を、その結果についてまったくの無知のまま下す。というのも、その結果は、数限りない他の人々の行動次第でいかようにも変わるからである。私たちは、たんに見えざる手だけではなく、知られざる手(unknowable hand)によっても支配されているのである。統計も、確率の計算も、この知られざる手の働き、それが私たちに直接的にどう影響するのかを予測するには、何らの役にも立っていないように見える。それは、私たちがきちんと科学的に思考し損ねているからではなく、そもそもこの予測については、そうした科学的思考は役に立たないからである。私たちは、自分たちの選択に際して、暗闇へと置き去りにされているのである。

〔しかし、〕ハイエクの考えに反して、社会的な無知という事実は、何か特定の結論を生み出すわけではない。何もかもが不確実であるような状況において、私たちがどう振る舞うのか、それはわかりようもない。しかしその振る舞いの結果として、〔ハイエクのいうような〕自生的秩序、ないしその他何であれ何らかの秩序が成立するということはありそうもないのである。最もありそうな結果は、麻痺状態である。なぜなら、無知な人々は、自分たちの無力さゆえに、どの活動にも参加しようとはしないだろうし、危ない橋を渡ろうともせず、人生設計もしないだろうからである。彼らは、刑法を理解し、所有権として位置づけられるものも理解するだろうが、それだけでは彼らの未来についての手がかりを与えるのには不十分である。情報が満足には与えられていないというのが、私たちの実際の状況であって、それは何もかもについて無知であるという状態とはほど遠い。しかし、予測可能性がたくさんあったり、ほとんどなかったり、はたまたまったくないということそれ自体が、そのいずれであっても、自生的な社会的協力、統治を介さずになされる社会的協力を生み出すといったことはありえない。無知はいかなる必然性をも強要しない。無知は特定の方向へと私たちを導くわけではないのである。ありうるとすれば、私たちが不活発になるということくらいである。

繰り返し指摘されるべきだが、ハイエクの無知にかんする見解は、プラトンやモンテーニュのそれのような、哲学的な懐疑主義ではない。ハイエクの見解は、きわめて選択的な懐疑主義なのである。彼の考えでは、私たちは、実のところは多くのことを知っており、とりわけ自分たちの歴史の進み行きについて多くのことを知っている。すなわち、歴史の進み行きは、進化的で文化的な過程であり、そこでは、諸個人は、全体の秩序を維持するために、自生的かつ機能的に変化に適応する。要するに私たちは、何が機能的で、何が機能的でないかを知っているのである。したがって、見えざる手は、複雑な社会的パターン、すなわち人間の諸々の決定の結果ではあるが個人のはっきりした企図に基づく結果ではないこのパターンを、たんに説明するものなのではない[37]。むしろ、それは、全体的な秩序の未来を予測するためにも用いられうるのである。また、見えざる手は、何が可能で、何が可能でないかについての、確固たる境界を厳格に指示する。見えざる手がどのように働くかについて、私たちが無知である以上、その細部にわたって説明することはできないが、しかし、私たちは、〔細部ではない〕全体的傾向を認識することができるし、この全体的傾向が未来にどう振る舞うのかを正確に予測できる。とりわけ、この全体的傾向の要求に私たちが従わなかったときどうなるかを、正確に予測できるのである。すなわち、この全体的傾向に対する不服従から帰結する確実な罰は、暴政にほかならない。

自生的秩序は、純粋な偶然によって織り成されるゲームであって、〔この秩序においては〕何がつぎに現れるかを私たちは個人的に当てることはできない。私たちがもつべきであり、もたなくてはならないのは、人生を耐えうる程度に予測可能にし、ゲームそれ自体を維持する、個人の行為および所有権にかんするはっきりした一般ルールのみである。これこそが「法の支配」であり、それは、交通ルールのような一般的な命令から成り立っているが、具体的な細目については指示しない類のものである。それは、人間の立法者によって意図的につくられるものではないし、少なくとも意図的につくられるべきものではない。統合的な進化過程において立ち現れてくるような諸ルールを、私たちにたんに記録させるのではなく、実際に立法させたのは、実証主義者の、とりわけハンス・ケルゼンの、不幸にも自己成就的なものとなった予言であった。〔しかしそれに対してハイエクの考えでは、〕一般ルールの役割は、人々が、計画された進化的変化にではなく、個々別々のやみくもな行為の群れが完全に自生的に放たれて生じた進化的変化に、適応するのを手助けすることなのである。

ハイエクは、継承されてきたアニミズム的な迷信を払拭できない人々に対して辛辣な物言いをすることがよくあるものの、法についての彼自身の見解もまた、法をおのずから編み上げられたものとして理解するものであって、深く伝統に根ざしたものである。この点では、彼はマイケル・オークショットと似ていないこともない。オークショットは、私たちはよい社会というものを実現できると考えるが、しかしそれは、〔統治という〕その務めに求められる行動習慣を少なくとも三世代にわたって習得してきた人々に政府を委ねた場合のみであるとしている[38]。というのも、この務めにおいて求められるのは、技術でもなければ抽象的観念でもなく、ただ自分の社会に内在するものを認識する能力、そしてその共通了解に基づいて行動する能力、これらの能力が継承されていることのみだからである。

このような〔仕方で運営される〕政府であれば、分配するべきものなどそもそもあるはずもなく、それゆえ基本的正義に対して責任を負うこともありえないということを理解しているだろう。すなわち、名誉も、地位も、富も、政府の意のままになるものではない。政府は、たんに、〔みずからが統治する〕ひとつの国民の伝統に本能的に反応する。この反応は、何かの計画を実現したり特定の成果を達成したりするためではなく、ただ、作者のいない、たんにそこに現れてあるだけの劇において与えられた役を、誰もが演じ続けることを可能にするためのものなのである。私たちがもし、長期間にわたって書き継がれてきた台本を拒絶するのであれば、災難に直面することになるだろう。こうした災難のうち、最もわかりやすいものが戦争と暴政である。こうした災難が古代ギリシアおよび古代ローマにおいても、中世イングランドにおいても事欠かなかったということは、〔オークショットによっては〕言及されることがないのだが。

自由市場的な経済に、伝統主義的な政治がこのように合流するのは、まったくもって新しいことではない。〔自由市場の擁護者である〕ウィリアム・グラハム・サムナーの『フォークウェイズ』〔一九〇六年〕は、社会の慣習を変えることの不可能性についての高度に道徳的な説明であった。この不可能性は、〔「分離すれども平等」の原則において黒人の分離を合憲とした〕プレッシー対ファーガソン裁判における最高裁判決〔一八九六年〕によって、消したくても消えない記憶として、最終的に私たちの〔アメリカ合衆国〕憲法にも書き込まれていたものである。サムナーが道徳的なものへの熱意を欠いていたということではない。彼が考えたのは、市場は、徳ある者に富を与え、効率の悪い者を、自業自得とばかりに放り投げる、ということであった。すなわち、億万長者は彼らの働きのゆえに選び抜かれたのであって、それによって私たち全員が利益を得るのである。しばしば指摘されているように、サムナー版の〔神の〕見えざる手は、彼のカルヴァン主義の先祖たちのいうところの神の摂理《プロヴィデンス》に非常によく似ていた㊴。

ミルトン・フリードマンは、以下のように私たちに警告するとき、彼なりの仕方でサムナーに共鳴している。すなわち、人種差別は「悪趣味」ではあるものの、自由な社会においては、それは法によってではなく、社会的圧力によってのみ削減しうるものであるという警告である。さらに加えて、フリードマンはつぎのように言う。「深く根ざした価値や考え方が……法によって……根絶できると考えるほど、初心《うぶ》であるべきではない」と㊵。自由市場に対する批判者、すなわち自生的秩序の内部において市場が社会を〔ばらばらに〕「原子化」することに抗議しようとする者たちも、〔フリードマンの〕この伝統主義を見れば安心できるはずである。〔市場の〕ゲームのルールそのものの厳格さのゆえに、こうした伝統は、〔伝統的価値に反する選択はおのずと社会的制裁を受けるという経験が〕積もりに積もって、事実上、社会的選択の余地をなくすような効果を生む。そして、必然性によって支配される領域においては、不正義に対して苦情を申し立てるのは愚かなことなのである。

たんに、分配的正義が――ハイエクの表現を借りるとすれば――「幻想」であるというにとどまらない。そればかりか、自生的な社会においては、不正義〔を諸個人が感じること〕は、必然かつ不可欠の要素なのである。諸個人のすでに当然のものとして抱かれている期待が裏切られるとき、彼らが、自分たちは不正を被っていると感じるのはもっともなことである。しかし〔ハイエクにいわせれば、〕彼らは間違っている。期待したことが実現しないのは、〔不正ではなく〕たんなる不運なのである。ハイエクは、とりわけウィリアム・グラハム・サムナーを非難するが、それは後者が、自由企業体制を、そこにおいては報われるに値する企業がきちんと報われるという根拠に基づいて擁護しているからである。ハイエクによれば、市場はそうした類のことはしないのである。市場がどのような結果を生み出すかは、道徳的な観点から完全に無作為に決まる。これはかなり勇気を要する告白である。というのも、アメリカの公衆が自由市場を支持するのは、まさに彼らが、市場の分配は公正であるというサムナーの道徳的な信念を共有しているからであるという証拠が、ロバート・レーンが説得力をもって示したように、十分にあるからである。[41]〔これに対して、ハイエクにおいては、〕市場は、〔公正さとは無関係な〕自然な秩序であると理解されており、それゆえに、企業は競争的重圧に応じていかなければならないのである。ただし、〔ハイエクによれば〕個人にかんする限りでは、実績と勤勉さは報われ、怠惰と教育のなさは罰せられるのであるが。

　市場とは対照的に、政府は、〔アメリカの公衆から〕根深い疑いの目で見られている。その理由はいろいろあるが、そのなかでも重要でないとはいえないもののひとつが、不公正な課税である。しかし、〔そのような疑いにおいては、〕私的な購買物ばかりが取り上げられて、公共財についてはしばしば忘れられている。ひとは、誰も〔公共財である〕高速道路を購入したりはしないのであって、たんに〔私的に自分の〕車を購入する。〔それゆえに、公共財を担う政府の役割は忘れ去られ、政府の課税は過剰なものと見られるのである。〕さらに、パイを分割することにかけては、政府は常に後追い的な存在にとどまる。それは、もともとの均衡状態を再分配し乱すのであり、そのため、政府の行動は可視化され、倫理的な精査にさらされるのである。もともとの分配がどのようにして行われたのかは誰も知らない。〔したがって、不公正であるかもしれないもともとの分配に対してではなく、それを再分配する政府が疑いの標的となるのである。〕この点は、ハイエクによって強調されるところである。公職者がその不正をあげつらわれるのは、彼らが自分たちの行動に対して見えるかたちで責任を負うからである。しかし、市場は、みずからの意志や意図がないため、正しいとか不正であるとかとはいえない。市場をそうでない仕方で〔、つまり正しかったり不正であったりするものとして〕見ることは、このうえなく原始的なアニミズムに身を委ねることであり、それはすべての自然災害の裏に神の関わりを見いだすことなのである。明らかに、アメリカの公衆は〔原始的な考え方に囚われているという意味で〕退行的である。というのも、彼らは〔政府による再分配に積極的な〕ジョン・ロールズの正義観念を共有しないかもしれないが、かといって〔市場には正義も不正義もないという〕ハイエクの構想を受け入れるわけではないからである。たとえそれが自由で生産的であっても、ひとは、不正ででたらめな社会において生を営むことを特に望むわけではないようなのである。

しかし、ハイエクを、〔一九世紀半ばにイングランドの財務次官としてアイルランドの飢饉への介入に反対した〕トレヴェリアン〔の現代版として見ることは、まったくの見当違いだろう。ハイエクは、ヴィクトリア朝の官僚組織のように、〔貧困を自業自得とみなして、それへの不介入について〕道徳的に自己弁護することに関心をもっているわけではないのである。ハイエクは、貧者をその貧しさを理由に責めたりもしないし、貧者は彼ら自身が思うほど悪い状況にはないとか、どちらにしても彼らに対してなされうることはなされてきたなどと嘯《うそぶ》いたりもしない。また彼は、貧者の境遇は必然的なだけではなく、正しくもある、と訴えることもない。被害者を責める衝動に身を任せないというのが、ハイエクの信頼に値するところなのである。彼は、被害者のなかには救援されるべき者もいるとすら示唆する。本当に力を奪われた者たちは、市場から離れ、守ってもらうべきである――ただしそれは、政府によってではなく、いわんや民主的な体制〔の政府〕によってなどではありえない。というのも、〔ハイエクによれば〕公職者は、その慈善活動を〔適切な〕限界を越えて過剰に行うもので、ついつい市場に余計な手を出しがちだからである。

ハイエクの著作は、市場によって私たちに課された不運について強調する点で、彼の見解を概して共有するその他の論者と異なっている。彼は、この不運の苦しみをオブラートに包もうとは決してしない。ハイエクの考えるところの市場には、公正さもなければ、不公正さもない。あるのは、勝者と敗者のみである。市場には、意志もなく、意図もなく、人格もない。私たちは、市場に何ひとつとして責任を負わすことはできないのである。市場というのは非人格的な自然の力なのだから、市場によって被害を受けた人々は、通常であれば期待できることの多くがうまく進まなかったからといって、不正義を被ったと訴え出るわけにはいかないのである。

不正義の感覚は、ここには居場所がない。それは、地震や火山の噴火において不正義の感覚に居場所がないのと同断である。市場において、不正義の感覚は、〔そのような感覚を抱く者がいるとしても、〕不正義それ自体とは完全に無縁のものとされているし、それそのものとして考慮に値するとはみなされていないのである。このことは、私たちが市場の働きについて本当に無知――市場外の事柄では私たちを悩ますことのない〔市場に特有の〕無知――へと宿命づけられているのだとすれば、〔知りえない事柄については正義も不正義もないので、〕避けようもない結論である。また、必然性の力は、〔自然災害のような〕他の領域においては、〔市場と〕同じくらい私たちに重くのしかかるわけではない。私たちは、自然災害の影響を和らげるための、あらゆる類の科学技術および公的なプログラムを有しており、それらが用いられないことを不正とみなすだろう。実際、私たちが、もはや嵐の襲来を神のせいにしたりしないというのは事実であり、そして、ハイエクの考えるとおり、自分たちの個人的な不運の数々を見えざる手のせいにするべきではないというのも事実である。ハイエクは思い起こしてもよかっただろうが、今日の私たちは、まさしく神に助けを求めないからこそ、公的機関に対して、このような災難から自分たちを助け保護してくれることを期待したり促したりするのである。

おそらく、経済的必然性を認める理論家であれば、大半の技術決定論者と同じく、なかでも特にマルクス主義者と同じく、運命の手《ハンド・オブ・フェイト》〔によって偶然的に帰結がもたらされるという考え〕を首尾一貫して受け入れ続けることは難しいと感じるだろう。この点では、経済的必然性の理論家も、それ以外の大多数の人々と変わりがない(42)。そのことは、確実に、これらの理論家がその特徴として陰謀論的思考の傾向をもつことを説明するだろう。陰謀論は、運《フォーチュン》〔が悪くてたまたまうまくいかなかったという考え〕と同様に、もちろん、失敗が生じた原因の説明を与えるものである。しかしそれは同時にまた、思いどおりにはいかない世界において、そうした世界を牛耳る黒幕として誰かを仕立て上げるものでもある。オークショットにとっては、合理主義者、技術者、自助努力で出世した人々こそが、この黒幕であった。すなわち、こうした面々は、デカルトからこの方、〔秩序の基礎となる〕伝統的な習慣を破壊するべく陰謀を企ててきたのである。しかしながら、しばしばオークショットは、〔これらの人々よりも〕ストア派およびキリスト教からの影響のほうに、もっと致命的な欠陥を見いだす。すなわち、この思潮は、道徳的な理想主義を追求するあまりに、適切な慣行を〔地道に〕育んでいくことを退けてしまうものだというのである。だが、私たちがこうした〔古来の思潮の影響による〕道徳的不運の被害者ではあるにしても、伝統および優れた秩序を、そしてそれらを支える習慣を掘り崩している張本人は、〔オークショットの考えでは、〕何といってもやはり、いままさに暗躍する〔デカルト的な〕社会工学者なのである。〔経済的必然性論者の陰謀論においては、〕政府や、しばしば独占主義者、なかでも組合が、変わることなく真の敵である。彼らは私たちの自由を、そしてそれ以外の多くのものを、破壊するべく陰謀を企んでいる。それは、実際のところ、〔この世を光と闇のふたつの原理の闘いとして捉える〕マニ教的な世界である。このことが皮肉であるのは、見えざる手による説明は、もともとは陰謀論の非合理的な恐怖から私たちを解放するためのものだったからである。しかし、心理学者がよく指摘するように、それでもほとんどのひとは、陰謀論のほうを、物事の責任者が誰もいない状況より好むのである。[43] これは、私たちが誰かを責めたり、非難したりすることを必要とするということの証拠であり、ハイエクもその例外ではない。

見えざる手という説明の本当のメッセージは単純である。すなわち、それは、見えざる手は多くの個人的な不運を生み出すかもしれないものの、不正義を生むことはない、ということである。〔見えざる手によってもたらされた事柄に対して抱く〕私たちの不正義の感覚には何の意味もなく、〔ルールの中でもたらされたやむをえない〕不運と〔そもそものルールに違反する〕不正義とのあいだの境界線は、はっきりしていて厳格である。〔ルールの中でもたらされた個別の不運の存在〕にもかかわらず、この世界は、〔全体としては〕合理的であると想定されている。それは、より高度な文明へとおのれの力で絶えず進み続ける世界、そしてみずからの歴史的な要請へと私たちが適応することを求めてくる世界なのである。

これは、私には、不十分な主張であると思える。なぜなら、私たちが〔誰かの〕苦しみを軽減することのできる立場にあるとき、この苦しみの原因がなんであれ、傍観したまま何もしないことは受動的に不正を犯していることになるのは明らかだからである。災難を前にした者に、正当化しえないような受動性があったか、それともなかったか、これを判断することを私たちに可能にするのは、被害の原因がどこにあるかではなく、この被害にともなう損害を防いだり軽減したりする可能性があったかどうかである。また、〔被害者が主観的に抱く〕不正義の感覚も、無関係ではない。最初に聞かれるべきは被害者の声であって、それは〔ある災禍の被害を救済する〕公式に認められた社会的期待が拒絶されたかどうかを見きわめるためだけではなく、状況についての被害者の解釈に寄り添うためでもある。〔つまり問われるべきは、以下のことである。〕すなわち、〔退けられるべきたんなる私的な不満ではなく、〕おおよそ公的なものとして受け入れられるべき訴え〔であるかどうかの現存の線引き〕に変化が求められているのか。現存するルールは、被害者たちに尋ねたとしたら、彼女らが同意できるはずの内容だったのか〔、といった問いである〕。被害者の苦しみが、事故ないし不運によるものではあっても、しかし公的な機関によって改善することができる類のものだとしたら、被害者を助けるために何も行わないことは不正義に当たる。ここでは、抱いて当然の期待がないがしろにされたのであり、被害者の不正義の感覚はその存在を主張すべきであり、私たちもみな抗議すべきなのである。これは、民主主義の市民に期待すべき最低限のことである。

私たちが、不正義をもっと丁寧に検討しても、何らかの状況において生じたことが、不運であったのか、それとも不正義であったのかという問いに対する答えを見いだすことが容易になるわけではない。しかし、被害者の訴えを、既存のルールと照合するくらいしかせずに、〔訴えの妥当性について〕手早く結論を出してしまうのに比べれば、不正義について丁寧に検討することは、まだしも受動的不正義へと陥ることを少なくするだろう。被害者の主張を私が示したように検討することは、私たちを導く暫定的なテストにすぎないが、しかしそれは、民主主義の最も優れた原動力と適合しているし、また同時に、不正への加担に必ずやつながるだろう自己満足に対する唯一の代替案にもなるのである。

もちろん、私たちは、いつの日かあまりに合理的になりすぎて、これらの問いに取り組むことをやめ、責任について忘れ、そもそも統治を必要としなくなり、災難、事故、不正義について〔その責任者を探すよりも〕その代償をただ無差別に割り振ることになるかもしれない。こうするためには、私たちはまずでたらめな世界に住むことを学ぶ必要があるだろうし、それにまた不正義の感覚を抱いたりすることをやめる必要もあるだろう。それは魅力的な展望でもなければ、さほど現実味があるものでもない。いずれにせよ、そのような将来が訪れるまでは、私たちは、ヴォルテールとともに、こう叫ぶことができる。「〔正義も不正義もないような〕冷淡なる必然性のこの揺るぎない法則で／わが悲惨さが宥められるなどと思うな」と。[*14]

訳註

＊1　『リスボン大地震に寄せる詩』においてヴォルテールは、「すべては善である」というライプニッツ的な考えを否定しながらも、神の正しさそのものは肯定している。曰く、「「いつかはすべてが善になる」、これがわれわれの

希望／「現在すべては善である」、これは幻想だ／学者たちは私をあざむいた、やはり正しいのは神のみである／私はため息とともに頭を垂れ、苦悩とともに膝を屈する／私はけっして摂理に刃向かって、立ち上がったりしない」と(斉藤悦則訳『カンディード』光文社古典新訳文庫、二〇一五年、二四八頁)。またヴォルテールは、同じテーマにおいて書かれた小説『カンディード』でも、ライプニッツの教えを信じる善良な主人公のカンディードが、地震、戦争、疫病などに見舞われるなかで次第に神の正しさに疑いを抱いていくものの、しかし最終的には神の否定とは別の次元に立ち至っていく様子を描いている。すなわち、小説の最後の場面でカンディードは、神の正しさについて争うことそれ自体が無意味であり、そんな議論をするくらいなら汗をかいて地道に働くべきであると示唆するのである。「お説ごもっともです〔……〕しかし、ぼくたちの庭を耕さなければなりません(il faut cultiver notre jardin)」と(植田祐次訳『カンディード 他五篇』岩波文庫、二〇〇五年、四五九頁)。カンディードのこの台詞は、世界の正しさを理論的に問うよりも、世界を正しくするべく実践的に行動したほうがよいという、ある種の啓蒙的立場を象徴する標語として、広く知られていくようになる。なお、この観点からすれば、すぐ後にシュクラーも述べるように、ヴォルテールとルソーの立場はそれほど隔たるものではないといえる。

*2 「世界の合理性(a rational world)」というのは、ここでは、何らかの被害について、たんなる不運ではなく不正義の産物としてその責任を追及していくことの根拠になるような、理に適った道徳的秩序の実在を指しているように思われる。

*3 本書一三頁の「不偏不党の観察者(impartial observer)」と同じく、アダム・スミスの「不偏不党の／中立的な観察者(impartial spectator)」を想起させる。

*4 ここでいう「幻想」に囚われた「合理主義者(rationalist)」は、二段落前に言及される、「世界の合理性(a rational world)」を信じる者とは、おそらくやや異なる立場にある。後者が、不運とされがちな被害について、なおもそれを不正義として責任追及していくことを可能にするような、理に適った道徳的秩序に望みをつなごうとする者の謂《いい》であったとすれば、ここでの「合理主義者」は、むしろ世界の合理性を信じすぎて、世界を不運と不正義の両極端のどちらかが全面的に支配する場として一義的に理解してしまう人間の態度を指している。すなわち、シ

ュクラーによれば、そのような人間は、不運と不正義の境界の曖昧さに耐えられずに、この世のすべては人間の技術次第で克服しうるような不正義であるという潜在的な全能感に浸るか、あるいはその反対に、所詮この世のすべてはでたらめな不運のなすがままであるという惨めな無力感に陥るか――シュクラーにいわせれば、いずれも「幻想」への囚われにすぎない――なのである。なお、本段落では主として全能性という幻想について述べられていくが、本章の末尾では、人間の過度の合理性の行き着く先にある諦めに満ちた無力感について、ふたたびヴォルテールの立場との対比において触れられている。

＊5　原文は not only for psychological and political reasons であり、これを直訳すると「心理的および政治的な理由のみによるのではない」となるが、前段落で心理的理由が、本段落で政治的理由が述べられていることから、and を but also for を意味するものと捉えて訳出した。

＊6　ここは「運の悪さ(bad luck)」と区別されて misfortune という言葉が用いられているので、「不運(不幸)」と表記する。

＊7　「産むこと」と訳した言葉の原語は childbearing(出産)であり、それが人工的にできるというのは、人工分娩の可能性のみを指すようにも読めるが、ファイアストーン自身は、妊娠および出産を含めた「生殖」の過程全体を人工的に行う「人工的生殖(artificial reproduction)」の可能性を展望している。それゆえ、ここでの childbearing には、より広い意味が込められていると理解して、「産むこと」と訳している。S・ファイアストーン著、林弘子訳『性の弁証法――女性解放革命の場合』評論社、一九七二年、一七頁、参照。

＊8　本書において、necessity(必然、必要、やむをえないこと)という概念は、個々の特定の領域における目的合理的な政策や行為を指すものとして用いられている。たとえば、自由放任主義に基づく経済では、飢饉に対する不介入は、いかに宗教的義務には悖《もと》っていようとも、経済的な目的にとって合理的であるという意味においてやむをえない(必然にして必要)とされる。また、政治の領域においても、権力の維持ないしは公共の福祉という目的にとって合理的な政策や行為が、それが倫理的制約を侵すものであってもやむをえない(必然にして必要)とされる。どちらにおいても、その領域に固有の目的合理性においてそうせざるをえないことが necessity という言葉で表現さ

れている。それは「必然性」とも「必要性」とも訳しうるが、各々の領域の固有の論理に基づくやむをえなさをよりよく表現するものとして、加えてneedの訳語としての「必要」との区別を図る意味も込めて、以下では原則として「必然性」という訳語を充てる。

*9 『アガメムノン』(前四五八年)は、『コエポロイ(供養する女たち)』、『エウメニデス(慈しみの女神たち)』と合わせて「オレステイア」三部作と呼ばれるアイスキュロスの悲劇三編の第一作。ここで言及されているのは、本戯曲の冒頭で、アルゴスの王アガメムノンが、トロイア遠征の出陣に先立って娘イピゲネイアを人身御供《ひとみごくう》として捧げる場面である。戯曲の筋としては、王妃クリュタイメストラが娘の死を深く怨み、戦勝の後に帰国した王を、王の従弟と共謀して暗殺するまでが物語られる。邦訳として、アイスキュロス作、久保正彰訳『アガメムノーン』岩波文庫、一九九八年。三部作の全体像については第三章の訳註3を参照。

*10 一九七二年にアメリカのウェスト・ヴァージニア州の炭鉱町バッファロー・クリークにおいて発生した洪水災害。大雨をきっかけとしたダムの決壊によって、一二五名が死亡、住民の八割が家を失った。裁判において鉱山会社は、これを自然災害であると主張した。この災害の被害者たちの「集合的トラウマ」について分析したカイ・エリクソン『そこにすべてがあった』は、シュクラーも参照している研究であるが(原註13)、今世紀に入って以降ますます災害研究の古典的著作として重視されるようになっている。宮前良平「空白と傷——訳者解題のためのノート」(同訳書所収)参照。

*11 本書ではfortuneの概念が、主として必然性との対比において、偶然性に満ちたものとして用いられているため、この概念には原則として「運」の訳語を充てる。ただし、fortuneの擬人化としての女神(Fortune)は慣例的に「運命の女神」と訳されることが多く、本書でもこれに従う。また、特に断りのない限り、fateは「運命」ないし「悲運」、fatalityは「宿命」と訳す。

*12 ウィリアム・シェイクスピア作、小田島雄志訳『リチャード二世』白水Uブックス、一九八三年。本作では、運命に翻弄される優柔不断なリチャードと、彼を廃位してヘンリー四世として王位に即く果断なボリングブルックとの対立を軸として物語が進展する。

＊13　ジョン・クィンシー・アダムズ（一七六七―一八四八）は、第六代アメリカ大統領（在任：一八二五―二九）。国務長官時代には、スペインから相次いで独立するラテンアメリカ諸国へのヨーロッパの介入を牽制するモンロー教書を起草した（ただし、キューバは二〇世紀に入るまで、植民地として残る）。またキューバ沿岸を航行中のスペイン籍の奴隷船において奴隷が反乱を起こした「アミスタッド号事件」（一八三九年）に際して、裁判で反乱者たちを弁護したことでも知られる。シュクラーはこうした経歴を踏まえて、そのアダムズでさえ受け入れざるをえないほどに、支配を正当化する「政治的必然性」という考えが当時において影響力をもっていたことを強調しているのだろう。

＊14　本章訳註４参照。

第三章

不正義の感覚

ジョット・ディ・ボンドーネ《正義(*Giustizia*)》(1306),
パドヴァ，スクロヴェーニ礼拝堂

災難の被害者が、自身が見舞われた不運を甘受することを拒絶し、怒りの叫びをあげるとき、それを聞く私たちの耳に響いているのは、〔この被害者の胸中に湧き起こる〕不正義の感覚の声である。ヴォルテールは、こうした被害者の心を代弁する詩人である。しかし、そもそも不正義の感覚とは何だろうか。不正義の感覚とは、何よりもまず、約束された便益を否定されたときや、自分にふさわしい分け前だと思うものが与えられないときに私たちが感じるような、特別な怒りである。それは、他者が私たちに抱かせた期待に背いたとき、私たちが味わう裏切りの経験〔に由来する感覚〕である。この感覚は、古くからずっと私たちとともにあり続けている。私たちは不正義の感覚を、文学の歴史の幕開けにおいて、〔旧約聖書に描かれる〕ヨブおよびヨナの声、あるいは〔古代ギリシアの詩人〕ヘシオドスの声に聞き取ることができるし、今日においてもなおこの感覚は真正なるものとして大きく鳴り響いているのである。この感覚なしに、文学なるものがありうるだろうか。いったいディケンズには、不正義の感覚なくして書くべき何かがあっただろうか。ディケンズが、ヴォルテールに勝るとも劣らず私たちに思い出させてくれるのは、私たちが、自分が被害者になったときのみならず、他のひとが不正義の屈辱を経験するときにもまた、あるいはそのときにこそ、強く憤りを覚えるものだ、ということである。不正義の感覚は、〔個人的なものにとどまらず共同性を帯びているという意味で〕顕著に政治的なのである。不正義を不運から区別したり、誰が本当の被害者かを特定したりすることがどれほど困難だとしても、不正義や被害者を認識したときに自分が抱くその感情については、私たちは〔誰しも〕完璧に理解しうる。不正義の感覚がおのずと湧き起こるとき、たとえこの感覚の意義を私たちが承認していないとしても、まさにそのような感覚が存在すること自体は否定しようがないのである。

不正義の感覚の民主的性格

不正義の感覚〔の存在〕は、これまでいっさい顧慮されることがなかったというわけではないものの、それが政治思想や政治的実践において常に重要な役割を果たしてきたとは言い難い。何といっても、それは敗者の十八番《おはこ》だからである。この感覚にまつわる政治的な危険は、もちろん常に認識されてきた。というのも、昨日の除《の》け者こそが、明日には革命をも辞さない仇討人《アヴェンジャー》になるものだからである。その点を踏まえて、アリストテレスは、不正義が知覚されることが革命の温床となると指摘した。だが、不正義という主題への彼の関心は、〔後に見るように〕そのイデオロギー的な表現に限定されている。また同様に、〔この危険性が認識されていたことの別の例を挙げるなら、〕アリストテレスの〔中世における〕後継者たちも、〔自然法によって規定された〕一次的および二次的正義のルールをひっきりなしに侵害する暴君が不正に手を染めていることを指摘するのに抜かりはなかった。正義を痛打する悪魔という図像は、まさにこのような君主を表現するために描かれたものである。〔中世アリストテレス主義者が挙げる〕多くの事例で、臣民は、このような支配者には従う必要などないと助言されたのである。しかしながら、王政的および貴族政的統治しか念頭にない〔中世アリストテレス主義者の〕理論においては、〔不服従を助言された〕こうした臣民が抱く個人的《パーソナル》な不正義の感覚には、いかなる居場所も与えられていなかった。一方、近代の民主主義理論においてこそ、個々《インディヴィジュアル》の市民が抱く不満の感覚が、心理的問題としても政治的問題としても、いまや中心的な位置を占めることになる。

民主的思考様式では、不正義の感覚は、私たちの道徳的構造の不可欠な要素として、また不当な社会的剝奪に対する適切な反応として、その存在を承認されている。不正義に対する反応がその本質からして主観的で個人的《パーソナル》であることにともなう困惑もまた、民主的な思考様式においてこそ、よりいっそう際立つ。すなわち、〔客観的なものでも集団的なものでもないような〕こうした〔不正義の感覚という〕反応は、どのような場合に政治的に正当化されるのか。また、こうした反応によって鼓舞された行為に対して、ひとは、いかなる仕方で対峙すべきなのだろうか〔、こういった問いをめぐる困惑である〕。おそらくは、不正義の感覚を何にもまして鎮めてくれるのは、〔不正義を為した者に対して〕復讐を果たすことだろう。しかし、復讐は、通常理解されている意味での正義と両立するものではない。加えて、私たちが不正義を経験するのはえてして個別的《パーティキュラー》かつ個人的《インディヴィジュアル》な状況においてであるが、正義は、なんとしても、その目指すところが一般的かつ社会的でなければならないのである。〔もっとも〕そのことは、民主主義者であれば積極的に応じるべき不正義の感覚を、やすやすと無効にしたり消失させたりするわけではない。

自分たちの生きるこの世界が、手の施しようもないほどに不平等にまみれた世界だと認めるとすれば、私たちは、不正義の感覚とその源泉もまた決して消え去りえないものであるとわかっているということになる。平等が一般的に価値をもつ社会にあってさえ、恵まれている人もいれば恵まれていない人もいるし、強者もいれば弱者もいて、そしてこうした不平等が、期待がたやすく裏切られたり不正義の感覚が栄えたりする土壌となるのである。しかしながら、たしかに不平等は避けがたく存在するように見えるけれども、私が以下で論じるように、立憲民主主義は、不正義の感覚に対するありうる最善の政治的な対処策を提示している。もちろん、立憲民主主義が、不正義に終止符を打つわけではない。実際問題として、最善の政治システムであってさえ、不可避的に憤りの源泉を生み出す。しかし、少なくとも民主主義は、他の大半の体制が抑圧に訴えるのに対して、苦しむ者の声を沈黙させることはせずに、むしろ、不正を感じたという表明を変革への負託として受け止めるのである。

ここでも、まず思想史叙述から始めたい。根本的経験としての不正義の感覚は、倫理学の古典においては比較的小さな役割しか果たしていない。政治的対立におけるその位置づけを除いては、アリストテレスもそれについて多くは語らなかった。不正義の感覚には、個人《パーソナル》の倫理にかんするアリストテレスの説明において、最低限の重要性しか与えられていないのである。とりわけ、近代の民主的思考においてそれに与えられる重要性に比べるなら、そういえる。ルソーやトマス・ペインの政治心理学のなかに見いだされる、不正義に対して誰しも抱く《ユニヴァーサル》感覚という民主的な概念に、時代を隔てて類比しうるものは、そこにはまったくない。アリストテレスによれば、不正義が知覚されることは、富者と貧者とのあいだの争いに火をつけるのだが、しかしそれは、両者が基本的正義をめぐるイデオロギー的な争いに囚われているからである。アリストテレスはまた、誰かしらの不相応な幸運や、いわれのない不運を目撃するときに私たちが感じる義憤(righteous indignation)についても言及するが、しかしこの義憤は、〔それを抱く者の〕倫理的性格を印づけるものにすぎない。義憤は、妬みと意地悪さというふたつの過剰さの中庸に位置するものである。妬みは、他人の幸せによって——そのひとが幸せになるにふさわしかろうとなかろうと——呼び起こされるものだが、一方、意地悪さは、他人の苦しみを前にしての喜びである。どちらも、謹厳にして実直な憤慨〔たる義憤〕と違って、魅力的な特性ではない[1]。とはいえ、この憤慨もまた、不正義の感覚であるとはいえない。この憤慨は、あまりにも認知的であって、感じられるものではなく、つまり復讐の快楽を待ちわびるような〔感情としての〕怒りとは別物だからである。もっとも、〔アリストテレスにおいて〕復讐は、すべてのひとに開かれている〔ような民主的な〕ものではなく、自由な貴族階級のみに許されているものであるが。

アリストテレスの『政治学』において、不正義の感覚にまだしも近づくのは、名誉毀損だけである。〔名誉毀損の例としては、〕何らかの性的な屈辱を被った若い貴族が、自己の、そして自分の家族の名誉を傷つけた暴君を殺害する〔という場合が挙げられている〕。しかしながら、名誉毀損というものは、完全に貴族特有の気質であり、アリストテレスもそのようなものとして提示している[2]。そこには、階級を問わずに当てはまるような要素はまったくない。貴族はある階級の構成員として不名誉を被るが、一方、民主的である不正義の感覚が湧き上がるのは、人間としての尊厳を否定されたときにおいてである[3]。貴族的エートスと民主的エートスとは、きわめて大きく異なるものなのである。貴族でありながら不正義の感覚を十全に認めうる者などひとりとしていない、とさえいってもよいだろう。名誉毀損が求めるのが失われた名誉を回復することであるとすれば、民主的な不正義の感覚が求めるのは、こうしたたんなる埋め合わせ以上のことである。すなわち、誰に対してであれ、最低限の人間の尊厳を否定することは間違っており、不公正である——このことの公的な承認を求めるのである。そういったわけで、民主主義とは、原理的にいって、不正義の感覚を尊重するべきものであり、この感覚にかなり広い射程を与えるものである。〔民主主義の原理においては、〕私たちは、『アメリカ独立宣言』の前文に謳われるように」「平等なものとしてつくられ」てからこの方、自分たちのすべての訴えに重要性が認められるとされているのであって、万が一そうした訴えがないがしろにされたなら、公的に抗議するように期待されているのである。

不正義の感覚に含まれる道徳的および政治的意味を隅々まで評価するためには、民主的な政治理論、そしてその最も偉大な代弁者であるルソーに目を向けることがいちばんだろう。彼は不正義の収集家としての天稟《てんぴん》に恵まれると同時に、最も偉大なる平等主義の思想家であった。彼の著作は、あらゆる形態、あらゆる種類の人為的不正義が陳列される、正真正銘の博物館である。実際、彼の著作『告白』は、ただの癇癪《かんしゃく》でさえ、驚嘆すべき芸術作品へと実を結びうることを証明しているのである。彼の理解するところでは、不正義の感覚は、人間であれば誰にでも与えられている気質であり、消すことのできない社会的感情であり、政治的に意義深い現象であった。そしてそれは、私たちがお互いに対して為す〔不正な〕ことのせいで、私たちのそばに片時も離れずに存在するものでもある。私たちの精神運動において、不正義の感覚に際立った役割が認められるべきであるなら、それも自己中心的なばかりではない役割が認められるべきであるなら、おそらく私たちは、ルソーとともにつぎのことを想定しなければならないだろう。すなわち、私たちは、感覚を備えたあらゆる生物の少なくとも物理的苦しみに対して、同情を感じうるという想定である。いずれにしても、自分が不当に軽んじられた場合のみならず、他人がそうされた場合にも苦痛を感じるこの能力がなくしては、不正義の感覚は、現にいまそうであるように、近代民主主義の政治的感受性の中核を成すことにはならなかっただろう。

ルソーの著作は、正義の通常モデルを軽んじているわけではない。どのような社会も、定義上、正しいことと間違ったこと、より善いものとより悪いものとを区別するルールの体系として成り立っている。そこでは必然的に、あるひとは賛美され、あるひとは非難されるということになる。(4) しかしながら、〔ルソーによれば、〕いかなる社会的な不平等も——たとえそれが道徳的な判断に基づくものであったとしても——何らかの感情上の変化を私たちのうちにもたらす。そして、この変化は、いつしか私たちをして不正義へと手を染めさせたり、その被害者にしたりする。したがって、不正義の感覚が発芽するのは、正義それ自体の中からなのである。というのも、私たちがお互いを判断するとき、私たちはただちにお互いのあいだの評価の不平等というものを打ち立ててしまうからである。〔評価についての〕この区別は、依存関係や抑圧をともなう別の区別にも扉を開くことになる。極端にいうなら、私たちは、みずからつくりあげた価値のヒエラルキーの中を昇ったり、沈んだりするのである。比較することや、何かを測るための基準を設けることは、不平等の存在を意味するし、それは個人にとっては自己分裂を、個人と個人のあいだにおいては不正義を意味する。この不正義がもたらす衝撃は、あまりにも広範で、激しいものである。それゆえ、この衝撃による根本的な損傷は、その緩和はありうるにしても、それを根絶することなど望みようもないほどなのである。

歴史上知られているすべての社会において、富者は、貧者の不幸な同意を得て支配する。なぜなら、貧者は、〔支配されるという〕自分の運命を、平和を得るための代償として受け入れるからである。こうした状態こそ、「汝のものと我のもの」の承認という正義の通常モデルが本当のところ意味することなのである。さらに、その起源は、私たち一人ひとりの中にある。従うべきルールをひとたび与えられると、ひとはただちに、ずるをしたり嘘をついたりすること、つまり意識的に不正を為すことを学ぶ。〔ルソー曰く、〕「慣例と義務と一緒に、欺きと嘘が生まれる」のである。[5] 根本的に不平等な社会においては、こうしたルールは、富を持たざる者と、彼らを搾取する者とのあいだでの、不法な行為を促さざるをえない。持たざる者はやぶれかぶれになるからであり、搾取する者は法を無視しても咎められないからである。法はおのずとこうした人々のそれぞれに対して違ったかたちで影響する。

かくして、正義の通常モデルが、不正義の真の源泉であり起源である不平等の現れであることが明らかになる。不平等は、それ自身に活力の源をもっていて、いかなる正義のシステムも、どれほど公正な正義のシステムであっても、それを取り除くことは決して見込めない。さらにいえば、〔不平等を前提とするような、正義についての〕通例の捉え方は、自分が何を意味しているのかさえ理解していないのである。というのも、不平等のエートスを内面化し、このエートスを当然のもの、ないしは正しいものとして受け入れていながら、それでも私たちは、奪われ、辱められ、傷つけられたと感じる生来の能力までは決して失ってはいない。すなわちそれは、人間としての期待が満たされないとき、自分の主張が無視されるとき、自分の尊厳の感覚やあらゆる感性が侮辱されるとき、さらには自分が軽蔑され拒絶されるときに、奪われ、辱められ、傷つけられたと感じる能力である。そしてまた、私たちの多くの期待は、文化的につくられたものではなく、自然に根づいたものである。私たちの不正義の感覚は、あまりにも深く根を張っているので、それが湧き上がることで日々、私たちの生活を耐え難いものとする。私たちの大半は、そのことについて何もせず、おとなしくルールに従うのだが、そうしたからといって私たちや私たちの状況がよくなることはほとんどない。私たちの不正義の感覚はやむことはあっても、完全になくなることはありえない。不正に扱われることが何を意味するのか見当がつかないということは、道徳的な知識に欠けているということ、つまり道徳的な生を営んでいないということにほかならないのである。

不正義の感覚というものが自然本来のものであるとルソーが納得したのは、彼がある光景を目撃したときである――看護婦が赤子を泣き止ませようとしてその子を叩いたとき、赤子は怒って、胸が張り裂けんばかりに叫び喚いたのである。乳幼児でさえ意図的な危害によって絶望へと追いやられうるのであれば、正義や不正義の感性は、間違いなくひとの心に先天的に刻み込まれているといえるだろう。(6) 彼の教育論は、その前提のうえに成り立っていた。彼の架空の生徒であるエミールは、ある園芸家がすでに果物を植えていた土地に、豆を植えるよう促される。その園芸家が彼の豆を何もいわずに掘り出してしまったとき、エミールは激怒する。「彼が手塩にかけて育てた成果」が気まぐれに破壊されたことで、エミールの小さな胸のうちに、不正義の感覚が燃え上がったのである。彼はまた、〔この不正義の感覚によって、たんに怒るだけではなく、〕豆に対する彼の所有権が、この豆を育てるために自分が注いだ労働によって正当化されることを学びもしたし、さらに不正義とはそのようにして手に入れた所有物をひとから奪うことだとも学んだ。あいにくと、園芸家の〔その土地に対する〕権利主張は、エミールのそれよりもなおいっそう妥当性がある。というのも、園芸家は先にその土地を使っていたからである。やがてふたりは話し合いをもち、土地を分割し、お互いの作物を尊重し合うことに合意する。(7)〔このようにエミールの不正義の感覚は全面的に妥当であったとはいえないが、〕それでもなお、この最初の不正義の経験とともに、エミールは社会とそのルールの中に参入したのである。そうして彼は、もはや無垢で未熟な動物ではなくなり、知的で道徳的な存在になった。その結果、いまや悪徳の世界も同時に彼に開かれた。不正義の感覚が、〔知性や道徳に〕先立つものであること、そしてそれが〔人間が誰しも抱きうる〕普遍的なものであることが、これ以上効果的に描写されることはないだろう。最終的にエミールは、教育によって、この個人的《パーソナル》な不正義を超えた〔、他人をも視野に入れる〕政治の理解――〔ルソーによれば〕政治にこそすべてのものが究極的に拠って立つ――へと導かれることになる。

ルソーは、不正義の感覚が、自分が個人的に見舞われた被害への反応として経験されうるだけではなく、同時に、社会教育を介して、他人が見舞われた被害に対する共感的な応答にもなりうると考えた。エミールが、園芸家の主張を受け入れたことは、何ら自然なことではない。彼は学習によってそうしうるようになったのである。しかし、まずもって自分で不正義を経験したのでなければ、彼は他人の権利と折り合いをつけようともしなかっただろう。ルソーは、子どもたちに、彼ら自身の権利について最初に教えることが重要だと考えていた。すなわち、そうすれば子どもたちはいずれ、不正義の感覚による痛み、私たちの権利に自然な根拠を与えるこの痛みを、自分と同じく他人もまた抱くのだということを理解するようになる。そしてこの理解に基づいてこそ、子どもたちはようやく、〔他人の権利を尊重するという〕みずからの義務を把握するようになるだろうと考えたからである。不正義の感覚は、私たちの人間性の唯一の普遍的な印であり、私たちの道徳性の唯一の自然な中核である――このことを、多くの読者に納得させることに、ルソーはたしかに成功した。不正義の感覚こそ、尊厳が守られるべしとの私たちの訴えを、最も根底において支えるものなのである。

ルソーの絶大なる影響力を思えば、一八世紀この方、不正義の感覚と、それに関連する感情である欲求不満、怒り、恐怖が、あらゆるタイプの心理学者の大きな関心事になってきたことは、それゆえ、驚くべきことではない。こうした学者たちの発見によって明らかになったように、何らかの被害を受けたことへの応答として報復をすること――それもその行為の直後にそうすること――は、多くの動物に見られる現象であるが、計画的に復讐をすることはそうではない。さらにまた、恐怖と怒りは、既知の生理的反応として生じるものであり、動物も人間と同程度に強烈に感じうるものである。[8]〔それでは〕不正義の感覚を、動物が人間と同じく感じる純粋な欲求不満、いつもは得られるものを得られないときに感じるこの感情と区別するものは、いったい何だろうか。〔この問いについての〕最も有益と思われる示唆は、人間は幼いころより他人の経験から学ぶ、ということである。すなわち、他人の経験を自分の経験と比較したり、〔他人たちのあいだに〕行きわたった基準のもとで自分が何を望みうるのかを考えたりすることを通して、ひとは――この比較や思考がいかに漠然としたものだろうとも――学んでいく。[9]〔そして、こうした学習を通して〕私たちは、なにより、社会的にその妥当性を認められた期待と、たんなる空想、そして不当な願望〔、この三つ〕の違いを理解するのである。

さらに、英語による言語表現もまた、私たち人間とその友たる動物との違いを示すのにいくぶん役立つ。動物は、人間に劣らず、何か或ることが、それがこれまでずっと行われてきたのだから、原因に結果が続くようにして、これからも行われるだろう、ということ(*that*)を予想している。そして、その或ることが喜びを与える何かならば、そのことが起こらない場合、人間にせよ動物にせよ、ひどく落胆し、不満を覚える。しかしながら、こと人間にかんしていえば、人々は、〔集合的に見れば「that以下」となるだろうと予測するのと〕同時に、お互いから(from)の期待ないしはお互いに対する(of)期待をも抱く。こうした期待は、私たちの相互関係におけるそれぞれの役割やその社会的性格に由来するものである。私たちは、役人から(*from*)公正さを期待し、友人から忠実さを期待し、私たちが支払いをした者から物やサービスの提供を期待する。私たちは、こうした期待が満たされないとき、がっかりするだけではなく、裏切られた気持ちになるのである。統計上は、これらの期待が満たされないことも十分ありうるだろうと私たちは知っているが、だからといって、それで私たちの気分が上向くわけではない。〔たとえば〕黒人のアメリカ人は、自分が公的機関から自分の主張を公正に聞いてもらえない、ということ(*that*)をよくよく予想しているだろう。だが、ひとりの市民として、彼女は、こうした応対が公務員に対して(of)期待されていることとは異なる、ということも知っている。そういうわけで、彼女は自分の主張がないがしろにされるとき、間違いなく、不正義の感覚を抱くことがありうるし、それを相手に伝えることもできるのである。[10] ただし、これらのふたつの期待〔つまり、that で示されるような統計上の予想に基づく期待と、from ないし of で示されるような相手への期待〕のあいだには、つながりがある。すなわち、ある集団の一員として、耐えることを〔統計上の予想の中で〕習い覚えてきた不正義よりも、予想だにしなかった突然の不正義のほうが、はるかに強く憤りを催させるのである。この予期せぬ突然の不正義は、諦めというものがつくり出した感情的な防具を引き剝がし、その隙間から苦痛を噴出させることになる。[11]

個人的《パーソナル》な不正義の感覚が完全に作用し始めるには、ある失望が、たんに降ってわいた不愉快であるというにとどまらず、意図的に与えられた被害ないしは回避できたはずの被害であると感じる、何らかの根拠がなければならない。少なくとも、自分はただたんに運が悪かったわけではない、と思わせる何かがあったのでなければならない。そして、この直観は、公的に尊重されるに値するものである。

〔誰かしらが抱いた〕ある期待が、信頼に値するまっとうさ《レジティメット》を備えていて、政治的に承認されるべきものなのか、それとも、思い違いをしたクレーマー、たんに型破りなだけのクレーマーにのみ、ただ主観的に、そのようなものとして映っているにすぎないのかどうか――この判断を誰が行うのかという問いに対する明白な正解はない。それゆえ、不正義を感じたという主張に注意深く耳を傾けずして、妥当な推察を行うことなど不可能なのである。もし不正義の感覚を、ルソーのように理解するならば、すなわち、生得的で、〔実際の不正義に〕おのずと的中するものとして理解するならば、少なくともまず最初に、被害者の声を信頼してみる必要がある。社会の公職に就いている役人の声、告発された加害者の声、あるいは及び腰の市民の声を信頼するよりも先に、である。私たち〔人間社会〕の中に存在するあらゆる類の力関係の不平等が不可避のものであることを考えれば、これは欠かすことのできない民主的応答である。被害者の主張は、検証に堪える根拠《エヴィデンス》に基づいていないかもしれないし、却下されるかもしれない。しかし、ともかく推定上の被害者の言い分は聞かれなければならないのである。被害者の声は、特権的な声である。なぜなら、それなくしては、彼女が不正義を被ったのか、それともたんに不運だったのかを決めることは不可能だからである。

民主主義の理論は、誰もが同一の不正義の感覚を抱くとみなしているわけでは必ずしもない。この理論において主張されていることの核心は、ふつうの人間であれば、自分が傷つけられたとき、そのことがわかる、というに尽きる。ある程度好ましい、民主的な政治状況にあれば、人間の個人としての尊厳の感覚は育まれるだろうし、またひとはこの感覚を訴えていくように後押しされるだろう。とりわけ、政府機関の常日頃の傲慢さを前にして、そのように背中を押されることだろう。理想的には、市民は、不正義から守られるべきであるのみならず、「あなた自身のためを思って」という理由で振り回されることからも守られるべきである。さらに、市民自身がはっきりと同意や理解を表明したのではないのに、〔第三者が勝手に、〕この市民の〔社会に対する〕期待はそれがまっとう《レジティメット》なものである限りはきちんと満たされているはずだとか、彼もしくは彼女は何もいわずに沈黙しているがそれは〔理解に基づく同意のゆえであって、〕別に諦めてやむをえず受け入れているわけではまったくないのだ、などと推定するべき理由もないのである。

「復讐を！」という被害者の声

しかしながら、民主的な態度や民主的な制度が、〔それだけで〕不正義の感覚に対する十分に満足な応答となっていると考えるのは、稚拙だろう。それは稚拙であるのみならず、ありそうもない想定でさえある。同意の手続き〔を確立すること〕は、私たちができる最善のことかもしれないが、それによって不正義の支配を崩せるわけではないのである。いかなる政治システムであれ、社会的な状況が私たち一人ひとりのなかにつくる、またお互いのあいだにつくる不満や差異のすべてに応じられるわけではない。どんなひとであれ、〔人間どうしの〕衝突や〔人間のそもそもの〕不誠実さをゼロにすることはできないし、刑法による抑止もまた、その明らかな実践的非効率性に加えて、心理的な限界もある。何よりも重要なことは、不正義に対しておのずと生じる反応というものは、〔加害者を正当に罰する〕法的手続きへの要求ではなく、〔加害者を痛い目に遭わせる〕復讐への要求である、ということだ。不正義の感覚は、私たちを静かに怒りで身を焦がさせるだけでなく、仕返しをするようにも仕向けるのである。

というのも、この感覚には、私たちをより合理的にさせるようなものは何も含まれてはいないからだ。このことが気づかれ始めたのは、不正義の感覚が遍《あまね》く関心を惹くようになった一八世紀のころにおいてであった。

この点を説明するには、ルソーの一八世紀における後継者のひとりであったジャン・イタール医師の仕事を考察するとよいだろう。イタールは、彼が所管の政府機関への報告に記していることであるが、森の中で発見したある野生児に、話すことをできるようにさせるだけでなく、道徳的に振る舞えるようにも教育しようと試みた。しかし、イタールには、たんにヴィクトール〔と名づけられたこの野生児〕の行動を変容させただけなのか、それともヴィクトールのなかに道徳的な感覚を覚醒させたのか、確信がもてなかった。彼を実験にかけてそれを明らかにするために、イタールはヴィクトールを押入れに閉じ込めた。これは、ヴィクトールに対するいつもの罰であったが、この時ばかりは、彼はよい子にしていたにもかかわらず閉じ込められたのである。激怒したヴィクトールは、解放されるとイタールの手に噛みついた。イタールはひどく喜んだ。なぜなら、この噛みつくという復讐行為こそ、ヴィクトールがたしかに「不正義の感覚と正義の感覚の両方」をもっているということ、すなわち彼が完全な人間であるということを証明しているからである(12)。イタールが記したように、それは完全に筋《レジティメット》の通った復讐行為であった。この行為を引き出したことによって、かつての野蛮人を、非の打ちどころなく道徳的な存在にまで引き上げたとイタールは感じた。いまやヴィクトールは、社会的人間としての、最も決定的な性質および最も高貴な属性を得たのである。というのも、不正義と正義というこれらふたつの感性こそ、社会秩序の永遠の基礎だからである。〔人間は環境によって決まると考える〕

熱心な環境決定論者であった〔ルソー以上にそうであった〕イタールにとって、正義が、その他のすべての事柄と同様に学習されるものであるというのは重要な点であった。しかし〔それと同時に〕、イタールもルソーも、ともに以下のように考えていたのである。すなわち、人間は、たとえ子どもないしは愚か者であっても〔、つまり正義を学習する以前から〕、自分の権利というものを知っているのだということ、そしてまた、あの野生児がそうしたように、復讐という原初的な行為に訴えるとき、人間は不正義の感覚を表明しているのだということである。

ヴィクトールの行動を、不正義の感覚の存在についての十分な証拠として、誰もが認めるわけではないだろう。〔たとえば〕ジョン・スチュアート・ミルが復讐を受け入れうるのは、正義の至高なる有効性を承認するような、完全に社会化された意識のたんなる一部分としてのみであった。すなわち、自分に対する不正義と同程度に、他人に対する不正義に際しても偏りなく呼び覚まされるような、十分に社会化された意識の一部分としてのみである。〔ミルにとって〕不正義の感覚は、それが、社会的必要性たる正義についての理解——それも、完璧に練り上げられ、知的かつ道徳的に成熟した理解——を構成する一部分である限りにおいてのみ考慮に入れられうるものであった。〔不正義の感覚が〕たんなる感情にすぎないのであれば、何の意義ももたないとされたのである。しかし、こう述べたときのミルは、とりわけ民主的な思想家というわけでもなかった。そのことは、不十分な教育しか受けていない多数派に対する彼の軽蔑に、はっきり示されている。ミルの考えでは、大多数の人間は、動物的な反応を示す以上のことを期待しうる存在ではなく、〔それゆえ〕こうした反応は、いっそう有能な少数者による判断を下されるまでは、たいして重視するほどのものではないのであった。[13] 一方、ルソーやイタールにとっては、いわれのない被害を受けたと感じることができる者、そしてそれに明瞭な仕方で応答できる者は、誰であっても不正義を理解できる能力を示している。道徳的に成熟していることの証拠としては、それ以上のことは求められなかった。

実際、ルソーは、不正義をたんに意識できるだけで、そのひとが道徳的な存在であることが証明されると考えていた。イタールよりも原理的に考えるルソーは、復讐してやりたいという衝動を抱くことを、ひとが道徳的であるために必要な特性だとはみなしていなかった。人間が生まれながらにもっている、不正義についての純粋な感情だけで十分である、と彼は確信していたのである。ルソーは、自分の個人的な経験から、不当に罰せられた子どもが、〔ヴィクトールとは違って、〕それに対して何も言いもしなければ行いもしないことがままある、ということを学んでいた。その子どもは、ルソー自身がそうであったように、ひとに従属させられることを好むようになりさえするかもしれない。〔だが、〕このような子どもであっても、道徳的な意識を失うわけでもなければ、敗北と怒りの燃えさかる気持ちをどこかに追いやったわけでもないのである(14)。家庭内の虐待および暴力の被害者について最近になって私たちが学んだことは、そのどれもが、ルソーの観察を裏づけている。そして私たちはいまや、ルソーもわかっていたことだが、これが同時に究極的には政治的な問題であるということを知ってもいる。それゆえに、ルソーは、個人的な復讐に対してよりも、教育および民主的改革に対して、はるかに大きな関心を抱いた。〔だからこそ、〕エミールには、ヴィクトールに許されていたこと、すなわち法をみずからの手——ヴィクトールの場合は歯であったが——で〔復讐として〕執行することが、許されていないのである。エミールは、他人への依存から完全に独立してあるべきことを、そしてその結果として、不平等の支配からも、ありうる不正義および現実の不正義の支配からも免れているべきことを教えられた。〔そのような教えを受けた〕エミールがいつしか市民になるとすれば、彼は、〔不正を前にして何もしないような〕受動的な不正へと陥ることなく、私的および公的権力の濫用を阻むために力の限りを尽くすはずなのである。

しかし、〔不正義に対して私的な復讐に打って出るという〕ヴィクトールのエピソードは、エミールがたどるだろうと想定されている〔、あくまでも公的に物事を解決しようとするという〕成り行きよりも、いっそうありそうな話である。復讐というものは、人間の心に存在する、飽くなき衝動である。ヴィクトールの噛みつきは、それとなく示されていた約束、あるいは〔約束とまではいえないにしても〕少なくともイタールによって与えられていた期待〔、それらが反故にされたこと〕に対する自然な反応であった。たいていの復讐と同様に、ヴィクトールのそれは、共有もされ承認もされている規範を意図的に侵犯する行為に対する、〔第三者たる〕裁定者に訴え出ることができない状況における——個人《パーソナル》の応答であった。自由な復讐が惹き起こされるのは、頼るべき公的機関が存在しなかったり、もしくは個人間の約束の反故のごとく不法性がともなわなかったりする場合においてである。しばしば、開拓時代の西部地方におけるように、少なくとも一時的に、〔裁定を下しうる〕適切な制度が樹立されていないこともある。こうした状況においても、全員が全員、自力救済に訴えるわけではない。だが、復讐が満足感を与えると考えるひとは、確実にそうするだろう。フランシス・ベーコンは、復讐のことを「野性の正義（wild justice）」と呼んだ。それはまさに復讐こそ本物の情念〔に突き動かされるもの〕であるからである。[15] 復讐は、いかなる政治システムにおいても根絶されうるものではない。だからこそ、民主主義理論も、それを無視して済ませるわけにはいかないのである。

一個人による、手ずからの直接的な復讐が、不正義への仕返しをする唯一の方法だというわけではない。社会的あるいは宗教的な義務としての復仇というものも存在する。さらに、社会的報復というものもあり、それには公的不正を糾弾するという、よりいっそう一般的な目的がある。[*1] これらとは異なり、復讐は、比類なく主観的であり、計測しえないものであり、そしておそらくは燃え上がる人間の心の抑えがたい衝動である。それは、あらゆる観点からして、正義の正反対のものであり、本質的に正義とは相容れないものである。たとえ法的正義が、少なくともある程度は、被害者とその友人の復仇の衝動に応えなくてはならないとしても、この衝動に全面的に応じきることはありえない。復讐は、〔為された不正から〕距離を置いたものでもなければ、非人格的なものでもないし、均衡の取れたものでもなく、ルールに制約されたものでもない。そして復讐のこのような無秩序的な性質のゆえに、ベーコンが考えたように、法はそれを撮《つま》み出さなければならないのである。ベーコンはつぎのように論を進める――過去〔において受けた被害〕は、何にせよ別の被害〔をその加害者に与える復讐〕によっては、なかったことになりはしないと。[16] しかしそれをいうなら、正義〔の執行〕もまた、〔そもそもの〕被害を帳消しにするわけではない。〔それに比べれば、〕復讐は、少なくとも被害をおあいこにし、被害を受けた者に対して、彼を不当に扱った者たちにその報いとしての苦しみを味わわせることの悦びで、埋め合わせをするのである。

たとえ正義が実効性を発揮して、復讐に先立って罰を下したり、復讐心を和らげたり、薄めたり、そして、それにほとんど取って代わったとしても、復讐というものをゼロにすることは、とりわけ個人と個人《パーソナル》の関係においては、不可能である。感情としても、あるいは実際の行動をともなった応答としても、復讐は存在し続ける。ほとんどのひとにとって、〔ある罪に対してそれにふさわしい罰を与える〕応報的正義こそが正義であるが、この意味での正義は、復讐に対する不満の残る代替物にすぎず、その渇望を取り除くことも、満たすこともしないのである。[17] さらにいえば、不正義の感覚は、公的司法機関の管轄外にある被害によっても、〔公的救済の対象となる被害と〕同じくらい頻繁に呼び覚まされる。私的な約束を反故にされたり、個人的に裏切られたりといったことは、完全に法の範囲外の事柄かもしれないが、しかしひとによっては、それに対して何か行動を起こそうとするのである。たとえば、有名なオノレ・ド・バルザックの物語がある。その物語の中で、夫は、妻の愛人が隠れていたクローゼットのドアを、レンガで塞いだ。それがなされたのは、妻の目の前においてであった。〔もっとも、〕このような〔復讐を果たす〕機会が、誰にでもあるわけではない。子どもにとって、約束が根拠もなしに破られたとして、それに対して何ができようか。ただただ、胸中に不正義の感覚を募らせるのみだろう。対等な者どうしのあいだであれば、痛みはそれよりは軽いかもしれない。ビジネスに携わる人々は、非公式に結ばれた約束が破られたとしても、それはビジネスをやるうえでの当たり前のコストにすぎないとして終わらせてしまう。なぜなら、それは、個人的な侮辱でもなければ、権力による横暴でもないからである。こうした場合でも復讐は起こりうるが、しかしそれは、それほどよくあることというわけではないだろう。[18] その一方で、個人《パーソナル》的な裏切りはひどく気分を害するものであって、もし加害者に対して仕返しをする機会があるとすれば、不正義の感覚が復讐というかたちで表出される傾向は非常に強い。正義とは異なり、復讐は、個々の特定のケースと直接向き合うのであり、侮辱に対して、もしくは悪事と認識された行為に対してやり返してやらねばということばかりに関心が向いてしまって、それ以外のことはどうでもよくなってしまうのである。

義務的な復仇は、復讐心とは違う。近親者の仇討ちをするのは、ルールによって定められた社会的な義務〔としての復仇〕であり、それはこの義務を課された当該者の願望〔たる復讐心の有無〕とは何の関係もないこともある。〔たとえば、アイスキュロスの『コエポロイ〔供養する女たち〕』における〕オレステスは、自分の母親〔である王妃クリュタイメストラ〕を殺したくなどなかったが、しかし〔王妃に暗殺された〕父親〔アガメムノン〕の仇を討たなくてはならなかったのであるし、いずれにしても、彼は継承された呪いによって行動させられていたのである。[*2] 母親を殺害した後、オレステスは攻守逆転、いまやこの母親殺しの仇を討たんとする〔三人姉妹の復讐の女神〕エリニュスによって追いまわされる。終わりなき復仇の悪循環にピリオドを打つことができたのは、ついに女神アテネが介入し、エリニュスを、市民的正義を司る幸福な精霊に変えることによってであった。かくして、アイスキュロスの『エウメニデス〔慈しみの女神たち〕』において、市民的な調和は、女神〔であるアテネ〕が継承された呪いの宿命を断ち切って、近親者の仇を討つという義務を制限することでようやく達成されるのである。(19)[*3]〔別の例を挙げると、〕ハムレットもまた、自分が、〔暗殺された〕父親の仇討ちによって物事を正しくするべく〔意に反して〕強制されていると嘆いている。[*4] 彼は〔父を暗殺した〕叔父を、本当は殺したくない。そして、最終的に仇討ちを果たしたとき、ハムレット自身もまさにその殺害の渦中において、犠牲になるのである。デンマーク王国の秩序を取り戻すのは、若きフォーティンブラス、つまりまたもや外的な勢力である。正義の制度があるのは、まさにこのような〔子による父親の仇討ちといった〕近親者による自力救済に取って代わり、それを制御し、打破するためなのである。復仇が身分的な行動規範である限り、それを打ち崩すのは容易ではない。おのれの名誉のための決闘を廃止するのは難しかったし、また〔つぎに見るように〕血の復讐(vendetta)についても同じである。

　血の復讐は、復仇の、〔貴族的義務でないという点で〕より平等主義的な一形態である。それはまた、文化的なしがらみを強く帯びた義務でもある。血の復讐〔という文化的義務〕は、いまだにコルシカで猛威を振るっているのだが、それというのもコルシカは、それを撲滅するだけの強さを持ち合わせていないからである。この地では、不正義の感覚は、貴族的〔な行動規範に結びつくもの〕ではなく、〔むしろ〕救い難いほどの無秩序として表出される。血族の結束を重んじるこうした社会に付いてまわる不信感や恐怖によって、犠牲《コスト》になるものはあまりに大きい。この社会では、正義が私的企てとして個人的に執行されるために、不信や疑惑の感覚が、どこにおいても逃げようのないものとして生み出される。そうしてこの社会は、道徳的に麻痺してしまい、経済的および社会的な発展が不可能になるのである。[20] 血の復讐においては、復讐心とそれを満足させる快楽がいくばくかの役割を果たしているようではあるが、ここでも〔血の復讐というかたちをとったこの〕復仇は、個人がみずから選択しうるものとはされていない。血族者による仇討ちが行きつく殺戮と同様に、血の復讐もまた、終わりなく連鎖するものになりがちである。

　最後に、政治的な報復というものがある。それが生まれるのは、政治的に加えられた被害によって何らかの個人的《パーソナル》な不正義の感覚〔を抱いた誰か〕が、この被害への応答として公的な行動に訴えるときにおいてである。政治的な報復は、きわめて複雑な概念である。なぜなら、政治的報復の一つひとつの事例は〔他のどの事例とも同じであることはなく、〕歴史的状況に応じて、独自のかたちをとるからである――もっとも、個々の政治的報復を独自のものとする歴史的状況そのものが、その政治的報復によってかたちづくられるという面もあるのだが。歴史家は、不正義や憤りの個人的な経験が、反乱および革命〔といった政治的報復〕において果たす役割を無視しがちであるが、この点について小説家は、歴史家よりも敏感であった。これらの〔不正義の感覚や憤りといった〕情念が〔反乱および革命において〕作用している様子を見るには、〔ディケンズの小説〕『二都物語』を読むだけで十分である。*5

こうした経緯《いきさつ》を描くのは、ディケンズひとりではない。個人によって強烈に感受された不正義が、政治的暴力へと変化していく様をみごとに活写する、同じ筋立てによるふたつの物語が存在する。ハインリヒ・フォン・クライスト『ミヒャエル・コールハース』の主人公と、E・L・ドクトロウの『ラグタイム』の中心人物であるコールハウス・ウォーカーは、かけ離れた時代や境遇を生きている。*6この事実は、それ以外の点では同一の、彼らが味わった政治的不正義の経験がもつ意味を、まったく別のものにしている。前者〔のコールハース（Kohlhaas）〕は、全般的には正義に適っていると考えられる社会に住んでおり、その中で彼は異例の暴虐にさらされる。〔これに対して、〕後者のコールハウス（Coalhouse）は、二〇世紀初頭の、正義に反した人種差別的なアメリカに住んでいる。彼らが生きている時代と場所、そして肌の色を除いては、両者はひとりの同じ人物であるかのように造形されている。

〔一六世紀初頭の〕ルターの時代、ある領主貴族《ユンカー》が不正にコールハースの二頭の馬を没収し、酷使した。コールハースは、〔この不正に対して〕迅速に〔司法的〕正義が執行されることを期待するのだが、誰も自分の訴えを聞こうとはしないことに気づく。というのも、〔当該のユンカーたる〕若い貴族は、裁判所に有力なコネがあったからである。訴訟を進める中でコールハースは、侮辱や被害にさらされ、それらがどこまでいってもやむことのないことをみてとる。そうして彼はついに、農民を結集させて武装蜂起へと導き、近隣全体を恐怖に震えさせることになるのである。しかしながら、最後に勝利を収めたのは、正義であった。善良なブランデンブルク選帝侯が裁判記録をすべて通覧し、件《くだん》のユンカーを牢獄に入れ、二頭の馬を飼い主〔であるコールハース〕のもとに戻し、〔そして不正義の埋め合わせとして〕コールハースの息子たちを貴族の従者を育てる学校へ通わせるのである。むろん、帝国の当局は、〔蜂起を煽動した〕コールハースを無法者として処罰するよう命ずる。コールハース自身も、こうした裁きを妥当なものとして速やかに受け入れる。何といっても、最終的には彼が求めていた正義は為されたからである。同時に彼は、復讐心をも満たす。というのも、彼を端《はな》から騙し続けていたザクセン選帝侯が喉から手が出るほど欲しがっていた、この選帝侯の運命の予言を記す一片の紙を、コールハースはなんとか手に入れ、取り乱す選帝侯の目の前で飲み込んでしまうのである。クライストが皮肉を込めていないとするなら、この作品は、〔この世界を〕正義〔が支配していること〕が証明される物語である。なぜなら、この物語では、法を執行する君主によって維持される政治の世界の正しさが当然のことであるかのように物事が進んでいくし、そして自分個人の正しさの証明にやっきになっているコールハースにとってさえも、政治の世界の正しさは当然の前提だからである。ここにおいて、〔農民の武装蜂起という〕社会的報復は、暴力的かつ無秩序的であるけれども、公的な抗議のひとつの形態であったし、そして〔その引き金となった〕ひとりの人物の不正義の感覚が解消するやいなや、終息するものなのであった。

黒人のジャズピアニストであるコールハウス・ウォーカーの世界は、これとはまったく異なるものである。彼の〔所持する車〕フォード・モデルTが、人種差別的な消防署長とその一味によって破壊されたとき、彼の訴訟を引き受ける弁護士はひとりとしていなかった。このコールハウスも〔ミヒャエル・コールハースと〕同様に、一群の若者たちを集める。そして若者たちは消防署に放火し、何人かを銃で撃つ。若者たちがニューヨークのモーガンハウス〔と呼ばれる図書館〕を占拠したとき、ようやく当局が介入し、消防署長に、車の修理とコールハウスへの謝罪を命ずる。コールハウスは約束どおり、自分の身柄を引き渡すのだが、ドアから外に出たところで警察に射たれる。この時点で、ふたつの物語の類似性が終わる。〔黒人ピアニストの〕コールハウスも彼の仲間たちも、自分たちが正義に適った社会に生きているとは思わないし、公式に人種差別が認められていたアメリカにおいて、自分たちを公正に扱う誰かがいるなどとは思っていなかったのである。コールハウスの若き仲間たちは、彼が、たんに彼個人に関わるだけの正しさの証明を追求するのではなく、社会的反乱を組織してくれることを望んでいた。彼らは、コールハウス〔個人〕が車を取り戻し、謝罪を獲得するために戦ったのではない。彼らは、自分たちの市民としての権利を認めてもらいたかったのである。〔そのような期待を背にした〕コールハウスは、しかし、社会的な反乱を起こすには〔社会との〕距離があり、孤独にすぎた。おそらくそれは、彼が芸術家であったがゆえである。彼はまた、社会的な反乱が失敗に終わって、黒人に対して計り知れない苦しみをもたらす可能性があるということに気がついてもいただろう。いずれにしても、〔ミヒャエル・〕コールハースと同じく、コールハウス〔・ウォーカー〕も、ただまっすぐに自分の不満に従っているが、しかし後者には、物事を正しく采配してくれる善良なる君主はいないのである。

彼の世界では、正しい結末は存在しえない。なぜなら、彼の本当の敵は、社会全体だからである。[21]
〔コールハウス自身が社会的反乱に懐疑的であったとして、〕コールハウスの仲間たちについてはどうだろうか。彼らは、ひとりが白人、残りが黒人であり、革命的な暴力へと打って出ることを望んでいた。彼らには、不正や暴力が蔓延する社会にあって、正義への望みも、公正な扱いを受ける希望もまったくなかった。彼らが、それが政治的には不毛なことだろうとも、男らしく報復を成し遂げて満足を得ることを選ぶのはもっともなことであった。それによって、他の黒人にいかなる犠牲《コスト》が及ぶとしてもである。何が起ころうとも、状況はこれ以上悪くなりようがない、と彼らは訴えるだろう。そうだとすれば、彼らに対していうべきことはほとんどない。ただ、状況は常にもっと悪くなりようがある、ということのほかには。

この若者たちがイデオロギーに訴えていたとすれば、どうだろうか。彼らは、自分たちの凶暴な行為を継続することを、どのようなイデオロギーで正当化するだろうか。まず、彼らは、白人を殺害することは、アメリカにおいては無差別的な行為ではない、と主張することができるだろう。なぜなら、白人は揃いも揃って、人種差別の実践と利益に関与しているからである。これに加えて、彼ら若者たちは、ジャン＝ポール・サルトルをいま読み終えて、暴力とは浄化的かつ解放的であるのだと、そして暴力のみが自分自身を被害者から自由人へと変容させることができるのだと唱えうるだろう。[22]〔サルトルがいうように、〕抑圧的な「他者」を殺害することは、即自的かつ対自的に、健全でありかつ力を与える行為である。このような命題は心理学的な証明がないといって傍《わき》へと退けられがちであるが、しかしそうすることは誤りだろう。なぜなら、この命題が描いているのは、直接的な物理的報復がもたらす感情的な悦びだからである。それは、政治的には道理に適っていないものだが、疑いもなく、復讐の高揚感を私たちに思い出させてくれるのである。ただし同時に、この暴力への憧憬はつぎの事実を変えはしないということを忘れるべきではない。すなわち、戦争や革命で得られるような、報復の気質からは、まともな統治はどこまでいっても生まれないという事実を、である。

　しかし、いっそう興味深いのは、政治的に無実なひとなど誰ひとりとしていないという議論である。というのも、この議論は正義の言語で構成され、正義の原理に訴えているからである。この議論は、それゆえ、こうした正義の言語および原理によって判断されるべきである。この議論において主張されているのは、報復というものが、それを受けるに値する人々にとっては正当な罰だということ、そして抑圧的な社会においては、例外なく誰もが、報復を受けるに値する人々だということである。〔誰もが罪人であるという〕この判断においては、罪の重さを相対的に計測するという考えも、罰についての〔罪の重さとの〕均衡という考えも存在しない。それらは、より粗雑な形態の刑事司法でさえ要求するものであるにもかかわらず、である。正義への訴えは、それゆえ失敗する。なぜなら、ここでいう正義とは、復讐の他のすべての形態と同じように、〔本物の情念に突き動かされるという意味で〕「野性的《ワイルド》」だからである。誰もが罪人であるというこの非難は、近代のすべての戦争と革命を支配してきたつぎのようなイデオロギーと、障壁なしに通底し合うことになろう――「味方以外、全員敵である」という〔、後に述べるような集団主義的〕イデオロギーに。

　〔抑圧的な社会では〕誰もが罪人であるという告発にもし何か意味があるとすれば、それは能動的不正義ではなく、受動的不正義〔としての罪〕についての告発であるはずだ。しかしながら、抑圧的な社会のすべての住民がそれを犯しているとされる〔この〕罪は、〔他人が苦しんでいるのを見て見ぬふりをするという〕キケロ的な意味での受動的不正義ではなく、〔誰もが〕社会全体の一部を担っているという単純な事実から生まれるものである。善き市民なら、たしかに、人種差別が提起する政治的問題によりいっそう注意を払うべきだったろうし、〔特定の立場の〕いずれかに肩入れするべきだったろうし、それ以外の社会的事象全体についても、情報をもっと求め、声をもっと大きくあげるべきだったろう。だが、ひとりの正しい市民が、証拠を天秤にかけたうえで、ジム・クロウ法が最善であるという結論に至ったとしても、無理もないことである。というのも、その結論こそ、ほとんどの公認の遺伝学者や政治指導者がこの市民に対して教えていたことだからである。その結論は、この市民が信じたいと思っているものでもあった。彼は黒人であることは本当の不運だと決めつけただろうし、周りの大半の市民も彼に同調しただろう。〔それに、そもそも〕善き市民であること〔自体〕は、〔みずからの政治共同体への関心を求められるとはいえ、人間として〕賢明であるとか、偏見がないとか、人道的であるとか、並外れて独立的であるとかといったことと同じではない。市民であるという資格について、そのような要求をすることもできないし、するべきでもない。ルソーが、最善の市民とは、外国人嫌いで好戦的である、と指摘したとき、彼は確固たる根拠をもっていたのである。〔キケロのいうような〕受動的不正義は、市民としての落ち度ではあるが、〔暴力による報復がそれへの罰として正当化されるような、人間としての〕罪でもなければ犯罪でもない。受動的不正義とは、立憲民主主義における私たちの政治的な役割から生じる諸要求に応えていないことであって、男女一般としての義務に応えていないことではないのである。もっといえば、常識や歴史が教えるところによると、恐怖に訴える手法によって〔周囲に〕芽生えるのは、〔不正に苦しむ同胞を助けようという〕市民的徳であるよりも、むしろその反対物〔たる政治的受動性〕である。

〔このように暴力による報復は正当化されないが、しかし〕それにもかかわらず、コールハウスとその仲間たちが不運の被害者ではなく、数々の不正義の被害者であったという事実は変わらない。しかもそれは、彼らには防ぎようもない不正義なのであった。コールハウスが、自分たちが容赦のない不正義の被害者であるというこの事実を痛感したのは、〔どの選択肢も望ましくないという〕悲劇的な状況に直面することによってであった。彼が率いた若い徒党が〔屈服する道を拒否して、〕そのまま銃撃戦を続けることを選んだとしても、それは復讐であって正義ではなかっただろうし、戦争の論理に基づくものであって正し《ライト》さの論理に基づくものではなかっただろう。結局のところ、不正義の支配する数々の局面を打ち破るには、みずからも正しくない道を選ばざるをえないのである。報復にはたしかにそれ独自の魅力はあるが、それは〔正当な〕刑罰でもなければ、〔加害者への矯正を促す〕再教育でもない。したがって、不正を甘受するのか、それとも不正に対してあらゆる手段を用いて戦うのか、という選択は、〔どちらを選ぶにしてもそれを〕正義の通常モデルの観点から擁護することができない〔悲劇的な〕ものなのである。〔そしてまた、〕明らかに、分け隔てなく誰もが罪を負っているという告発も、政治的には無意味でさえある。たしかに、なんだかんだいって、私たちは誰もが何かしらに対して罪があるとはいえる。男性は女性を抑圧しているし、大人は子どもを抑圧している。こうしたことはいくらでもある。私たちは被害者であると同時に加害者でもあって、その意味では、ひょっとすると皆がお互いに殺し合いを繰り広げているのかもしれない。〔しかし〕原罪という考えに立脚するこのおぞましい捉え方は、政治的な理念とはいえないのである。

たとえ報復を擁護するテロリストの考え方が支持しがたいものだとしても、それが極端なまでに常軌を逸しているわけではない。むしろ、そのような擁護というのは、かなり定型的である。今日の国民国家の時代の、ほとんどの正戦論者もまた、つぎのように論じているのである。すなわち、侵略国の市民たちは、彼らの政府による犯罪的罪責にある程度加担しているのであり、たしかに一般市民に対して問えることには限度があるものの、そうした国家に帰属することから生じる軍事的帰結の多くについては、彼らもまたその罪を免れることはできない、と。[23] テロリズム〔の立脚する論理〕が、国民国家の集団主義的イデオロギーと異なるものではないと指摘することは、テロ行為を容認するものではない。〔その断りのもとでいうなら、しかし、〕このナショナリズム〔という集団主義的イデオロギー〕は、すべての市民を国家に取り込むことによって、市民各人に対して、たまたま彼らを統治する人々が行った行為の責任を、分け隔てなく負わせるのである。この見方からすれば、近代戦争という労役は、彼らが当然にも担うべき負担である、ということになる。これは教会および国家が説いていることでもあって、集団的罪という発想は私たちの時代におけるよくある考え方であり、一部の狂人にのみ通じる戯言《たわごと》というわけではないのである。もちろん、これ自体、私たちがみずからに対して与えたイデオロギー的な呪いであると主張することもできるだろうが。

コールハウス側のテロリストと呼ばれる者たちは、間違いなく、政治的報復を解放の戦争へと、すなわち「正しい戦争」へと様変わりさせる、もっともな擁護理由をもっているだろう。それは、〔コールハウスが被った不正義を考えれば、〕「正しい戦争」を擁護する他のどの理由とも同じくらいには、もっともな理由である。さらに、私たちは、彼らの行動に「ナルシシスト的な怒り」などとレッテルを貼ることによって、その政治性を剝奪するべきでもない[24]。私たちが〔報復を正しい戦争とする〕そうした〔政治的な〕理由づけを拒否するのであれば、彼らの暴力には、いよいよベーコンがいうところの〔復讐心がそのまま露わになるような〕野性味《ワイルドネス》がありありと現れることになるだろう。〔たしかに〕大半の報復行為と同じように、この報復も、そもそもの発端となった侵害を帳消しにはしないだろうし、彼らの怒りを宥めるよりも、むしろその怒りを、何度となく新たな仕方で表現するように彼らを駆り立てるだけだろう。しかしながら、たしかに報復は不安定で突発的なものかもしれないが、それは明らかに、不正義の感覚を直接的かつ個人的に表現する、最もやりがいのある方法である——たとえそれが、長期的に見て自滅的であるとしても。テロは、私的な復讐と同様に、ときに満足感を生み出しうるものなのである。ただし、およそそれが闘争である限りにおいてそうあらざるをえないように、そのような満足感が確実に得られる保証はないのだが。

報復に対しては、民主主義的観点からの明白な反論もある。〔報復にともなう〕闘争は、圧倒的に強者の有利に働き、弱者の利益に反するものである、というのがそれである。蓋を開けてみると、そのことは〔むしろ〕闘争というものの最大の哲学的魅力のひとつともなっている。というのも、ニーチェの影が、高貴な仇討人たちについてのすべての理想化に強く作用しているからである。超人〔という理想〕はニーチェの影響から生まれたものだし、古代ギリシアの貴族はそうではないが、しかし彼らはいずれも少なくとも健康的な存在であった。ニーチェによれば、英雄的正義から市民的正義への移行は、正義のもっていた高貴さを奪ってしまった。そして、民主主義とは、衰えを見せずに続くこの

〔高貴さの〕剝奪の、まさしく最後の段階なのである。正義とは、もともとは、自分の同等者に債務を果たすことの謂《いい》であった。債務者が信約を破った場合、債権者はみずから仕返しをしたり、債務者を晒し者にするような残酷な祭りを行ったりした。それは、債務者が約束を破ったことでみずからに招いた運命《フェイト》なのである。このような正義は、同等者のあいだでしか存在しえない。そしてニーチェにとっては、同等者どうしというのは貴族階級の構成員間にある現実の平等を意味するのであって、法的人格のあいだの擬制的な平等などではなかったのである。

私たちが〔民主主義において〕通常、不正義と呼ぶものを、ニーチェのいうところの、債務を果たさない高貴なる債務者たちの属性として理解することはできない。この債務者たちに恐れと憤りを抱く者だけが、彼らのことを不正と呼ぶのであり、この者たちは、司祭の助けもあって、そうした告発を立証しえたのであった。ふつうにいう不正義の感覚というのは、端的にいって、勝ち誇った畜群がなおも根にもち続けている〔高貴な者への〕憤りなのである。〔畜群の勝利ののち、〕強者たちが互いに約束を強いる能力は弱められ、彼らは、弱者の眠りを妨げないよう、制約されている。復仇への傾きをもった不正義の感覚と、市民的な不正義の感覚とは、かくして、それぞれ完全に異なるふたつの系譜をもっていることになる。第一の系譜は、権力があり、復仇の可能性を互いにもち合う同等者どうしの私的な合意から生まれるものである。他方、第二の系譜は、弱者や彼らを保護する司祭の恐れから生まれるものである。㉕ ニーチェの世界観では、公的正義とは、〔第二の系譜たる〕弱者と彼らの不正義の感覚が勝利したことを象徴する。それは、たんなる妬みと恐怖の混合、つまり――ニーチェの言葉を借りれば――ルサンチマンにすぎないのである。

〔ニーチェの〕この卑俗な歴史神話が表明しているのは、詰まるところ、公的正義を動かすものは、〔その歴史的経緯からして〕否応なしに、畜群の抱く不正義の感覚に応じる平準化のエートスの力であるほかない、という単純な断定である。こうした歴史神話に漂う、〔畜群の勝利以前の〕英雄的なものへの哀感とは、本質的にいえば、〔仇討ちの〕運命に操られるオレステスの〔時代の〕ギリシアに対する郷愁である。〔貴族が仇討ちし合う時代のギリシアを懐かしむ〕この歴史神話は、組織化された政治社会のいずれともまったくのところ無関係であるにもかかわらず、大きな魅力を備えている。もしそうした魅力がなかったとしたら、ひとはそれを無視してしまっていただろう。この歴史神話の心理的力、学識者がそれに魅了される所以は、以下のようなその根本的主張にあるに違いない――すなわち、そのリスクを冒すことを楽しめるほどの強者にとっては、直接の復讐に取って代わりうるものは何もない、という主張にである。そしてニーチェの読者の多くは、明らかに自分たちこそその高貴な挑戦をなしうる高みにあるのだと想像しているのである。

　復讐の擁護としていいうることのすべて、そしていわれてきたことのすべてにもかかわらず、女神アテネが、復讐を、市民的司法〔正義〕によって取って代えたとき、間違いなく彼女は正しかった。司法〔正義〕機関の設立は、私たちに、「正義が為された」と言うことを可能にする。それも、復讐に打って出ることによって私たちが得る満足感よりも、はるかに確実にである。司法機関は、係争を解決し犯罪者を処罰するという役割において、復讐のさまざまな形態に比して、あらゆる面において限りなく信頼性に秀でている。ただし、この機関は、どうやら、復讐よりもはるかに小さい悦びしか私たちに与えない。不正義の感覚の激しさを思えば、私たちは、心から法的正義に感謝をし、それらの努力に歓喜しそうなものである。何といっても、法的正義は私たちにとって、最も賢明な頼みの綱なのである。それなのに、なぜ持続的な法的行為としての正義は、かくもわずかにしか悦びをもたらさないのだろうか。ひょっとしたら、ルールの冷静な執行に対しては、生理的な反応が生じないのかもしれない。期待どおりにいかないことによる不満、そして怒りや恐怖といったものが、道徳的〔精神的〕な反応に加えて身体的な反応をも引き起こすのとは対照的に。不正義が不在の場合に生じるのは——そもそも不在の不正義について考えをめぐらすことがあるとして——、ゆるやかな満足感である。だが、〔その反対に、〕自分の分け前であるとわかっているものが手に入らない場合には、私たちは〔たんなる法的正義では宥められないような〕強烈な反応を示すのである。私たちは、政治的統治の一環としての正義が、私たちがそれに成し遂げてほしいことのすべて〔つまり復讐心の充足まで〕を実現できるわけではないと承知しているが、しかし、間違いなく——能動的な公的正義がいかに稀であり貴重であるかを思えば——こうした公的正義は、私たちの政治的感情においてそれが現に得ている以上の支持を得るべきだろう。実際には、それは、〔政治的愛着としては、つまりたとえば〕私たちの政治的忠誠心を鼓舞するうえでは、伝統、ナショナリズム、外国人嫌悪に太刀打ちできるものではない。これらはまた、復讐と同様に、目前の悦びを与えてくれるものであるが、しかし公的正義はそうではない。どういうわけか、不正義と正義は心理的に補完的でもなければ対称的《シンメトリカル》でもなく、完全に正反対というわけでもないのである。

公的正義とその不満

スクロヴェーニ礼拝堂の中にあるジョットの絵画をもう一度見てみよう。それは、私たちの不正義に対する反応と、正義に対する反応とで、その強烈さに不均衡があることについて、多くのことを伝えてくれる。《不正義》の像《イメージ》から、反対側の壁に位置する《正義》の像に目を転じると、両者が私たちに対してもたらす効果の感情面での差異に気づかざるをえない。このふたつの絵画は、似てはいないものの、しかし互いに正反対であるというほどではない。《正義》は、落ち着いて威厳に満ちた女性であり、私たちを直視している。彼女は、《最後の審判》における天国をでもなければ、地獄をでもなく、私たちをまっすぐに視ている。[*7] 獰猛な顔をした《不正義》はどう見ても人間なのだが、《正義》は本当の人間ではないかのようである。彼女の顔は穏やかではある。しかし、それを別とすれば、その顔には表情が欠けているのである。それは、正義の擬人化にふさわしい不偏不党性を体現するものとしてひとが思い描くだろうような無表情さである。私たちは《不正義》の擬人像を間違いなく恐れうるが、一方《正義》の擬人像は、何らの感情的な魅力をも放っていない。

おそらく《正義》は、慈悲深い支配者なのだろうし、もしくはごく単純に、あらゆる美徳の女王なのだろう。彼女の背後には、完璧な状態に保たれた美しいアーチがある。彼女の右手には、翼の生えた小さな勝利の神〔たるニケ〕の像があり、椅子に座って読書だか仕事だかをしている男性に差し出されている。彼女の左手には、ちっちゃなユピテルがおり、彼は雷《いかずち》を携えて、断頭台の人間、つまり今まさに処刑されようとしている人物のほうへと向けられている。ジョットの描く《正義》は、天秤を使わない。彼女は自分の手で直接測るのであり、それが含意することは、彼女が実に正義そのものであるということと、みずからの助けとなる道具を必要としていないということである。彼女はまた、キリスト教信仰の助けも必要とはしていないようである。なぜなら、彼女の使いである〔勝利を司る〕ニケと〔天の支配者〕ユピテルは、明らかに古典古代の異教の存在だからである。彼女の行っていることは、はっきりしている。すなわち、美徳に対しては褒賞を、犯罪に対しては処罰を与えることである。推察される限り、ここには、〔彼女が罪人に対して〕復讐を加えるような局面は一切ない。

《正義》によって何がもたらされるか、それは、《不正義》の場合にそうであったように、彼女の足元に見ることができる。そこには、ふたりの狩人と、ふたりの踊る男性、小さいあばら屋の脇でタンバリンを叩いているひとり、そしてそれ以外に、気ままにくつろいでいるふたりがいる。これらが物語っているのは、《正義》は人々を楽しく過ごさせているが、しかし彼女はこの人々をいかなる特定の公的目的にも導こうとはしていないということである。〔《不正義》においては危険な場所として描かれていた〕森の中においてでさえ、〔《正義》では〕ひとは、くつろげている。私有財産を思わせるものも、公有財産を思わせるものも一切なく、政治的討議に参加する熱心な市民らしき者もいなければ、協働の企てといったものも見られない。これらの楽しい時間を描いた情景を欠いていたとすれば、《正義》の絵画は、いかなる感情も生じさせなかっただろう。あるのはただ、犯罪はここでは割に合わないということと、労働には褒美があるという知識のみである。これは、到底、沸き立つような感情とはいえない！

ジョットの《正義》は、少なくとも目隠しをされていない。なぜなら、公正さを保証するこうした独自の方法は、当時まだ考案されていなかったからである。[26] しかしながら、彼女は自分が褒賞や処罰を与える当該の人物たちを直視することはなく、それゆえ彼女の感情も、私たちの感情も、どんなかたちであれ掻き立てられることがない。《不正義》と異なって、彼女は受動的ではない。それぞれのひとに対して、彼ないし彼女にふさわしい分け前を与えていることからわかるように、彼女は明らかに何かを行っている。だが、冷たい、とまではいかなくとも、彼女は熱意に欠けるという印象は与える。そして、《不正義》が恐怖と反感を掻き立てるのに対して、《正義》は安息と安全を示唆する。とはいえ、〔《正義》の〕積極的な属性と、〔《不正義》の〕消極的な属性との対称は、この点を越えて以上には明らかではない。踊ったり狩りをしたりといったことは、本当に、殺人、強姦、窃盗の反対物なのだろうか。攻撃から保護されていることは、安心して踊りや狩りに勤《いそ》しむ自由を与えてくれるだろうし、正義に適った政府は、犯罪者が処刑されているという事実が示すように、たとえ完璧な安全でなくとも、たしかに私たちの不安感をいくぶん和らげてくれるだろう。正義に適った政府はそれ以上のことをするべきだろうか。

正義に対する通常の反応は、安全が高まったという感覚だろう。なぜなら、〔正義に適った〕統治者とは、倫理的基準に従っており、彼らの公的な責任を果たしているということだからである。正義とは、手段であって、それ自体目的ではない。安全を欲することは愚かなことではないし、法によって制約されている政府は、脅威の最も少ない社会管理の形態である。市民が望むのが犯罪の消滅だとすれば、政府機関は、正義への支持の姿勢をはっきりと示すことによって、たとえ犯罪を根絶するまでには至っていないにしても、少なくとも市民の恐怖を強めはせずにむしろそれを緩和してはいるのである。

賞罰を与えるという《正義》の積極的な活動は、彼女の外見がそうであるのに負けず劣らず、踊ったり戯れたりしている彼女の受益者とは別の世界に彼女を置く。《正義》の絵画においてもたらされる喜びとは、彼女から直接由来するものではなく、彼女が保障する平穏のたまものである。このことは、ジョットのふたつの絵画のあいだにある、もうひとつの差異を指し示している。《不正義》は、彼自身がその存在において嫌悪すべき人物であるというにとどまらず、不正という土壌のもとで育つ樹々に手入れをしてもいる。彼と、その足元の犯罪者たちは、ひとつの世界を共有しているのである。〔一方、〕《正義》は、その外見においても行為においても、彼女の臣民、余暇を楽しむこの臣民たちから、完全に切り離されている。まさにこの離れた世界から、彼女は、臣民の権原の保障や、無法者の処罰のために、〔自然法における〕二次的正義を割り当てているのである。彼女は間違いなく、私たちの不正義の感覚をある程度解消してくれるだろう。だが、私たちはそれ以上のことを期待するはずである。すなわち、活動的な政治的《ポリティカル》生がそれである。

　ジョットの《正義》をじっくりと眺めてもまったく喜びを見いだせないのは、《正義》は、私たちの恐怖を鎮めてはくれるが、私たちの最も高い志を、英雄的な志であれ市民的《シヴィック》なそれであれ、挫いてしまうからである。高貴な無政府主義者にとっては、ジョットの描く《正義》は、英雄的な復仇をそれに見合う者へと下していないから、退屈で物足りないものに映るだろう。彼女の落ち着き払った顔は、復仇のような何かしら破壊的であったり個人的であったりするものから、かけ離れているのである。彼女が認めるのは、きちんと計測された応報であって、復讐ではない。こうしたことは、私たち一人ひとりの中にある仇討人の観点から見れば、彼女の魅力に何ひとつ付け加えることにもならない。仮に彼女が不正義の感覚を癒すとしても、それは〔不正義の感覚を抱いた者が〕自力救済に打って出るのを防ぐためであり、この治癒自体は彼女の主たる課題にとって二次的なことにすぎない。彼女に欠けているのは、感情的な一撃である。それは、《不正義》が〔それを見る者に〕食らわす一撃であり、また《正義》においてもそこで不正〔への〕復讐が果たされているなら私たちに与えられるだろうような一撃である。ジョットの《正義》はまた、〔高貴な無政府主義者だけではなく、〕彼の美術作品を賛美するような民主主義者の視点から見ても、《不正義》の悪夢に対する完全な応答になっているとは言い難いものである。政治的に組織されたいかなる社会においても、正義の質は、政府の性格に、すなわち政府の構造と行為に示されるその性格に、決定的に左右される。ジョットの《正義》は、彼の《不正義》とは異なり、政府の性格を曖昧なままにしている。私たちは、《不正義》によって後押しされたり支配されたりする人々が送る、公的生活および私的生活については、〔ジョットの《不正義》から〕残らず読み取っている。しかし、一方、正義のもとで戯れている人々の公的な経験について、〔彼の《正義》から〕いったい何を読み取っているだろうか。犯罪は罰せられ、労働は報われる、ということのみである。《正義》〔の支配〕はたしかに専制的ではありえないが、しかしここにはキケロ流の共和主義的価値の兆候も、近代民主主義的価値の兆候もない。市民は、ただ遊んでいるだけである。彼らは熟議もしないし、投票もしないし、行政にも関わらない。すべてを為すのは女王であって、彼女は分配すべき何もかもを自分で分配してしまう。一方、市民は、政治的に完全に受動的である。これと対照的に、《不正義》の臣民は、彼らの嘆かわしい政体の、道徳的な――正確にいえば不道徳的な――生活の能動的な加担者である。彼らと、彼らの統治者は、一体である。その点、《正義》は異なる。彼女は、彼女の呑気な受益者の頭上に君臨しているのである。

これに対して、キケロ的な見解では、正義とは、何よりもまず市民の側の徳性である。だからこそキケロは、知恵なくしても正義は多くを達成しうるが、正義なくして知恵は何もなしえない、と主張した。〔キケロによれば、〕私たちの大半は賢くはないが、正しくはなりうるのであり、そして真の正義とは、すべての市民が参加して下される決定に基づくことによって生まれるものであるから、こうした真の正義のみが共同体を結束させるのだ――不正義が共同体を引き裂くのとは対照的に、である。[27] これはプラトン的な見解とは到底いえないが、一点のみプラトン的である。すなわち、統治とは本来能動的なものであって、受動的なものではないのである。共和主義的市民は、何が私有財産で何が公有財産なのかといったような、基本的な政治的問題について決定を下さなければならないのだが、彼らにとって不可欠なのは相互の信頼である。そしてこの信頼は、一人ひとりの個人による正しい行為のみが生み出しうるのである。正しい行為は、共和主義的統治の必要条件である。ジョットの《正義》は、キケロ的市民にとっては十分に務めを果たしているようには思えないだろうし、ついでにいえば、プラトンの〔理想に適う〕新しい人間〔を育むという務め〕はいうまでもなく、アウグスティヌスのいう堕落した人類〔を矯正するという務め〕からしても、十分な存在であるようには思えないだろう。

キケロ的共和主義者も、近代民主主義者も、市民的活動の、〔ジョットの《正義》に示されるより〕もっと能動的な兆候を求めるだろう。もちろん彼らも、これまでほんの一握りの人々しか享受することができなかった、安全や余暇の価値を過小評価するわけではないが、しかし〔彼らにとって〕それらは政治参加と同じではない。また、苦慮なき生活が、《不正義》の暴虐に、その反対物としてぴったりと対応するものともいえない。なぜなら、ここでの市民は明らかに幸せではあるが、なおも女王に依存する臣民のままだからである。どのような歴史上の世界においても、ある体制において市民たちが公的な生に積極的に参与しえないのであれば、そのような体制が正しくあることができるのか疑わしい。統治する者と統治される者とが対等でないということは、ただそれだけで、きわめて大きな意味をもつのである。〔たしかに、統治者と被治者とが対等でない場合でも、〕ルールに従いその振る舞いが完全に予測の範疇にあるような官僚的体制は数多く存在し、そのうちのいくつかが正義に適っているということは否定できない。〔社会の普遍的利益を担う〕非の打ちどころのない普遍的身分によって運営されているヘーゲル的な国家は、既存のルールを公正に執行することにかんして、どのような基準に照らしても正しいといえるだろう。そこでは、正直な公職者のおかげで、法の支配は万全であるだろう。それにもかかわらず、〔統治権力と切り離された〕市民社会へと全面的に追いやられてしまった多くの市民は、不正義の感覚に身を焦がすのである。なぜなら、彼らは、自己統治の権利を有した市民として承認されていないからである。しかし〔こうした感覚が現実に反映されることはない、なぜなら、この体制においては〕、公的な不正義の感覚に応じて政治の変革がなされるのはごくごく当然のことである、という前提に立って正義の秩序システムが形成されているわけではない〔からである〕。これとは対照的に、民主主義は、その原理原則において、抗議の声を聞き、耳を傾け、そのメッセージを尊重し、行動しなければならない——もっとも実際には、民主主義であっても、しばしば苛立たしいほど不承不承にしかそうしたことはなされないのであるが。

慈悲深い君主というものは、ただでさえ稀にしか現れない存在であるが、そのような君主であってさえ、結局のところ、その努力のすべては、権力の座に残ることと、臣民を従順にすることに向けられている。〔そのような君主政において〕臣民は、自分たちが〔社会に対して〕期待するところのものを得ることができてはいるが、しかし、そもそもこの期待自体が悲惨なほどぎりぎりまで低くさせられている。彼らが得るもの、それ以上のことを諦めつつ最低限期待していることは、ただ処罰と褒賞が几帳面に執行されることのみなのである。〔臣民の〕言動の許容範囲は、厳格に画定されているとはいえ、〔たしかに〕周知徹底されてはいる。これは恣意的な運用ではないので、きわめて高いレベルの安全を生み出してもいる。こうした社会では、ジョットの《正義》に見られるような、〔危険から保護されて〕個人的快楽に興じられる安全区域さえも設けることができる。だが、ひとたび自由民主主義の可能性が広まり、そのイデオロギーが浸透していくと、こうした体制は〔その臣民に対して〕制約的であると見られ、反感を買うのである。というのも、こうした体制は、体制に認められた期待以外の期待を生み出したり、表現したり、主張したりする可能性を本当のところは認めないからである。これこそ政治的不平等が意味することであり、それは不正なのである。

不正義の感覚を鎮める最も思い切った民主的な方法は、市民自身にルールをつくらせることである。しかしそれに加えて、市民を完全に社会化して、彼らの私的願望が公的目的から決して逸れないようにすることでも、それは可能になる。市民の社会化とは、彼らを変容させるような教育を施すということであるが、そうしたことは大半のアメリカ市民にとっては受け入れがたいものである――そのように想定しても差し支えないだろう。むしろ、アメリカ市民が公的正義に対して期待しているのは、政治秩序の安定性、すなわち〔市民の〕あまりにも過激であると目される願望を正当なものとして認めず、今後も認めようとはしないだろうような安定的な政治秩序の維持である。一部の願望は、いつかわからない将来のある時点で正式に承認されるかもしれない。その他の多くの願望は、水泡に帰するだろう。現実の政治的な生活においては、個人的な不正義の感覚と、確立された規範とのあいだの大きな溝は、避けがたく存在し続けるのである。ある主張は、どう見ても馬鹿馬鹿しい要求としてしか映らないし、別の要求は振り返ってみると明らかに正当であったと映るだろう。実際には、何が妥当な不正義の感覚で、何がそうでないかは、〔歴史の〕勝者が決めることになる。

女性によって抱かれる不正義の感覚を、もう一度検討してみよう。女性たちは、この不正義の感覚を、何世紀にもわたって延々と抱き続けてきた。「この世界に導入された人生のルールというものを、女たちが拒絶したとしても、彼女らには何ら責められるべきところはない。彼女らは、これらのルールが、自分たちの同意もなしに、男たちによってつくられたということをわかっているのだから」。モンテーニュがこう記してから、すでに幾星霜である。(28) こうしたルールを変えることを、彼が提案していたということではない。明らかに、この男〔モンテーニュ〕は、女性に課せられたルールというものが、女性に合うようにつくられたり執行されたりしているわけではないということ、またこうしたルールが、女性の利益になっているわけでもなければ、彼女らの批判的検討にさらされているわけでもないことを理解していた。それにもかかわらず、女性が抱く不正義の感覚は、ものの数とはされていなかったのである。女性の抱く不正義の感覚は、せいぜいのところ厄介ごとであり、社会的には取るに足らないものであった。たんに一部の女性が、不運をいさぎよく受け入れるすべをわかっていない、というにすぎなかった。ここ最近になって、女性が社会的権利として何を要求できるかについて、従来の凝り固まった公的な定義が変わったが、その要因は、アメリカ政治において女性解放運動が強い影響力をもつようになってきたことにある。このことが、かつての古いルールを公式に不正なものとしたのである。それには、女性の粘り強い働きかけや、〔女性解放の〕イデオロギー、そして社会権力の分配上の変化や、民主主義の内的力学といったものが与っていた。これは、ある不正義の感覚が認証へと至った事例のひとつである。それでは、〔訴えが受け入れられた女性たちとは対照的に、〕幾年ものあいだ、その怒りの感覚に耳を傾けられることも、気づかれることもなかったすべての女性たちはどうであったろうか。彼女らは、科学的な現実も、公認のルールも理解しない変わり者として扱われた。孤立させられ、政治的影響力も立場ももたず、その声は取るに足らないものとされたのである。

この〔アメリカにおいてルールが更新されていく〕ささやかな歴史の政治的要点は、民主的統治というものはゆっくりと実現していくものである、ということではない。そうではなく、その要点は、民主的な原理というものは、表明された不正義の感覚の一つひとつへと、たんに現実のルールに基づいて公正に向き合うよう私たちに義務づけるだけではなく、より優れた、そして可能であればより平等なルールを実現していくことをも視野に入れて、それらに向き合うよう私たちに義務づけるということなのである。もちろん、民主主義はみずからのうちに含みもつ約束をただちに果たすことはないが、少なくともそれは、抗議の声を黙らせることはない。なぜなら民主主義は、そうした声こそが変化の前触れであると理解しているからである。

むろんのこと、不平等のありうるすべての形態、また不平等が生み出したり生み出さなかったりする不正義の感情《フィーリング》のすべてを列挙することは不可能であるが、そのうちのいくつかは目を惹くものであり、とりわけ約束違反という事例を特にわかりやすいものとして取り上げたい。約束を破ることが興味深いのは、それが、公的生活と同じように私的生活においてもよくあることだからである。公的にも私的にも、約束違反は、たいていは強者が弱者に対して為す行為であり、期待されていることを果たすことも拒否することもできる者による、〔弱者への〕侮辱行為である。約束について考える最適の方法は、約束を交わす人間の関係性に応じて、さまざまな類の約束を線上に配置してみることである。スペクトルの一方の極には、当事者のいずれの側からもいつものように反故にされる〔対等な者どうしの〕気軽なビジネス上の約束があり、他方の極には、約束をもちかける者に対して感情的にも物質的にも完全に依存しているひととのあいだの約束がある。このように整理してみると、当事者のあいだにおける不平等の度合いが、約束違反によって喚起される不正義の感覚の強烈さを大部分は決定していることがわかる。またこの整理によって同時に明らかになるのは、約束の意味というものは、〔その違反によって〕失望しているひとの声を聞かずして理解することはできないということである。民主的な政治の場においては、そのような失望した男性ないし女性の声は特に重要である。なぜなら、〔政治の場における〕役人による約束違反というものは、往々にして公的な不正行為であったり、法的に認められた権利の否定であったり、政治的《シヴィル》義務を果たすことの全般的怠慢であったりするからである。これらの場合、不正義の感覚には、深甚なる政治的《ポリティカル》意味が与えられることになる。というのも、個人的な怒りであっても、その主張が正当であれば、それが軽視されることは公的な不信へとつながるだろうし、その最終的な帰結は決して些細なものとはならないからである。〔たとえば〕政治的な約束を守らないことは、代表制統治を弱体化させ、政治的不信感および〔市民の〕受動性を高めることになる――投票をしなかったり犯罪を通報しなかったりというのが、その最もよく知られた事例である。

しかし、習慣的に約束を破る政治家がいるにはいるが、それによってアメリカ市民が、ただちに法律の権威に対する信頼を失くしてしまうなどと恐れる必要はない。〔アメリカにおいては〕総じて政府に対する疑念は根強いとはいえ、その信頼感はなんとか持ちこたえている。実際、アメリカ市民は、〔政治家の約束違反に対して〕あまりに緩慢にしか反応していないといえるかもしれない。それなりの根拠とともに証明されていることだが、たいていの人は、その深刻な認知的バイアスによって、確立された制度に対する信頼を維持しがちなのである。とはいえ、何かしら特定の不正義の事例を見せつけられた場合には、ひとは、自分が長らく保持してきた信念であっても、変えるだろう。総論的な〔異議〕申し立ては、人々の認知的反応に大きな影響は与えないが、センセーショナルな事件がたったひとつでもあれば、彼らを動かすだろう。[29] 私たちは、〔不正を為した〕個々人に対しては、もしくは〔不正を受けた〕個々人のためには怒りを覚えるものだが、広範囲にわたっての、あまりにも多くの人々に影響するような不正に対しては、かえって無関心になるのである。アダム・スミスは、まさにこの点を描くために、ひとは殺人者を絞首刑にすることをためらわないが、持ち場で居眠りをしてしまったために射殺された番兵のことは哀れむ、という事実を指摘している。番兵の居眠りは、社会を深刻な危機にさらすものであるにもかかわらず、である。[30] このとき、スミスは、確固たる心理学的根拠に基づいていた。裁判所の不当な判決のほうが、不公正な法律よりもひとの心に棘を刺すのは、そのような事情による。こうした判決は、一般的にいって、ひとりの個人としての訴訟当事者に影響するものであって、顔の見えない集団に影響するものではないのである。

不当ないし過剰な刑罰、恣意的ないし無能な裁判官、〔故意の〕先延ばし、偏見に満ちた陪審員、過剰なまでに熱心な検事、買収された弁護士、無責任な証人等々、物事を間違ったほうへと向かわせうる、もしくは現に向かわせている事柄を挙げていけばきりがない。こうした腐敗や無能によって裁判所の信用が失墜するなら、燃え上がる不正義の感覚は〔、裁判の対象となる不正に、裁判そのものの不正が加わることによって、〕二重のものになる。正義そのものが売られたり買われたりすることが、最も激しく怒りや憤慨を引き起こすのは、この二重性のゆえである。〔決められた手続きに従わないような〕手続き上の不公正、とりわけ裁判所もしくはそれに類する機関における手続き上の不公正こそが、アメリカでは不正義の本質そのものとして非難されるものなのである。そして、なかでも特別の憤りを生むのが、個別の刑事訴訟において、〔犯罪者にしかるべく処罰を下すような〕応報的正義がきちんと果たされなかった場合である。(31) 法廷がみずからの法的義務を遂行し損ねるなら、〔それ以外の機関が法的義務を怠るのとはわけが違って、〕法廷はそもそもの存在意義を失うことになる。〔アメリカのこうした事情を踏まえるなら〕驚くべきことではないが、私たち〔アメリカ〕の文学には、法廷劇が満ち満ちている。法廷劇というのは、もっぱら、〔既存の法律そのものの公正さにではなく、その法律によって判決を受ける〕個々人の人生に焦点を当てるものだからである。

〔いま見たような〕手続き上の公正さへの違反は、しかし、法的手続きの原理そのものに埋め込まれているというわけではない。もっとも、その例外となる問題がひとつあって、それは、法的手続きにおいては、ひとを、法的人格としてではなく現実の人間として取り扱うということが原理上できないということである。私たちが経験する被害は、個別的かつ具体的なものである。それに対して、法の代理人としての裁判所は、その判決において一般的かつ抽象的であり続けなければならない。それゆえ裁判所は、〔一般的で抽象的であるという点において〕正しくあろうとするまさにその行為によって引き起こされる不正義の感覚については、それをただ強化するのみなのである。だからこそ、私たちの不正義の感覚は、公正な判決によっても必ずしも常に鎮められるわけではない。

ヒュームが遠い昔に鋭く指摘したように、偏屈者やら守銭奴やらがひと財産を相続している傍らで、賢明で気前のよい誰かが、浪費家の両親によって、もしくは愚かであったり悪意があったりする遺言によって、困窮に陥っているのを見たなら、私たちは腹立ちを覚えるものである。ヒュームは、〔しかし、〕理不尽なのはこの場合、腹を立てる私たちのほうである、と考えた。(32)〔ヒュームによれば、〕有効な遺言を執行することは、裁判所の職務として想定されていることであって、その一つひとつの個別の結果ではなく、全体としてのありようにおいて、正しさと関係者全員の利益を実現させているのである。とはいえ、正義の目的一般は抽象的なものであるにしても、不正な行為は、そのいずれもが個別的である——不正義の感覚が個別的であるのと同様に。ジョットの描く《正義》と《不正義》は、隙間なくぴったりと対応し合う反対物なのでもなければ、お互いの完全な否定なのでもない。なぜなら、《正義》と《不正義》はいずれもそれぞれ現実に即しているからである。ひょっとしたら、アメリカにおける不正義の感覚は、強く個人主義的である点で非典型的なのかもしれないし、それは一般化されるべきものでもないが、〔ジョットの描く〕これらのふたつの絵画のほうは、時代を超えて、政治文化を超えて、私たちに語りかけてくる。それらはまるで、すべての市民への教訓のために描かれたかのようである。

にもかかわらず、不正義について語るには、身近な例にとどまることが賢明であり、私もアメリカとアメリカ市民に限定することにする。アメリカ人は、もちろん、皆が一丸となっているというわけではない。だが、数々の社会科学者が多くの調査において、アメリカ人の信念およびその不正義の感覚について、驚くほど似通った説明を与えている。何よりも目を惹くのは、アメリカ人が、判断を為すうえで、一《いっ》にかかって個別的なものを絶対化するということである。哲学者、法、社会科学は、一般的なものを志向するが、市民は具体的なものに固執する。〔たとえば〕広く認められているところでは、労働への報酬を不釣り合いに多く支払ったり、少なく支払ったりすることは不正なことである。だが、こうした不正は、社会の欠陥ではなく、個別《インディヴィジュアル》の失敗〔事例〕として理解されているのである。同じく、〔経済的に〕うまくいかないということも、たんなる個別の失敗〔事例〕として理解されている。経済的な地位についての既存の評価基準、そしてそれが生む不平等は、不正であるとは見られていないのである。不平等は受け入れられており、それゆえ、貧困対策が認められるとすれば、それは特定個人を助けることを目的としたもののみなのである。〔貧困から脱するための〕より広い機会を得られるように訓練することは、個人に扉を開くものとして是認されているが、しかし全体にわたる再分配的な福祉政策は不人気である。(33) 一方、打って変わって政治においては、平等主義的な基準が支配的である。誰もが平等に政治機関に対してアクセスしうるべきとされているし、政治的目的を達成するために金銭や影響力を用いることは不正であると見られているのである。法的サービスを享受したり、公職に就いたりすることへの権利は、基本的な政治的行為である投票と同じように、平等でなければならないとされている。

私たちが、人間としておよび市民として何かを請求するとき、実績《メリット》だけではなく必要《ニード》もまた、その根拠となる。だが、〔ある請求が根拠づけられるために、〕その必要がどれくらい大きなものでなければならないのかについては、人々の意見は異なる。〔もっとも、〕その必要が身体的なものであるように映れば映るほど、その切迫度は高いものとして立ち現れる〔、という点は意見が一致する〕。〔たとえば〕入院の許可を得るための支払いができないからといって、ある人物が死にゆくままにさせられるとすれば、それは不正なことだろう。しかしながら、それは正義の問題というよりも、同情の問題であるのかもしれない。(34)必要にかんするどの個別の事例においても、どこに一線が引かれるべきかについては、間違いなく数多くの意見の相違があるし、個々の事例に対して人々が抱く不正義の感覚もまちまちである。人種差別や、恣意的に機会を阻害されることは、まさしく不正義であると誰もが認めるふたつの一般的な不正義である。このように、誰かが、まやかしの真ならざる根拠で権利を奪われること、それこそ差別という言葉が意味していることである。正義の最もありふれたふたつの原理、すなわち必要と実績は、ここで〔、つまり差別を差別として糾弾するにあたって〕衝突しているというよりも、状況に応じて別々に引き合いに出されているといえる。誰が何を得るのかを決定するのは、あるときは必要によってであるが、別のときには実績によってである。それは、虚心《ネイキッド》に道徳的判断を行う観点から見て、〔実績と必要の〕どちらがよりはっきりしているかに左右されるのである——ただし、ここでいう虚心な道徳的判断というのは、概して、〔集団に共有されたものではなく、〕政策を個人的《パーソナル》な仕方で見るような観点なのであるが。

アメリカにおいて、相対的剥奪〔という感覚〕は、個人的《パーソナル》な反応として生じる傾向がある。この感覚は、自分とだいたい同じような誰かが、自分も欲しいと思っていて、自分にも等しく得る資格があると感じていた何かを得るときに掻き立てられる。より深刻な階級的分断に苛まれている社会では、集団的および集合的な相対的剝奪の感覚のほうが、〔個人的なそれよりも〕いっそう一般的かもしれない。しかし、アメリカでは、人種差別を別として、相対的剝奪の感覚はあくまでも個人的な現象なのである[35]。そのことが意味しているのは、〔集団的要素に対する〕無関心ではなく、むしろ〔集団に対する関心を凌駕するような〕強烈な個人主義である。それは、私たちの担うさまざまに異なった役割が、その役割に応じた別個の義務および報酬を生じさせるということを認めるような個人主義である。これは、伝統や慣例に対する受動的な服従とは、かけ離れたものである——すなわち、自己称賛的な多元主義《プルーラリズム》が私たちに迫るような受動的服従とは、かけ離れているのである。というのも、アメリカ人によって認識されるところの役割の多様性《マルチプリシティ》というものは、苦しみにさらされる個々人の、もしくはばらばらの人格としての市民の、〔集団に対する〕優位を決して取り除くものではないからである。

何が嘆かわしいかといえば、人々は、自分が不正義を被ったと感じたときでさえ、何もいわず何もしない傾向にあることである。この傾向が生まれるのは、彼らが、同輩者《ピア》からの支えも望めないし、抗議が成功することも期待できずにいるからである。これこそ、私たちの中に蔓延する不正義についても、不正義の感覚についても、それが実際のところどの程度存在しているのかを決して正確には把握しえないだろう明白な理由である。多くの不正義および不正義の感覚が、沈黙したまま、忘れ去られ、もしくは仕舞い込まれ、その結果私たちはそうした不正義を甘受するがままになる。哲学者は不正義を不可避的なものとして承認してしまう。市民はそれに劣らず、自分たちが耐えるべきとわかっているより以上の不正義にも進んで耐えるし、加えるべきとわかっているより以上の不正義を加えることにもためらいを見せない――なんとなれば、それが自分たちの運命《フェイト》だからである。たしかにアメリカ人は、不正義にかんする個々の事例には素早く反応するが、社会的不公正には我慢をする。そうするよりほかに、どうしようもないのである。社会にかんする情報は、少しずつゆっくりと、ほんの断片的にしか入ってこず、私たちはそうした情報に簡単に慣れてしまう。あるひとりの人物についてのひとつの物語はただちに胸に突き刺さるのだが、日々の生活の中での不正義には、それが苛酷なものであっても、耐え忍んでしまう。こうした日々の不正義を見ないでいることは容易であるし、実際私たちはそうするのである。

理想をいえば、民主主義の市民として、アメリカ人は、苦情をいう確たる根拠が得られていないからといって苦情をいうのを差し控えたりするべきではない。しかしアメリカ人は、そもそも政治に対して高い期待を抱いていないようである。彼らは政府にかんする一切合切を、疑いの目で見ている。そうした不信感やシニシズムが蔓延することは、公的な代償を強いるものである。もちろん、どんな政府であれ、むやみに信頼が与えられるべきではないが、しかしそうかといって、政府は一般市民の利益に対して、悪くて敵対的、良くても無関心でしかありえないなどという確信が〔市民に〕あるとすれば、その確信は〔市民への〕励ましとなるものではない。立憲民主主義の市民の心理状態として、そうした確信は不健全である。なぜなら、たとえ私たちの不正義の感覚の原因のほとんどが解消しようのないものであるとしても、それを減らそうと努めるのが立憲民主主義の印であるべきだからである。信頼と疑念のあいだには一定のバランスが必要なのである。(36) ただ、難しいことに、たとえ正義や公正さが支配的であるような場合であっても、それらは地味《アンドラマティック》で、忘れられやすい一方で、不正義は常に鋭く感じ取られ、記憶に残るものである。不信と信頼の両方の現実的なレベルを維持するいかなる自明の方法も、どうやら存在しないのである。

不正義の感覚がたいていは個人的なものとして捉えられる傾向にあることや、アメリカ人の生まれつきの個人主義を踏まえるなら、大半の市民が、典型的な不正義について考える際に、公職者、裁判官、役人によってなされる特定の行為を想定するのは驚くべきことではない。不正義を被ったという感情は個人的な経験であり、それは個別的な出来事によって呼び起こされる。〔もちろん、〕だからといって、政府に対する市民の不信感が大いに示しているように、不正義の感情に公的な含意がないということではない。しかし、結局それは〔個々の市民の〕態度の集積にとどまり、公共の哲学にはならないのである。アメリカ人は、生まれながらの哲学者ではない。正義および不正義について、大半のアメリカ市民が考える仕方と、哲学者が考える仕方とのあいだには、大きな違いがある。[37] 現代のアメリカの哲学者は、古典古代以来の先人たちと同じように、ほとんどの場合、分配的正義および不正義、より正確にいえば、基本的正義および不正義について論じているし、正しい社会を構成する一般的な政治原理について論じている。哲学者たちは、立法者の役割をみずから担っているかのように、〔巨視的な観点をもつ、いわば〕マクロ正義（*macrojustice*）に固執するのである。彼らが不正義について考察するとしても、それはたんに一般的な政治問題としてでしかない。

基本的不正義？

基本的正義を中心とする哲学的枠組みにおいては、不正義の感覚はどのような位置を占めるのだろうか。アリストテレスの『政治学』においては、基本的ないし政治的正義が、不正義の感情を解消することに資すると想定する、最も説得力ある根拠が述べられている。〔アリストテレスによれば、〕いかなる都市国家にも、裕福な市民と貧しい市民が存在するのであって、それゆえ、どの市民に何が与えられるのがふさわしいかについて、イデオロギー的な対立が必然的に生じることになる。不正義の感覚が、ひとつの政治的な感情として、ひとつの革命的なイデオロギーとして本領を発揮するのは、ここにおいてである。アリストテレスにとって、不正義の感覚は純粋にして単純なる階級的憤りとしての意味があるのである。富者であれば、名誉や地位は、それぞれの市民の富に応じて分配されるべきだというだろう。〔彼らの考えでは、〕富は実績を示すものなのだから、富者は、貧者よりも政治権力をもつべきなのである。しかし、大半の市民は貧者であるから、彼らは、自由であること、つまり奴隷ではないことこそが考慮されるべき唯一の基準であると考える。そして、誰もが等しく都市国家の自由な構成員であるがゆえに、すべての市民が、名誉および地位の平等な分け前を得るべきだと考える。彼らによれば、決定は投票者の多数決によって行われるべきであるし、平等が優勢に立つべきなのである。

〔理論的には最善であるが現実には存在しえないとされた〕ユートピア的体制は別にして、最も安定した政治体制とは、アリストテレスによれば、富者と貧者の双方が妥協をし、相手のイデオロギー的な野心を抑制するような体制である。その際、〔富者と貧者のあいだにあるような〕巨大な中産階級が存在することが、有益である。とりわけ、富者の一人ひとりがあまりに野心的であり、彼らの価値観もその本質からしてお互いにあまりに競争的であって、彼らが統治エリートとしては信用できない場合はそうである。しかし、イデオロギーや階級を混合することの目的は、たんにクーデターや内戦を避けるためではない。というのも、混合政体は、争い合う諸党派の強欲を制度的に制止することを企図するものであって、そしてアリストテレスの考えでは、強欲こそ不正な行為の唯一の源泉であるので、そうした政体は、〔ユートピアにおいてのみありうるような絶対的な正しさではなく、〕相対的に正しい行為、つまり強欲ならざる行為に、真に強固に支えられるものとなるからである。

この基本的正義の構想においては、不正義は、実際、それを生み出す〔強欲という〕性質が制度的な圧力によって抑制されているという意味で、抑えられている。政治的な不正義の感覚も、それがもたらす破壊的なイデオロギーも、同じく動きを止めている。ここにあるのは、公正さを備え、自制心のある市民の集合体であって、そこにただ乗り《フリーライディング》はいっさい存在していない。〔もちろん、〕これは完璧な統治ではない。市民をはるかに優れた存在へと改善するような統治こそ完璧な統治である。しかし、この統治は、自分の利益のことしか考えない支配者の統治がそうであるような、不正な統治であるのでもない(38)。この政体の思想を〔『フェデラリスト』の〕マディソン的な言い回しで表現するなら、こうである――野心をもって野心を制する。この正義の構想で想定されているのは、高貴な正義の概念でもなければ、包括的な正義の概念でもなく、強欲が不正義の唯一の動機であると仮定した場合にのみ意味をなすような正義の概念である。もし〔この狭い正義の理解に囚われずに、〕恐怖や攻撃性もまた強欲と同じく不正行為につながる深刻な性質だとみなされるとすれば、ひとは、富者と貧者が、〔自分たちどうしでは互いに抑制し合って狭い意味での正義を実現しながらも、しかし、自分たちの外部の〕ある集団やその中の個人に対しては寄ってたかって襲いかかっていく姿、すなわち〔より高貴で包括的な意味での〕正義をわずかに顧みることもなくそうする姿を容易に想像できるだろう。アリストテレスはまさしく、陶片追放についての説明のなかで、実際に追放されるに値する人間は、存在したにせよせいぜい少数でしかなかったと認めている。だとすれば、そこにおいては、非市民に対する攻撃、すなわち外国人、在留外国人《メトイコス》、女性、奴隷に対する攻撃が、何ら問題とはならずに加えられていたということになる。しかし、その際、これら非市民の境遇や、彼らの不正義の感覚は、アリストテレスにとって取るに足らないものなのであった。

　だがそうはいっても、「富者」と「貧者」という概念は幅をもった概念である。私たちは、それらが社会の男性自由人を二分しているのみならず、〔非市民を含む〕人口全体をも二分していることを、容易にみてとることができる。強欲は、不正義の唯一の原因ではないにしても、やはり意義がないとはいえないのである。そう考えるなら、相対的には平等主義的なアリストテレスの政治的正義を、不正義の感覚を低減するのに成功しうるものとして捉えることは適正《フェア》であるといってよいだろう。この政治的正義は、必ずしも、制約的であったり抑圧的であったりするわけではない。それが制約的であったり抑圧的であったりするのは、ひとえに、支配的なイデオロギーとしての正義が、富者と貧者の双方の市民の願望が自由にかつオープンに表現され、互いに混ざり合うことでどちらからも受容可能になったものとしてではなく、むしろたんに広く浸透した一連の「共有された社会的意味」として定義されてしまっているような場合〔、つまり「共有された社会的意味」を反映しさえすれば正義としての要件を満たしているとされる場合〕のみである。すなわち、ここでいう広く浸透した一連の「共有された社会的意味」とは、〔社会の〕最も恵まれない構成員に彼らが実際に何を求めているのかを尋ねて検証されることもなしに、〔既定のものとして〕ただ読まれ解釈されるだけの類のものである。民衆の精神《スピリット》の、預言者的ないし伝統主義的な化身たる者たちによって、これぞ共有された意味であると託宣されたような諸々の事柄は、決して実際の意見によってチェックされることはない。まして、最も恵まれない人々、脅かされている人々の実際の意見によってチェックされることなど、なおさらない。*8〔そもそも、〕或る共通《コモン》文化というものを、政治的利益の調和〔の実現した状態〕と一緒くたにしてしまうのは、巧妙なごまかし以上のものではない。〔本来、〕文化が共有するものは〔政治的利益ではなく、〕ひとつのルールとしての言語なのであり、それは、〔調和をもたらすどころかむしろ〕私たちに、脅しによって妨げられない限り、お互いに対する憎しみや軽蔑を――それ以外のことと並んで――表現することを可能にさせるものなのである。不正義の感覚を表現することを私たちに可能にさせるのも、そうした言語である。私たちは、社会の最も恵まれない人々について、彼らがその感情を明確かつ自由に説明していない限り、自身の境遇に憤りを覚えているとみなすべきなのである。たとえ、彼らが――多くの黒人奴隷のように――、満足げなふりをして笑顔を見せたり歌ったりしているとしても、である。

　被抑圧者が何を望んでいるかについての調査が少しでも意味あるものとなるためには、そうした調査は、社会の最も恵まれていない構成員が、怯えることなく、十分な情報をもとに発言できるような状況下で実施されなければならないだろう。それ以外の方法でいったいどのようにして、彼らが支配者たちの価値観を本当に共有しているのかどうか、知ることができようか。歴史家は、彼らがこうした価値観を共有していないということを実際に知っているが、それは過去を振り返っているからである。いまここにおいては、〔彼らが支配者の価値観を共有しているということの証拠は、〕同意がなされたこと、その同意を本当の同意とすることを可能にするような状況下でそれがなされたことよりほかにはありえない。どんな条件下の同意でもよいということであれば、「サンボ」〔という蔑称で呼ばれる黒人奴隷〕は、その奴隷としての自己認識が〔彼ないし彼女の〕本当の自我であるということになってしまう。そして、あらゆる家事奴隷は、台所の床掃除を、それが女性のなすべきことであるのだから、そしてしまう。彼女自身がそれ以外には何もできないと思っているのだから、楽しんで行っているということになってしまう。なにしろ彼らはみな、ある文化的「テクスト〔台本〕」のなかでは、その与えられた台詞にすっかり満足していたのである。ただし彼らは、その「テクスト〔台本〕」を読むことを強要されていたし、より正確にいえば、それに耐えることを強要されていた、ということなのである。(39)

このことは、〔そもそも〕個人が何をもって不正とみなすのかが、大部分は、〔一人ひとりの抱いている〕イデオロギーや信仰によって決定される、ということを否定するものではない。たとえば、大半の正統派ユダヤ教徒の女性は〔その信仰のゆえに〕、男性に対して劣位に置かれた自分の立場を、まったくもって不正とは考えていない。しかし、そのように〔彼女たちが不正を感じていないと〕私たちが確信できるのも、アメリカにおいてだけだろう。というのも、そこでは彼女たちは、思想《マインド》を変えるあらゆる機会を、そしてもしそう望むなら自分の宗教的共同体を去るあらゆる機会をもっているからである。誰もが判断しうる範囲でいえば、彼女たちは自分たちの役割を受け入れることに同意しているのであるし、しかもかなり喜んでそうしているように思われる。しかし、もしそもそも選択肢がないのだとしたら、彼女たちがいったいどう感じているのか、私たちには推測することさえできないだろう。

端的にいうと、〔被支配者が支配者の価値観を共有していることの証拠として、〕同意に取って代わる、とりわけ反対したり離脱したりすることをいつでも誰にとっても容易になしうるようななかでの同意に代わる、これまでに知られた代替案は、何ひとつとして存在しない。抗議しない人々について、抗議をしないから彼らが満足し同意しているなどとみなしたり、剝奪され傷ついた人々について、彼らは社会の「意味」を支配者と共有しているのだから、自分たちの隷属状態を受け入れていることになるなどと仮定したりするならば、これ以上の詭弁はないだろう。私たちはアメリカにおける奴隷の歴史を嫌というほど知っているから、黒人が奴隷制を受け入れていなかったこと、また多くは奴隷制が不正であるとよく理解していたことについて、わざわざいわれるまでもない。また、アメリカ黒人は、ジム・クロウ法を、不正であるがやむをえない運命《フェイト》として、しぶしぶ受け入れていたのであった。多元主義社会においては、多種多様な社会慣習やその実践を受け入れたり却下したりする方法は数多く存在するのではあるが、しかしそういうことをする機会は、社会において声が通る者にしか開かれていないのである。選択する、声をあげる、抗議する、却下する、といった現実的な機会が欠如している状況では、社会の課してくる諸々のルールは不正義への誘因となるにすぎない。とりわけ、自発的参加によって成立したのではなく、属性に基づいて成立した集団においては、同意の欠如はそれ自体不正義である。意のままに去ることができないような共同体へと帰属させられること、また社会的に劣った地位を宿命づける、もしくは望んでいない社会的アイデンティティを宿命づけるだろうような共同体へと帰属させられることには、何ひとつとして正義に適ったところはない。自分の人生を左右する取り決めにかんして、本当は賛成しているのか反対しているのかと一度たりとも問われないとすれば、それは、何者でもない者、すなわち無であるとみなされているも同然なのである。

もし基本的正義が、全員に共有されているローカルな慣習に耐えることに尽きるのであるならば、そしてとりわけ政治的に意味のある異議や苦情が存在していないなかでそうすることに尽きるならば、南部による奴隷制の擁護でさえ、他の奴隷擁護と同程度に、正しかったことになる。実際、南北戦争以前の最も説得力ある擁護論は、奴隷が常に財産として認められていたとか、〔奴隷の所有を含む〕所有権がすべてのアメリカ市民にとって神聖であったとかという〔、アメリカ全体に通用する普遍的な正義に基づく〕主張ではなかった。そうではなく、〔そもそも〕抽象的な正義などというものは社会的には無意味であって、南部の文化全体や社会組織は完全に奴隷制を前提にし、市民の共和主義的な徳でさえそれに依存している、という主張であった(40)。歴史上のほとんどの共同体において、政治はきわめて抑圧的であって、その意思決定に基づいて、基本的正義は、奴隷制や、社会的権利の剝奪を、多くの民衆へと分配《ディストリビュート》していた。何の憚りもなしに、人々の声を存在しないかのごとく扱ったり、人々に離脱の権利を与えなかったりすることによって、そうしてきたのである。このような〔基本的〕正義はまた、抑圧された者たちの〔抑圧者への〕屈従《コンプライアンス》をも生み出す。というのも、抑圧された者たちが、これらの共通《コモン》の社会的意味を共有《シェア》してしまう要因は、〔抑圧の事実を覆い隠すような〕虚偽意識を彼らが抱いていることではなく、恐怖および剝奪、そしてそれらによって刷り込まれる教訓を彼らが味わっていることだからである。どうして彼らが、身分的《カースト》社会にあって、自分たちもまた何者かとして認められているのだと〔虚偽意識によって〕言い張ったりすることがあろうか。それに、どうして〔みずからの洞察力に対する〕自負心に満ちた観察者であるようなひとたちが、先祖伝来の広く浸透している関係性というものは相互性に基づく絆によって生まれる信頼の関係性などではないのだ、そう考えないことがあろうか。私は、強制収容所を備えた恐怖政治体制については言及しないことにする。なぜなら、この体制は、たんに自明のことを過度に劇的に実現しているにすぎないからである。しかし、かつて多くの中国の専門家が主張していたように、中国人は毛沢東の支配を喜んで受け入れていた、なんとなれば中国〔固有の〕文化がそのような支配をありがたく思うように彼らを条件づけているからだ、などと信じる者が果たしていまだにいるだろうか。

明らかなことであるが、不正義の感覚が表明されることをすべてあっさりと禁止してしまうような基本的正義の制度を、容認しうる民主主義者などいない。しかし、不正義の感覚〔を抱いたり表明したりすること〕のまっとうさを減少させる、より劇的でない方法、一見するとそれほど問題のなさそうな方法もある。すなわち、それは、声を聞かれる権利を少数の恵まれた集団に限定するという方法である。これはアリストテレス的な思考様式である――すなわち、少数の支配階級の市民を除いて、ほとんど全員の声を聞こえなくするのである。〔声を聞いてもらえないような〕劣位な存在にずっととどまり続けなければならないということは、市民にとって、〔不正というよりは〕不運であったということになる。不満のまっとうさを弱めるもうひとつの方法は、ごく少数の苦情しか公式に受けつけないことである。これはヒュームの解決方法であった。それは、〔法や政府が担うべき〕基本的正義の〔人間の生における管轄〕範囲を抜本的に縮小〔して、それ以外の苦情を基本的正義とは無関係のものと〕することで達成される。ジョンソン博士は、そうした方法の正当化理由を、よく知られている二行連で提供した。曰く、「なんとわずかなのだろう、ひとの心が耐えるべきすべてのもののうち／法や王が生み出し、治療もしうるその部分は」[*9]。この心情は、それが半分しか真実でないと私たちが認めたとすれば、その威力をもっと強く発揮するだろう。〔すなわち、実際には、〕法や政府は、人間の悲惨を甚だしく生じさせることができるし、現に生じさせている。そして、法や政府が生じさせるものは、法と政府によって回避することも、改善することもできるのである。しかし〔この二行連がそれゆえ全面的に誤っているということではなく、むしろ〕ジョンソン博士がいおうとしていたのは、〔人間にとっての法や政府の役割の大きさを認めたうえで、それをはるかに凌ぐほどの〕人々の苦しみの巨大さであった。

最小限の政府を擁護する者たちは、そうした政府が、私たちの苦しみを前にして無能力であるという点については、気に留めることがない。彼らは、正義そのものをあっさりと狭く定義してしまって、〔この意味での正義を司る〕政府は、ほとんど何もなさなくてよいとするのである。それに対応して、〔そもそも政府の管轄外にあるような〕不運とされるものの範囲が広がっていく。〔この正義の定義においては、〕正義が要求することは、隣人および自分自身に危害を与えないことのみである。正義が、アダム・スミスにおいて、諸々の徳の中で最も下の位置を占めているのは、そのような事情によるのである。それゆえに、スミスにとっては、憤りは、自分の財産ないし身体に直接的に加えられた危害に対する純粋に個人的な反応としてのみ認められる。(41) それ以外の不正義の感覚は、どれも奇妙なものとされた。〔一方、〕ヒュームのいう「慎重にして用心深い」徳もまた、〔スミスと同じく、〕みずからの所有物を確保し暴力を避けるということ以外の目的を視野に入れるものではない。〔ヒュームにおいては、〕実質的に正義の概念が意味するのは、端的にいって平和のみである。そしてこの正義の概念からすれば、反対に不正義として認められるものは、明白な暴力行為として端《はな》から狭く定義されたそれのみなのである。スミスとヒュームの根拠づけ方は違うものの、両者のこうした思想は明らかにハイエクの宿命論の先駆けとなるものである。

私たちは、もちろん、しばしば正義よりも平和を優先させる。だが、このふたつは同じものではない。このふたつを混同することは、まさに受動的不正義を導くことになる。能動的でないような政府は、弱く脆い人々が運命のなすがままに放置されるような個々の事例において、薄情であるというにとどまらない。そうした政府は、社会的地位および富のあからさまな不平等を増進させてしまうがゆえに、裁判所、法的サービス、警察による保護といったものへのアクセスを〔地位や富の低い者に対して〕拒否することを、例外ではなくむしろ原則としてしまうのである。そうすると、給与をめぐっての、さらにその他の基本的な期待をめぐっての非公式の約束違反も、そして身体的な搾取もあたりまえのことになり、教育および健康への機会は正義の問題ではなく運の問題とみなされるようになる。ヒュームおよびスミスの厳格に定義された基本的正義がいやしくも機能しているといわれうるのは、そもそも正義の対象とされるべきもののほとんどを運命へと格下げしているからこそなのである。ほとんどの不正行為は、あっさりと不運として再定義される。ここまで本書で見てきたように、それは多くのひとがあまりに簡単に受け入れてしまう考え方である。にもかかわらず、受動的に不正を為す政治制度は、長らく〔この体制下で〕苦しんできて民主的な統治システムへと頼るようになったヨーロッパやアメリカの市民の大多数にとっては、耐えられるものではなくなってきている。

基本的正義にかんするこれらの狭隘で窮屈な見解に対する反動として、今日では、可能な限り包括的であろうとする民主的な代替案が数多く存在する。こうした代替案は、より徹底した平等の実現へと気を配るだけではなく、できるだけ多くの社会的苦情をまっとうなものとして捉えることに関心を向けている。アメリカでは、基本的正義にかんする改革的な理論は、間違いなく、自由および同意の重要性や価値を無視せずにきたのである――とはいえ、そのなかには、疑わしい心理学的理論に基づいて、公的な道徳教育を間断なく施すことを唱えるという問題のある規定をともなっているものもあるのだが。より徹底した権力の平等が正義の条件を強化することは否定すべくもないが、それを達成するために掲げられた多くの提案には欠点がある。唯一の最も真剣に受け止めるべき批判は、そうした提案が急進的である点にではなく、それらがしばしば、不正義の感覚を呼び起こすほどにあまりにパターナリスティックであるという点に向けられている。すなわち、既存の制度の改革を唱える諸々の提案は、より完全な民主主義を目指すものなのだが、多くの場合〔その要件として〕市民そのものをつくり変えることをも求めるのである。しかしいったい全体、誰にそうしたことをできるほどの能力があるというのだろうか。

技術〔発展〕によって無知な者と情報に通じた者とのあいだに大きな格差が生まれてきた現代アメリカでは、穏便な改革者でさえ、まるで人民が物であるかのように、彼らを、何の説明も与えずに管理する誘惑に駆られている。今日のパターナリズムは、貧者が、自分たち自身の幸福すら理解していないほどに欠陥をもった存在である、という視点から始まる。〔この視点によれば、〕人民の頭上に君臨する者だけが、そしておそらく社会全体の頭上に君臨する者だけが、本当のところ、正義を定義し、それを課すことができるのである。すなわち、正義は、ジョットの女王のごとくに、私たちと同じ場にはいない誰かなのである。だが、現実には、プラトンのいう哲人とは異なり、富の再分配を、いまここから、歴史的な白紙状態において始めることなどできない。それに、市民たちはその心理にかんして〔自在につくり変えられる〕粘土のようなものとしてつくられているわけでもない。彼らは、自分たちの人生に影響するルールについての説明を受けてしかるべきであるのみならず、そうした説明を理解する能力があるとみなされなければならない。また、つぎのことも忘れてはならないだろう。すなわち、もし誰かがある問題を本当に理解しているならば、それがいかに複雑だろうが、それを聞きたいと思うひとのほとんど誰にでも、説明することは基本的に可能なはずだ、ということである。いずれにしても、大半の社会政策はそれほど複雑ではない。市民を愚かだと仮定するのは、想像しうる限り最も不正なことである。

パターナリズムは通常、それが、私たちを私たち自身の幸福のために行動するよう強制することで、私たちの自由を制限する、という点を批判される。加えて、そしておそらくもっと重要なことに、パターナリズムは、〔つぎに述べる意味で〕不正であり、必ずや不正義の感覚を掻き立てるものでもある。パターナリズムに基づいた法は、その他の法と同じ程度に同意を取りつけてはいる。それなのにこの前者の法の実施が批判の対象となるのは、それがその受益者と目された人々に対して、なぜ彼らが行動を変えたり、保護的な規制を遵守しなければならなかったりするのかについて説明することを拒絶しているからである。人民は何の根拠もなしに、無能だと推定されているのである。それによって得られる結果自体は、完全に正しいものかもしれない。だが、〔その結果に至るまでの〕「依頼人《クライアント》」に対する扱い方は、正しくない。〔たとえば、〕現金支給ではなく現物支給を受けることになっている生活保護受益者は、自分たち自身の利益すら理解できない存在であると端《はな》から仮定されてしまっているのである。いうなれば「反証されるまで、無能さが推定される」かのごとしである。(42)

国家機構の担い手とその依頼人とのあいだの認知的不平等は、未来永劫変えようのないほどに、そして架橋することもできないほどに、大きいものと理解されている。こうした依頼人たちが、医療的治療を受ける場合だろうと、強制移住させられる場合だろうと、現物支給され遵守行動が監視される場合だろうと、彼らは、自分たちのために何がなされているのか、説明を要するともみなされないし、実際に説明を受けることもないのである。[43] たしかに、富を再分配するという決定そのものは完全に正しいものではあるのだが、国家機構の担い手が〔そのような再分配をするに際して〕神のように振る舞う習慣を身につけているということそれ自体が、害になるのである。ここにおいても、万人のための正義を追求することのなかに、不正義は忍び入る。

　再分配的な正義の描写として、これは戯画的であると適切にも主張されるだろう。とはいえ、この描写は、福祉の名のもとに何がなされているかについての説明として、決して不正確なものではない。しかしながら、パターナリズムは、正しい改革が両義性をともなう事例として唯一のものではない。すなわち、最も正しい公的改革でさえ、それと、すでに当たり前なものとして確立された〔個々人の〕私的な期待とのあいだには、やはり齟齬が避けがたく生まれてしまうのである。ほとんどすべての新しい法律は、いかに善意に満ちたものであっても、誰かしらの期待を落胆させたり、計画を頓挫させたりするし、彼らの不正義の感覚を掻き立てもする。しかもそれは、往々にして暴力的にである。だからこそ、立憲政体においては、法律の採択は、ゆっくりとそして公開の場でなされるのである。つまり、そうすることで、個々人が自分たちの人生設計を、新たな法的条件に対して調整しながら適応させることができるようにするためである。どのような社会変化も、どのような新しい法律も、公的ルールのどのような強制的変更も、誰かにとっては不正なのである。変化がより劇的で突然であるほど、不満は大きくなる。こう言ったからといって、立法による変化自体に反対しているわけではなく、ただ以下のことを認識することを求めているのである。すなわち、立法による変化は、ひたすらまっすぐに不正義の感覚を解消するだけのものなのではなく、むしろその逆に、不正義の感覚の数ある原因のひとつともなる、という認識である。

ヘンリー・シジウィックは、つぎのふたつの種類の正義のあいだに生じる緊張に対して、常識倫理では答えを出すことができないということをすでに指摘していた。すなわち、定着済みの社会的期待に応じようとする保守的な正義と、新たに浮上した社会的期待――それも政治的変化の要請をともなう社会的期待――に応じるような法を求める改革的な正義とのあいだの緊張である(44)。遅かれ早かれ、〔ふたつの正義のうちの〕いずれか一方の側が、不正義の感覚を抱いたり、表明したりすることになるだろう。相対的な正しさに基づく社会的再配置でさえ、ある段階まできて、それがあまりに多くの人々を巨大な動乱や混乱に巻き込むことになれば、甚だしく不正なものと映るようになるだろう。同じようにたしかなことは、社会的意識を強く抱いているような諸集団および諸利益団体が求める変化は、それが先延ばしにされるならば、憤慨や抗議というかたちでの報いを生み出すことである。政治においては、常識は断然私たちの最も頼りになる道しるべであるが、同時に私たちを鉄壁の袋小路に陥らせるようにも思われるのである。

イデオロギー的変化や道徳的変化は、もともとの基本的な配置の変更を要求することになるが、それは決して、全会一致の手続きでもなければ、痛みをともなわない手続きでもない。ひとつの不正を正すことは、同時に別の不正を生むことである。どのような新たな税法も、既存の法律に基づいて人生設計をしていた者にとっては不正に映ったり、そう感じられたりする。大学への入学条件にかんするどのような変更も、〔もともとの条件のもとで〕合格しようと期待して育った集団を落胆させるだろう。高齢女性の貯金を溶かし消すことによって収入を再分配するような計画的インフレの正しさは自明のものとはいえないだろうし、またデフレ政策や賃金所得の引き下げについても同じだろう。もっとも、これらの政策はすべて、もしそれらが新たなイデオロギー的信念と、物質的資源の追加と、もしくは技術上の変化と足並みを揃えているのならば、基本的正義の行為〔の範疇に収まるもの〕として擁護することができる。しかしまた、避けようもないことに、こうした政策は、〔既存の〕法律に基づいて育まれた期待を吹き飛ばされた者に、不正義の感覚を生み出しもする。この者たちに対して、公式的ないし非公式的権威のいずれもが、〈あなたたちの手にしている権力も財産も、権利上からしてあなた自身のものだ〉とずっと前から言い続けてきた。こうしたことがもう終わるのだと突如として告げられたら、この者たちが被害を受けたと感じたとしても当然ではないだろうか。正しい改革は、たんに既存の不正義を取り除くものとみなされるには、しばしばあまりにも漠然としている。たとえこの改革が、未来の似たような政策を実施するための、〔市民への〕大規模な再教育によって補強されているとしても、である。社会全体における社会的不正義の感覚を減らすのに、改革によってなしうることには限界があるのだ。もっとも、こうしたことを自覚することは、政治的変化に対する反対を唱えることにつながるわけではない。むしろこの自覚が導くのは、以下のこととの理解である。すなわち、諸々の政治的価値が対立し合うことは不可避であること、そして、私たちが生きていくうえでは、そうした諸価値の妥協点を見いだすような手続きが必要であることである。

しかし、正義および不正義についての複数の類型間の対立を、その場限りの衝突としてではなく、継続的な相互の折り合いの過程として見るのであれば、描かれる状況は政治的観点からしてより望ましいものとなる。動かしがたく抱かれた期待と、公的変化への要求とのあいだの溝を架橋するための最善の方法は、効果的で継続的な市民参加のシステム――誰も永続的に勝者となることもなければ、永続的に敗者となることもないシステム――を備えることだろう。民主政治によって約束されているのはまさにこうしたシステムであり、この約束は、ここでもまた、ルソーの『社会契約論』のうちに認めることができる。ルソーによれば、ある政体を形成しようとしている諸個人は、すでに不正義の感覚を抱いている。なぜなら、彼らは力においても財産においても互いに同等ならざる存在だからであり、また平和と引き換えに政治的平等を売り飛ばすよう唆《そそのか》す富者の口車に乗る危険に強くさらされてもいるからである。こうしたことは実際、あらゆる時代、そしてほとんどあらゆる場所において起きてきたことである。これを繰り返さないよう、〔政体を形成しようとする〕諸個人は、〔富者の欺きが待ち構える〕あの深淵の手前で立ち止まり、自分たちがそのもとで等しく守られるような一般的で公正な法を制定すべくお互いに結合するのである。〔民主政治以外の〕他のすべての法システムにおいて私たちがそれに苛まれる《ヴィクティム》ことになるに違いない不正義の感覚は、こうして永遠に解消されることになる。しかし不幸なことに、こうしたシステムにともなう代償は、正気のひとにとっては受け入れがたいものである。というのも、市民はこれらの法律をきわめて深くまで内面化しなければならず、それは、もはや彼らが自分たちの私的な生と公的な生とのあいだの距離を感じないほどでなければならないか

らである。つまり、彼らは〔もともとの自分とは違う存在へと〕変容させられなければならないのである。㊺

それにもかかわらず、個人的正義と公的正義とのあいだの不一致を乗り越える手段としての継続的な同意というルソーの考えは、いかなる民主的理想においても、その必須の一側面であり続けている。〔たしかに〕参加は、〔ルソーが期待するようには〕私たちの神経症《ノイローゼ》を治してくれるものではないかもしれない――それはアメリカの多くの参加民主主義者が主張するとおりである。[*10] それに、ルソーの擁護する政体のスパルタ的な厳格さは、間違いなく大半の都市部アメリカ人が求めていることではない。また、私たちには、ルソーが促したようには、自分たちの敵意を外国人にぶつけることなどできはしない。現代の代表制民主主義は、はるかに強度の低い、直接的でない、同意の行為を求めているのである。だが、それでも、この民主主義は、ルソーの最も深いところにある希望を共有している。すなわちそれは、〔他者に依存することなく〕自分で自分の主人となる、という希望である。

想像の逞しさによって加えられた余分を剝ぎ取り、現実的に可能なものに切り詰めるならば、基本的正義のルールについて間断なく熟慮し続けるというルソーの提案は、少なくとも、法律の変化にともなわざるをえない不正義の感覚を緩和する妥当な方法である。個人的自由という条件のもとでなされる継続的な過程としての同意こそ、不正義の感覚へと苛まれ続けることを宿命づけるような法律を避けるために取りうる、私たちが知っているおそらく唯一の方法であるだろう。そうした同意は、不正義の感覚を根絶するわけでもなければ、この感覚を生み出す機会をゼロにするわけでもないが、それらについて何か手を打つ助けにはなるし、それらがいずれなくなっていくだろうという希望を与えてくれる。さらにいえば、市民は、〔このたびの問題においては負けたとしても、〕また別の問題にかんしては、そしてまた別の時がくれば、自分たちの選好や信念《ビリーフ》が勝利するだろうということを期待できる。勝つときもあれば、負けるときもあるのだ。〔参加者の、別の存在への〕変容を実現するとはいえないにしても、立憲民主主義における同意と異議の政治は、個人の不正義の感覚と、その変化が過度に緩慢であったり過度に迅速であったりする公的な法律とのあいだの、架橋しがたい隔たりを狭めてくれるのである。

〔公的な法律の変化の例として、〕もし相続が違法になったり、相続に課せられる税が今よりはるかに重くなったりしたらどうだろうか。〔その場合、たとえば〕私は、両親が亡くなったときに〔遺産によって〕金持ちになるという前提のもと人生設計をしてきて、いくらかの借金もしていたのだが、〔相続法の変化によって〕いまや負債を返せなくなってしまう。とはいえ、その一方で、私は頑ななまでの改革派であり、相続を、機会平等というアメリカの約束を侵害するものだと考えている。それゆえ私は、〔この法律の変化に対して、〕おそらく、喜びはしないにせよ、自分を不正義の被害者になったとは感じないのである。だが、かたや私の兄弟や姉妹は、〔この法律の変化によって、〕イデオロギー的にも個人的にも、侮辱されたと感じる。彼らは〔相続の自由を擁護するリバータリアンである〕ロバート・ノージックの熱心な読者であり、〔この変化に対して〕怒りを覚えるのである。彼らの抱く不正義の感覚は、痛切な個人的落胆によって喚起された非合理的な反応などではなく、むしろ、多くの公的な感情と同様に、哲学的に擁護することができるものであるし、実際に擁護されてきたものである。

私の兄弟や姉妹は、彼らが抱く不正義の感覚をどのようにしたら軽減できるだろうか。彼らが抗議したとしても、それは彼らの気持ち《フィーリング》を落ち着かせるかもしれないし、また自由な社会では不満を表明しても罰せられることはないとはいえ、そうしたことは彼らの不正義の感覚を軽減することにほとんど役立たないだろう。彼らは、自分たちの相続を奪った法律に賛成票を投じた議員を〔つぎの選挙で〕負かすべく行動を起こすことができるし、場合によっては、裁判でその法律に対する異議申し立てを試みることもできる。しかし、はっきりしているのは、〔相続の違法化ないし相続税の負担増という〕私たちが置かれることになった状況に対して兄弟や姉妹が同意しているとしても、それは〔もともと相続に批判的な〕私の同意とは同じではないということである。彼らは統治のひとつの手続きに同意しただけであり、たしかにこの同意は彼らの被った損失をいくらかは耐えられるものにするとはいえ、〔同意したのだから〕彼らは不正に扱われてなどいないと言ったら端的に嘘になるのである。とりわけ、彼らの〔リバータリアンとしての〕イデオロギーを踏まえれば、なおさらそんなことはいえなくなるだろう。

また、新たな法律によって生まれた不正義の感覚が引き起こす私的な騒動についても、私たちは軽く見てはならない。〔たとえば、先の例を続けると、〕私と、私の兄弟や姉妹が、激しい言い争いを繰り広げ、その後もうお互いに口も利かなくなる〔、というような騒動が生じたとする〕。しかし、ここのところ、私たちのいざこざは解決へと向かっている。固定資産税に上限を要求する国民投票について――さきほど触れたそれぞれの立場から予想されるとおりに――、私はそれをただただひどいものだと考えたのであるが、一方私の兄弟姉妹は、これらの政策を支持して、勝利を収めたのである。〔こうした私的な騒動を経て、〕いまは、私たちは仲直りをし、うまくやっている。それでもやはり、あるひとつの判断を私たちの全員に押しつけるようなことはあってはならないのである。自分の不正義の感覚の妥当性を評価するにあたっては、そのひと自身が、みずからの裁定者である。民主主義を擁護する最善の主張は、それが自己評価と公的な判断との距離を縮めるということであるが、いかなる体制であっても その距離を完全になくすことなどできはしない。

不公正な扱いを受けたとあなたたちが思ったとして、それを何らかの被害であるかのように感じてよい権利などあなたたちにはないのだ――そんなことを誰が私たちにいえるだろうか。私たちは、自分がつくったのでもなければ、自分の利益になりもしないルールや法律のもとで生きている。しかも、もし私たちが非難の標的になるような属性の集団に属しているとすれば、私たちはおそらく差別を受けることにも耐えなければならない。長期にわたってずっとそうだったし、今後もそうだろうというようなことは、何ら状況をましにする材料ではない。伝統というものは、多くの場合、〔不満が〕沈黙させられていることの証拠以外の何ものでもないのである。加えていえば、敗北を受け入れているということは、同意をしているというように捉えられてはならない――たとえ、文句を言ったりすれば刑務所行きになると脅されていたわけではないとしても。私のシナリオにおけるリバータリアン〔である私の兄弟姉妹〕のように、〔結果そのものではなく、その結果をもたらす〕手続きにのみ承認を与えたという意味での同意であれば、〔沈黙がこの意味での同意とみなされるとしても、実態との乖離は〕いくらかましだろうか。そもそも彼らは何かに同意したといえるのだろうか。これらの問いに対する答えは、疑う余地なく、「然り《イエス》」であるに違いない。手続き的正義は、よく批判されているような、たんなる形式的な儀式というわけではないのである。それは、原則としてすべてのひとに、改善に取り組む機関への何らかのアクセスを与えるシステムであり、もっと重要なことに、不正義の感覚をある程度実効的に表明する可能性を、少なくともときどきは与えるシステムである。〔手続き的正義のシステムに〕包摂されているということは、社会的な地位をもつということである。さらに、投票、立法、裁判における手続き的な清廉さの要求は、心理的に見ても倫理的に見ても無意味ではない。こうした要求は、忍耐と礼節という独自の性質をかたちづくると同時に、公職者に対して公正であるように制約を課すのである。(46) 手続きから排除されている者たちとは異なり、こうした手続きに参加しえている者は、自分たちの不満を喧伝したり、問題のある当事者や事象を指弾したりすることができるのである。彼らは何かを失ったとしても、それを取り戻すために、ふたたび舞台に戻ることもできる。なぜなら、彼らは政治的な声をもたない存在ではないからである。

しかしながら、市民が同意したり異議を唱えたりすることを認める手段としての手続き上の公正さが、不正義の感覚を癒すことになると想定する理由はまったくない。完璧な手続きであっても、特定の事例においては大いに不衡平であることもありうる——とりわけ、この手続きの狙いが忘れられたり、曖昧であったり、たんに非合理的だったりする場合はそうなる。この点はくじ引きの例によく示されている。くじ引きはたいてい、参加者全員の同意を得て成り立っているし、徹底的に公正である。すべてのひとに平等な機会がある。たいした価値のない、持ち主不明の所有物を処理する方法としてなら、それはたしかに正義の極致である。しかし、対象がそこまで些細なものでない場合、たとえば捨て子を当選商品とするような場合はどうだろうか。結局のところ、誰も自分の親を選んだわけではないし、自然の出産はまったくもって無作為な過程《プロセス》である。これに対して、養子縁組は、自然に親になるということとは生理学的にも社会的にも異なるものであって、それが同じように偶然の産物であるかのごとく装うのは、端的にいって嘘である。私たちは、〔本当の母親はどちらであるかを争うふたりの女に、子どもをふたつに裂いて分けることを命じたうえで、裂くことを拒否した女を本当の母親と見抜いた〕ソロモン王〔の判断〕を、たとえよりよい母親とは必ずや生物学上の母親であるという〔ソロモン王が前提とした〕点には確信をもてないにしても、賢明であったと考えるだろう。ソロモン王は、判断を下す前に、〔それぞれが子どもの本当の母親であると主張していた〕ふたりの女性について、関連する事実をすべて知ろうとしていた。彼は子どもの将来を賭け事にしていたわけではないのである。

くじ引きへの参加者が、〔くじ引きという〕あるひとつのまったくもって非合理的な手続きに同意しているという事実は、その非合理的な手続き〔それ自体〕を〔彼らにとって〕好ましいもの《アクセプタブル》にするわけではない。参加者たちは、なんだかんだいって一部の古代ギリシア人のように、〔くじ引きにおいては〕神々の判断が示される、などとは考えていない。彼らが決定の手続きを、あっさりと純粋な運へと任せているのは、対立や論争を避けるためなのである。不正な結果を回避することは、彼らの関心事のうちにはない。〔捨て子の親をくじ引きで選ぶ場合、〕どう見ても子どもに対して不正義が為されていることは明らかである。というのも、子どもの幸福はものの見事に無視されているし、子どもは最も適した親に引きとられるわけでも、彼らによって直接選ばれるわけでもないからである。不正義がいかに無関心さと関係するかということもまた、〔この事例では〕一種の偽計のかたちにおいて顕在化している。というのも、そこでは最初から、候補となる家族についてのあらゆる有意の事実を検討することが、拒否されているからである。まさしく、〔関連する情報をあえて得ないという〕意図された無知は、受動的不正義の中核をなすものである。だからこそ、〔くじ引きのような〕非合理性は、それ自体が不正義の源泉のひとつとなるのである。しかもそれは、どのようなシステムであろうと、私たちがいついかなるときにもそれから身を離しているというわけにはいかないような不正義である——とりわけ、くじ引きの場合のように、それによって平和や平静といった利益がもたらされる場合においてはそうである。

くじ引きは、一見して公正であるかのようでありながら、実はきわめて宿命論的である。というのも、くじ引きは、熟議および投票にともなう不確実さを迂回するからである。それにまた、重要な対象を分配すべき際には、ひとはくじ引きを好まないようにも思われる。くじ引きは巨視的《マクロ》には正義をもたらそうとするが、しかし純粋な偶然性〔によって決定すること〕は、こうした目的のためにはあまりにも非合理的だという印象を与えるのである。個々人〔の事情〕に対してかくも無関心であるような手続きは、納得のいくものとはなりえない(47)。くじ引きは、また、典型的には一発勝負であり、この点において民主的統治の継続的な手続きとは対極にある。くじ引きが実際のところ体現するのは、手続きに対する過剰で思慮を欠いた従属が、最悪の場合、いかに大きな不正をつくり出すかということである。代表制民主主義の手続きは、必ずしもそのようになるわけではない。その手続きは、思慮深くあることや熟議することを、私たちに強いることができるし、そうすることによって、純粋な手続き上の公正さに侵入してくるかもしれない恣意性を、正義それ自体の中に存在する不正義を、防止することを可能にするのである。とはいえ、きちんと制定され、公正に実施されている法律であっても、私たちの不正義の感情の数々を生んでいる。〔しかしあくまでも〕そうした法律は、〔私たちが甘受するべき〕不運ではなく、〔思慮深さや熟議を経てもなお〕私たちには回避しえない不正義、もしくは私たちが回避しないだろう不正義なのである。

私たちは、どこまで諦めてそうした不正義を受け入れるべきなのだろうか。あなたたちはあらゆる事実を知っているわけでもなければ、公的経験をもっているのでもなく、加えて当選した政治家や任命された役人ほど視野が広いわけでもない――このように言い立てる人々に、私たちは果たして耳を貸すべきなのだろうか。あなたたちは、自分では不正義にさらされていると思っているが、実はたんに不運の被害者にすぎないのだ、という公式の物語を受け入れるべきだろうか。すべての公職者は、ある一点において似ている。それは、自分たちが〔市民のあいだに〕生み出す憤りに対して、言い訳を山というほど用意しているということである。この言い訳の数々は、あまりによく知られているものなのでわざわざ列挙する必要もないが、よくあるところでは、状況のせいにしたり、不可避的なミスであったと言い繕ったり、はたまた、たんに責任を転嫁したり、といったものである。公職者たちが、自分が直接的または受動的に責任を負っている不正義に目を向けなければならないときには、〔こうした不正義が存在するのは〕やむをえなかったのだという言い分が、彼らをあらゆる方向から防御してくれる。公職者のくだくだしい言い逃れの数々のなかに露呈されているのは、彼らの道徳も、言い回しも、味気ないほどにひとしなみであるということである。〔それぞれの社会によって道徳の基準は異なるとする〕道徳的相対主義を気にかけすぎているひとたちは、このこと〔すなわち、公職者たちが口を揃えて同じ言い逃れをするということ〕についてよくよく考えてみるとよいだろう[*11]。というのも、〔皆が同じ言い訳をするという点で〕合意《アグリーメント》がどれほどにあろうとも、〔彼らのうちの〕誰ひとりの不正も不正でなくなりはしないからである。〔しかし〕いずれにしても、アメリカでは、市民たちは、そもそもどの〔道徳的〕原理を選ぶかという段において意見《ディサグリー》を戦わせることは多くはなく、むしろ個々の事例で何をなすべきかについての政治的決定をする段になってようやく意見を戦わせるということになりがちであるし、実際これまで常にそうだったのである。

私たちは、あまりにも簡単に諦めているのだろうか。膠着状態、意見の食い違い、目的の不一致《ダイバーシティ》、脇道への脱線といったものは、すべて自由の結果であり、そのすべては無関心、宿命論、受動的不正義を引き起こすこともあるし、実際に引き起こしてきた。「そもそも人生とは不公正《アンフェア》なものだ」、私たちはそう言って、苦痛のより少ない何かについて思いをめぐらせる。だが、それでよいのだろうか。やむをえないのはどの程度までであって、どこからが人間の選択や主体性による不正義なのだろうか。どのような場合に私たちは不正義の感覚に対して自由な表現を与えるべきで、どのような場合におとなしくそれに蓋をするべきなのか。何が不運《バッド・ラック》であり、何が不正なのか。本書における私の目的は、これらの事柄のあいだに一線を引くことではなかった。なぜなら、本書の主張とは、そうした一線は一般的ないし抽象的な仕方では引くことができない、というものだったからである。〔本書の主張は〕むしろ、私たちの決定は、それがどのようなものだろうとも、被害者の視点を十分に考慮し、彼女の声に十分な重みを与えない限りは、不正なものとなるだろう〔というものである〕。その水準にわずかであれ届いていない場合、決定は、たんに不公正なものであるというにとどまらず、政治的に危険なものともなる。民主主義の市民は、耐えやすさにおいて最良の決定を下す最も適した立場にあるが、しかし、人間がつくり出す不正義がいかに広大で、多様性に富み、そして持続的であるかを踏まえるなら、決していつも耐えうる決定を下しているわけではないのである。

訳註

＊1　「復讐」、「復仇」、「仇討ち」、「報復」、「応報」、「血の復讐」、それぞれの原語については、「はじめに」の訳註4を参照。

＊2　アイスキュロス作、久保正彰訳「コエーポロイ——供養するものたち」『ギリシア悲劇全集』（第一巻）、岩波書店、一九九〇年。ただし、オレステスによる仇討ちに至るまでのアポロン神の教唆については、その多くが『コエポロイ』の続編『エウメニデス』において回顧的に語られている。

＊3　アイスキュロス作、橋本隆夫訳「エウメニデス——恵み深い女神たち」『ギリシア悲劇全集』（第一巻）、岩波書店、一九九〇年。第二章の訳註9でも触れたとおり、『エウメニデス（慈しみの女神たち）』は、「オレステイア」三部作と呼ばれるアイスキュロスの悲劇三編の第三作にあたる。三部作は、以下のような筋立てで展開する。トロイア戦争におけるギリシア側の総大将アルゴス王アガメムノンは、遠征の船出に先立って、女神アルテミスへと捧げる人身御供として実の娘を殺害する。だが、娘の死を怨む王妃クリュタイメストラは、凱旋帰国した夫アガメムノンを、王の従弟アイギストスと共謀して暗殺する（『アガメムノン』）。その八年後、アガメムノンの息子オレステスは、姉との協力のもと、母クリュタイメストラを、王位にあるアイギストスもろとも殺害して、仇討ちを果たす（『コエポロイ』）。悲願を遂げたオレステスであったが、しかし今度は、血を分けた母の殺害を許さない復讐の女神エリニュス（複数形エリニュエス）によって追い立てられる。そこに介入したのが、正義の女神アテネである。彼女は、アテナイのアレイオス・パゴスの法廷において裁判を開催し、オレステスに無罪の裁決を下す。これに憤るエリニュスに対しては、アテネは彼女たちをアテナイの国土の守り手として招き入れることを提案する。提案を受け入れた復讐の女神たちが、その怒りを鎮め、慈しみの女神エウメニデスへと転身することをもって、物語は終結を迎える（『エウメニデス』）。母子の家族《オイコス》的絆の侵犯に対して復讐しようとする女神たちの、国家《ポリス》的な女神へのこうした変貌は、しばしば血縁的共同体の法的共同体への発展を象徴するものとして解釈される。小野紀明『西洋政治思想史講義——精神史的考察』岩波書店、二〇一五年、三二一—三三五頁、参照。

*4　シェイクスピア『ハムレット』において、暗殺された父の亡霊から仇討ちを命じられたハムレットが叫ぶ、以下の台詞を参照。「この世の箍《たが》が外れてしまった。なんという因果だ、俺が生まれてきたのは、それを正すためだったのか！(The time is out of joint, O cursed spite, that ever I was born to set it right!)」(シェイクスピア作、河合祥一郎訳『新訳　ハムレット』角川文庫、二〇〇三年、第一幕第五場)。

*5　ディケンズ作、加賀山卓朗訳『二都物語』新潮文庫、二〇一四年。池央耿訳『二都物語』(上・下)、光文社古典新訳文庫、二〇一六年。

*6　クライスト作、吉田次郎訳『ミヒャエル・コールハースの運命――或る古記録より』岩波文庫、一九四一年。佐藤恵三訳「ミヒァエル・コールハース」『クライスト全集』(第一巻)、沖積舎、一九九八年。E・L・ドクトロウ作、邦高忠二訳『ラグタイム』ハヤカワ文庫NV、一九九八年。

*7　《不正義》が《最後の審判》における地獄を視ているのに対して、《正義》が同じ絵の中の天国を視ているなら、両者は完璧な対称をなすはずである。ところが、《正義》は、そもそも《最後の審判》の天国と地獄のいずれにも目を向けていない。シュクラーはこれを、このふたつの概念の非対称的な仕方での異なり方を図像的に提示するものとして解釈する。

*8　原註39からも示唆されるように、シュクラーは、「社会的意味」という概念をおそらくウォルツァーの『正義の領分』での議論を念頭において用いている。ウォルツァーによれば、財の分配の正しさは、各社会によって異なる。というのも、財とはその価値を個人によって決められるものではありえず、社会という集団によって決められるほかないものだからである。それゆえ、彼は、財の価値およびその分配の正しさは「社会的意味」によって決定されるとする。「財の動きを決定するのは、財の意味である。配分に関する基準と取り決めは、財それ自体に本来備わっているのではなくて、社会的な財に備わっているものである。〔……〕すべての配分は、問題となっている財の社会的な意味との関連で、正しい関係にあるか、不正な関係にあるかである」(邦訳、二七頁)。ウォルツァー自身は、この「社会的意味」を、たんなる「正当化の原理」ではなく、――中世キリスト教徒が聖職の「社会的意味」に基づいて聖職売買を批判したように――「批判の原理」になりうるものとして理解しているが(邦訳、二八頁)、

シュクラーはここでは「社会的意味」をたんに「抑圧的」なものとしてのみ捉えているようである。

＊9　「ジョンソン博士」とは、一八世紀イギリスの文豪サミュエル・ジョンソン（一七〇九―八四）の呼称。本二行連は、オリヴァー・ゴールドスミスの長詩『旅人（*The Travellers*）』（一七六四年）に含まれるジョンソン執筆部分のうちの二行である。

＊10　ここでいうアメリカの参加民主主義者としてシュクラーがどういった論者を念頭においているかは、はっきりしない。また、原文は、読み方によっては、「アメリカの参加民主主義者が主張するように、参加は私たちの神経症を治してくれるものではないかもしれない」とも訳せるが、この段落の前半ではルソーの民主主義の理想と現代アメリカでの民主主義論がかけ離れていることが一貫して述べられているものと捉えて、現行のように訳出した。

＊11　ここでいう「道徳的相対主義」は、それぞれの社会によって正義のあり方が異なるとする立場を指すものと思われる。本書と同時期の論文「恐怖のリベラリズム」（一九八九年）において、シュクラーは、ウォルツァーに代表される「相対主義」の立場をつぎのように説明する。すなわち「ある人民にとっては疎遠であるけれども、偏りのない一般性を自称する基準によって、引き継がれてきた習慣を裁くのは、偏りがあるだけではなく誤った原理を尊大に押しつけることなのだと言われる。というのも、万人に妥当する社会的な禁止事項や規則といったものは存在せず、したがって、社会批判をおこなう者の仕事はせいぜい、社会に内在する価値を分節表現することにあるからである」（大川正彦訳「恐怖のリベラリズム」『現代思想』二九巻七号、二〇〇一年六月、一三三頁）。これについてシュクラーは、「以上のことはすべて、地方の慣習を相対主義的に擁護する者がわたしたちに信じさせようとするほど、自明なものではけっしてない」と批判している（邦訳、同頁）。

訳者解説

本書『不正義とは何か』は、ジュディス・N・シュクラー(Judith N. Shklar, 1928-1992)の *The Faces of Injustice*, Yale University Press, New Haven and London, 1990 の全訳である。原書は、シュクラーが一九八八年一一月に米イェール大学のロー・スクールで行った伝統あるストーズ講演(Storrs Lectures)に加筆修正を施したものである。第一章の大部分は、原書の出版に一年先立ち『イェール・ロー・ジャーナル』に掲載されていた(Shklar, 1989)。

邦訳のタイトルは、日本の研究で慣例的に用いられている直訳的な『不正義の諸相』や『不正義の相貌』を採用する案、またより親しみやすい表現で『不正義はどのような顔をしているか』や『不正義の別の顔』などとする案もあったが、テーマをより直截に伝えるため、現行のものとした。『不正義とは何か』というタイトルは、不正義の厳密な定義を求める著作であるような印象を与えるかもしれないが、しかし訳者としてはそこに別の意味合いを込めている。すなわち、不運だった、仕方がなかったとされていたことについて、本当のところそれは不正義でもあるのではないか、そもそもこれまでの不正義の捉え方はあまりに一面的で、不正義には別の顔があるのではないか、と次々に問いを重ねていくニュアンスである。その意味で、ここでいう「何か」は、唯一の答えを期待するものではなく、むしろ不正義の複数性(「さまざまな顔《フェイシズ》」)へと視野を開いていくための問いであると理解されたい。

本解説では、訳者三人がそれぞれ一節ずつを担当し、本書の複数の要素についてその特徴や意義に光を当てていく。まずⅠで、シュクラーが本書の不正義というテーマにどのようにしてたどり着いたのか、そして彼女の不正義論とはどういったものなのかについて紹介する(沼尾)。続いてⅡでは、シュクラーの不正義論の現代政治理論における位置づけと意義について検討を加え(松元)、最後にⅢで、本書におけるシュクラーの方法論的特徴とその意義を考察する(川上)。これらは、通してひとつの解説として滞りなく読めるように構成されているが、同時に各節はそれぞれ独立した解題として読むこともできる。

Ⅰ　シュクラーの複数の顔――不正義論への道程と本書の概要

沼尾　恵

シュクラーの諸相

シュクラーは、一般的に「恐怖のリベラリズム(liberalism of fear)」の提唱者として知られている(Shklar, 1998a; シュクラー、2001)。恐怖のリベラリズムとは、シュクラーによれば、「最高善(*summum bonum*)」を目指すユートピア的なリベラリズムではなく、「残酷さ(cruelty)」とそれが生む恐怖、そして苦しみをもたらす恐怖というものを恐れて生きていかなければならないという「最高悪(*summum malum*)」を回避しようとする、いわば「ダメージ・コントロール」を目的とするリベラリズムであり、またすべてのひとが回避したいと思う最高悪を前提にしているがゆえに、普遍的に共有できる、コスモポリタンなリベラリズムである。

このように「恐怖のリベラリズム」の提唱者という顔をもつシュクラーだが、本書でなされているように、不正義とは何かを追究する者という顔ももつ。この節では、シュクラーの「諸相《フェイシズ》」に少しばかり光を当て、不正義論の提唱者としての彼女の顔について考えてみたい。

シュクラーの不正義というテーマへの関心は、どのようにして生まれたのか。他者の心の中のことゆえはかりかねるところはあるが、彼女がどのような流れで不正義というテーマにたどり着いたのか、またそれが彼女の思想のなかにおいてどのような立ち位置を占めていたのかについては、訳者でも窺い知ることができるのではと思っている。

本書の問題関心や議論の萌芽は、一九八六年に刊行された論文集 *Justice and Equality Here and Now*(『いまここにおける正義と平等』)の序論の役割を果たした彼女の論文 'Injustice, Injury, and Inequality: An Introduction'(「不正義、被害、不平等：序論」)にみてとることができる。この論文において、シュクラーは、アメリカにおいて「さまざまな種類の不正義(many types of injustice)」が存在することを指摘しつつ、これまでの政治理論――アリストテレスは例外として――が、正義や分配について扱ってきたようには、不正義を被ったという感覚の原因となる「不公平さや法の侵害」について扱ってきたとはいえない、と述べている(Shklar, 1986: 23, 24)。また、「被害者の声に耳を傾けよ」という彼女の不正義論の要となる議論につながる言及も見受けられる。シュクラーは、「人間(human subject)」の道徳心理学についてもこれまでの政治理論が目を向けてこなかったと言い、私たちは「名もなき群衆の苦境」に直面しても「名のある個人に反応するほど強く反応しない」と指摘している(Shklar,

1986: 15, 27)。

さらに、問題とするべき点についてだけではなく、その解決方法の手掛かりについても、一九八六年の論文と本書とのあいだでは、ある程度の連続性がある。すなわち、この論文においてシュクラーは、「それは公正ではない。それは間違っている」という叫びが放置され続けることは、他の政治体制に比べて代表制民主主義においては可能性が低い、と論じている(Shklar, 1986: 31)。代表制民主主義は、不正義、被害、不平等というものに対して、ゆっくりと、日々ひとつずつ、そしてしばしば失敗を重ねながらではあるが、対処していくのである、と(Shklar, 1986: 32)。

このように'Injustice, Injury, and Inequality'の議論は、本書の議論へと発展していくのだが、そもそもシュクラーは不正義というテーマにどのようにしてたどり着いたのだろうか。ヒントとなるのが、一九八九年に発表された彼女の自伝的な論文'A Life of Learning'(「学びの一生」)である。この論文においてシュクラーは自身の知的軌跡をたどっているのだが、そこで彼女は本書と、一九八四年に出版された本書のひとつ前の著作*Ordinary Vices*(『日常の悪徳』)との関連に言及する。いわく、「裏切り〔という日常の悪徳〕から不正義まではほんの一歩(a short step)である」、と(Shklar, 1996: 277)。これはどういうことだろうか。

『日常の悪徳』では、一六世紀フランスの哲学者モンテーニュに倣い、彼女はわれわれの悪徳に、それもごくありふれた日常的な悪徳に注目し、特に「残酷さ」や「裏切り」というものを取り上げている。そして、残酷さというものを政治理論がまず扱うべき問題としたとき、すなわち「残酷さを最初に考えたとき(putting cruelty first)」、どのような政治理論ができるのだろうか、と問うのである

(Shklar, 1996: 277)。これは、残酷さを最高悪と捉える「恐怖のリベラリズム」である。その他の悪徳は、残酷さと比較したとき格下のものになるのだが、シュクラーは『日常の悪徳』では、平凡な悪徳のなかでも特に裏切りというものが、いかにして残酷さを増大させる傾向があるのか検討したという。そしてこの裏切りという概念から不正義というテーマまでは「目と鼻の先(a short step)」だったのである。

裏切りと不正義というテーマが隣り合っているとして、しかし、これは何を意味するのだろうか。裏切りと不正義とはどのような関係にあるのか。本書の書評を書いたナンネル・O・コハーンは、シュクラーが不正義を日常的で平凡な悪徳と同じレベルのものとして位置づけようとしていたのだと指摘している(Keohane, 1991)。シュクラーの政治理論を網羅的に扱った *The Political Thought of Judith N. Shklar* の著者アンドレイアス・ヘスも、『日常の悪徳』において不正義が、その平凡でありふれた性質上、テーマとして扱われてもよかったはずなのだが、シュクラーが不正義というテーマがあまりにも大きく複雑なものであるのをあたかも予知し、あえて扱わなかったようだと評している(Hess, 2014: 162)。

実際、シュクラーのなかで裏切りと不正義がありふれた悪徳としてどれほど近いのかは、前著と本書のそれぞれにおいて引かれる諸例からも窺えよう。『日常の悪徳』では、裏切りの「両義性」について触れつつ、その両義性のひとつの意味が、われわれを深く傷つけるものでありながらもその原因と結果においては些細なものでありうることだと述べている(Shklar, 1984: 6)。また、裏切りの定義として、辞書を参照しながら、「ひとの希望や期待に背いてがっかりさせる」という意味があることを指摘する。こうしたことの例として「相手にとって大事な約束を破る」ことも含むべきだとシュクラーは言い、改めて裏切りがどれだけありふれた悪徳かを指摘している(Shklar, 1984: 139)。他方、本書の「はじめに」からは、つぎの一文を思い出されたい。すなわち「だからこそ、無償の約束ないしは気軽な約束——たとえば、我が子をサーカスに連れていってあげるという約束——を破ることは、それに対する子どもの反応や、それが子どもの性格に与える影響という尺度で測るのであれば、たしかに不正な行為でありうるのだ。それがいかに、不偏不党の観察者からすると、どのような親でもうっかりやってしまう小さなミスのように見えたとしても、である」(一八—一九頁)。このように本書でも『日常の悪徳』でいう裏切り行為が不正行為になりうるとしている。ディケンズの小説『ピクウィック・ペーパーズ』のバーデル夫人についても、彼女が「裏切られたという気持ち」および「不正義を被ったという感覚」を得たということをもって、被害者として捉える余地があるのではないかとシュクラーは考えるのである。

しかし、このように裏切りと不正義が概念として近いからといって、裏切りをテーマとして扱ったシュクラーが、不正義をつぎなる研究テーマにする必然性はないともいえる。この文脈で興味深いことに、シュクラーは'A Life of Learning'で不正義というテーマを扱っていることを述べたつぎの段落で、まさに「テーマ選び」ということに話を移す(Shklar, 1996: 278)。シュクラーはつぎのように問いを立てる。「何が研究者にある研究テーマを選ばせ、また時間とともに関心を変えさせるのか」。彼女は自身のことについてはいったん脇に置きつつ、政治理論家一般についていうなら、テーマ選択には外的要因と内的要因の交錯があるのではないかと推測している。そのうえで、自身については、誤っていると思われる理論に対するのみならず、流行りの理論に対しての反発の衝動があったと振り返る。型にはまりたくないということがシュクラーにとっての内的な要因だとすると、外的な要因は何だったのだろうか。

もちろん、さきほど見た論文'Injustice, Injury, and Inequality'におけるように、折しも当時ジョン・ロールズの『正義論』を発端に正義論が流行っていたという状況があり、そうした流行りの理論が具体的な外的要因になり、型にはまりたくないというシュクラーの内なる衝動を刺激し、それに対して彼女がものを申したという見方がまずはできるだろう。実際、シュクラーにとって不正義というテーマはライフワークとまではいえないと思わざるをえない局面もある。一九九二年にケンブリッジ大学のクェンティン・スキナーに宛てた手紙において、シュクラーは自身が行う予定であったシーリー講演(Seeley Lectures)のテーマについて述べているのだが、そこで当時のロサンゼルスの暴動に言及しつつ、つぎのように記している。「ということで、人権や不正義について何かいわなければならないだろうけれど、現在の私の主要な関心事ではない」と(Skinner, 2019: 264)。つまり、シュクラー自身、不正義から別のテーマに——政治的責務、忠誠、亡命というテーマに——関心が移っていたのであったが、リアルタイムで起きていた問題に言及しないわけにもいかないというプレッシャーから、ふたたび不正義について話さなければならないと感じていたようなのである。もちろん、この新しい別のテーマが、不正義と完全に無縁かといえば決してそうではなく、彼女は第二次世界大戦中に収容所へ送られた日系アメリカ人のことを念頭に、論文'Obligation, Loyalty, Exile'(「責務、忠誠、亡命」)において「不正義は政治的責務を帳消しにし、忠誠心をも弱める」と述べている(Shklar, 1998b: 55)。

では、正義論の流行のほかには、外的要因はなかったのだろうか。それについては、またしても本書のなかに手掛かりがあると思われる。シュクラーは、「実際のところ本書は、アメリカについての話である」(一〇頁)と語っている。不正義について語る際、己の国に指差すのが筋であるという理由だけではなく、彼女自身が最もよく知っている国だからという理由をシュクラーは挙げる。本書は彼女のつぎの著作*American Citizenship*(『アメリカン・シティズンシップ』)と同じように、アメリカのシティズンシップ論であるともいえる。しかし、シュクラーも初めからアメリカに関心があったわけではない。

実は、彼女がアメリカの政治理論や思想史に関心をもち精通するようになったのは、たまたま一九七七年以降、ハーバード大学でアメリカ政治理論の授業をもつことになり、「本好き(bookworm)」の彼女はこの事情に迫られてこの分野についての文献を読み込んだことによる(Shklar, 1996: 277)。こうしてアメリカの政治理論に関心をもつことによって、彼女はアメリカにおける自由主義と奴隷制などの共存という矛盾とそこから生まれる残酷さや不正義への関心を研ぎ澄ましていったと考えられる(Gatta, 2018: 33)。つまり、シュクラーをアメリカへと導いた力に、彼女を不正義論へと向かわせた外的・偶然的な要因をみてとることができるのである。

このようにシュクラーの不正義への転向は、偶然によって形成されていった側面があるといえよう。ただ、内面的な側面にもう少しクローズアップする価値があると思われる。ヘスが指摘していることだが、彼女は不正を見て見ぬふりをすることはできず、不正に対して常に声をあげていくタイプであった(Hess, 2014: 96–97)。たとえば、彼女は一九七二年にハーバード大学の教養学部の学部長に宛てて手紙を出し、研究実績で評価されているにもかかわらず授業準備に忙殺される若手教員の実情について訴えている。なかなかテニュア教員になれず、子育てをしながら教えつつさらに業績を出すというスーパーウーマン的な教員生活を経験してきたシュクラーだが、こうした経験が自身に何かよい影響を与えたかというと、彼女はそれを否定している(Shklar, 1996: 270)。こうしたことを踏まえると、これは彼女の不正を見過ごすことができない正義感ならぬ「不正義感」を物語るエピソードであるといえるのではないだろうか。

またシュクラーは、自分とは反対の立場のひとであろうと自分の思うところを語らせる――すなわち不正を被ったと思っているひとに発言させることに通ずる――ことの重要性について、みずからが実践していた。たとえば、一九八二年、妊娠中絶反対派がプリンストン大学の女性センターへ立ち入ることを禁止しようとしていたある歴史家に対して、シュクラーは以下のように応酬している。彼女自身は中絶を女性の権利として認めることを支持しているものの、「こうした〔中絶反対の〕意見に耳を傾けることは知的義務」であると同時に、女性全体に関わる事柄について「誰かひとりのひとが女性全体を代表することができるのか」という問題と絡むというのである。「Xは私を代表することができるかもしれないし、あるいはできないかもしれないが、関連するすべてのことを熟考して論じなければXが誰を代弁しているのかを確かめることもできない。疑わしい場合には、その問いに対する答えはXやXの友人だけになる」のである(Gatta, 2018: 30)。シュクラーの考えでは、ひとには、特に被害者には、みずからに関わることについて、あるいは、みずからの境遇について、みずから語らせなければならないのである。

こうして見ると、シュクラーが不正義というテーマにたどり着いたのは偶然的な要素もあったことは間違いないが、同時に彼女がそれを語るべくして語るように至ったという必然的な要素もあったといえるのではないだろうか。

シュクラーの不正義論の概要

ここまで、不正義論の提唱者としてのシュクラーの顔を見てきたが、続けて本書におけるシュクラーの不正義論の要点を簡単に確認しておきたい。

本書は、「はじめに」(序章)と三つの章から成っている。第一章は、正義ではなく不正義という概念に注目することの意義について、続く第二章は、ある災禍が不運によるものなのか、それとも不正によるものなのかを、どのように評価すればよいのかについて論じており、最後の第三章は、不正の被害者であるという不正義の感覚を政治過程に取り込んでいくことの重要性について論じている。では、それぞれの章の議論をより詳しく見ていこう。

まず「はじめに」においてシュクラーは、ある災難がどのような場合不運になり、どのような場合不正義になるのか読者に問いかける。この答えは、一見、明快に見えて、実はそうでもない。たとえば、どの立場から物事を見るのかによって、この答えは変わってくるからである。被害者とそうではないひとととのあいだでは、物事の見え方や捉え方は大きく異なるものである。後者は「仕方がない」と言う傾向がある一方、前者はこうした説明はなかなか受け入れられず、責任の所在を突き止めようとするものである。このように不運と不正義とを区別しようとしても、一筋縄ではいかない。こうした「単純で揺るぎない」基準の不在は、シュクラーによれば、不正義について改めて考えようとするきっかけになるのである。

大地震のように天災と考えられる不運でも、腐敗を原因とした人災、すなわち積極的・能動的な不正義という側面も往々にしてもつことがあり、被害者はこうした不正に対して怒りをぶつけるものである。こうして被害者の視点を重視することで見えてくるものがあるのだが、被害者の訴えも必ずしも正しいとは限らない。しかし、シュクラーによれば、われわれがこうした訴えをすることで、役人や市民による受動的な不正義を未然に防ぐことにつながるのである。

このようなある意味安定しない被害者の視点を欠くのが、まさにシュクラーが「準司法的道徳構想」と呼ぶ現代の正義論である。現代の正義論は、不正義を「何らかの既知の法的ないし倫理的なルール」を破るものと考え、不運と不正義とのあいだに明確な線を引くことができると考える。シュクラーはこうした視点が、受動的な不正義や、被害者が感じる不正義の感覚を無視するものであるという。このような準司法的な道徳の限界に向き合って、それを克服しようとするなら、不運と不正義とのあいだの線引きが難しくなるかもしれないが、同時に、一枚岩ではない不正義のさまざまな側面を見る手助けになる、とシュクラーは訴えるのである。

では、続いて第一章の議論を見ていこう。「はじめに」では、従来の正義論が被害者の視点を欠いていることが指摘された。シュクラーは、日常においてわれわれが、「これは正しい」と言うより「これは不正だ」と言うことのほうが多いことに注目し、なぜこれまで哲学者たちが不正義について考えてこなかったのかと問う。この問いに対してシュクラー自身答えを持ち合わせているわけではないとするが、これをわれわれの「思考のひとつの欠落」とし、この欠落を補う意味で不正義に焦点を当てる。ことに、不正義をたんに正しくないこととするアリストテレス由来の考え方にシュクラーは疑問を呈する。このアリストテレス的な考え方こそ、彼女が正義の「通常モデル」と呼ぶものである。ただし、シュクラーは、正義の通常モデル自体を批判するというよりは、そのモデルの不正義に対する見方の不十分さを指摘するのである。

シュクラーは、プラトン、アウグスティヌス、モンテーニュなど古典的な懐疑主義者を取り上げ、ひとがいかに無知であるか、そして不正義は無知から生み出されているという彼らの主張に注目する。こうした観点から新たな問題が出てくるのであり、その問題とは、つぎのようなものである。ひとが無知であるなら、そしてその結果不正を働く者になっているとしたら、彼らも被害者と考えることはできないだろうか、と。そうだとすれば、不正義の被害者とは本当のところ誰なのか、という問題である。たとえばプラトンのモデルでは、不正を働く者はみずからに対して不正義を犯しているということもできる。またアウグスティヌスの思想からは、本来政治的な不正義の被害者である奴隷が、不正を働く者より誘惑が少なく天国に行きやすいという意味で、被害者というより勝者にすらなりうる。被害者であるという主張は、また多分に主観的な要素を含み、この観点からも被害者を特定するのは一筋縄ではいかないのである。

被害者を特定することの困難と不正義の蔓延について見たうえで、シュクラーはつぎにこの蔓延がいかにして起きているのかに主眼を置く。シュクラーによれば、不正義の蔓延は正義への積極的・能動的な侵害だけではなく、不正義の被害者を周りのひとが傍観するという受動的なものもある。キケロにまで遡るこの受動的不正義という概念は、市民性に関わる問題であり、民主主義において市民が「私的ないし公的な不正行為を阻止し損ねる」ことを指す。間違ったおつりを渡されたひとを助けようとしない買い物客の例のように、受動的な不正義はありふれたものであり、不正義がなくならないひとつの理由でもある。受動的不正義は市民だけではなく統治者や役人によっても行われる。

政治理論は、正義のこうしたさまざまな側面を認め、ことに不正義の感覚にしっかり目を向けるべきである。個々人の経験である不正義の感覚は民主主義において不可欠なのである。こうした結果、政治理論は不運や不正義の区別をめぐる問題を解決するというよりは疑問をもっと生む可能性もあるのだが、それは不備と考える必要はないとシュクラーは考えるのである。少なくとも正義にしか目を向けないということはせず、不正義と向き合う姿勢が大事なのである。

第二章はそのタイトルのごとく、まさに不運と不正義の区別の問題そのものにいよいよ取り組む。シュクラーはまず「近代」の誕生の契機として一七五五年のリスボン大地震を紹介するのだが、それは神がなぜこのようなことを許すのかということが広く一般的に議論される最後の機会だったからであり、それ以降は神ではなく、自然もしくは人間の責任を追及する流れになったからである。ルソーやカントなどの哲学者はまさにこうした知的な潮流をつくった。

それでは神なき時代においては誰が災禍の責任を負うのか、とシュクラーは問う。第一章で見てきたように、われわれは被害者にも加害者にもなりうるのであり、そのため簡単な答えを見つけることはできない。そもそもひとは心理的に責任の所在を求めるものであり、これはたとえば自責の念やスケープゴートというかたちで表に出てくる。すべてがでたらめに生じる意味のない世界より、不正が蔓延る世界のほうがわれわれには耐えられるからである。そして、われわれの責めの標的になるのは、たいてい政府である。技術の進歩が目覚ましい今日においては、自然災害などはコントロールできるという期待が強く、政府が失敗するとき、不正が行われたとわれわれは感じるのである。シュクラーは、政府を責めようとするわれわれの衝動が必ずしもフェアで合理的ではないことを指摘しながらも、同時にわれわれが不正を被っていないか確認する意味で、また政府が無頓着にならないためにも、政府の責任を追及する本能は非合理的とは言い切れない、という。

多くの災害をコントロールできるようになった今日において、不運ということはありうるのか。女性であることや飢餓というものはかつて「不運」といえたかもしれないし、避けられないこともあったかもしれないが、今日において状況が変わってきているなかで、女性の置かれている現状や、飢餓が起こるということは不正義の部類に入ってくる、とシュクラーは考える。この意味で、望ましい選択肢がそもそも存在しないような「悲劇」は稀なのである。政治や経済の分野において、しばしばある政策やある展開が「必然」であったという主張がなされるが、これは本当のところ悲劇ではない。抗えない「見えざる手」は不運をもたらすかもしれないが、不正義はもたらさない、と主張するひとがいるかもしれないが、被害者の声に耳を傾ければ事態を違った角度から見ることができる。たとえば、役人ができることがあるのに、その状況を改善できる手立てがあるのに、改善する努力をしないことは不正を働くことを意味する。被害者の声を聞くことによって不運と不正義の区別を明確にできるとは限らないが、少なくとも受動的な不正義を行う可能性は減らすことができ、またそれは民主主義的精神に適っている、とシュクラーはいうのである。

最後の章である第三章では、シュクラーはこれまでの議論でも紹介されてきた、被害者が抱く不正義の感覚について解説する。不正義の感覚とは、われわれの正当な分け前が与えられていないときに感じる怒りである。またこの感覚は、自分だけではなく他のひとが不正の被害者になっているときにも刺激され、その意味で政治的な感覚なのである。

不正義の感覚はこれまで政治思想において大きな役割を果たしてこなかったが、民主主義的な思考においては不正に対する適切な反応である。平等を重視する民主主義においても格差は存在するものだが、シュクラーによれば、立憲民主主義は不正義の感覚に最も敏感に応じる体制なのである。期待を裏切られたときにわれわれは不正を疑うのだが、こうした期待をもつことが正当かどうか、明確な答えが出せない以上、被害者であるというひとの声をまず聞かなければ、その事態が不運なのか不正義なのかそもそも見極めることができない。こうしたことが成立するためには、決して超人的な能力を要するわけではなく、民主主義は、市民が概して不正を被っているということを理解できるものであるとさえ主張すればよいのである。

しかし、民主主義がわれわれの不満を解消し、不正をなくすと考えるのも楽観的すぎる、とシュクラーは忠告する。不正義の感覚は法的なプロセスによって問題解決を図るというよりは相手とあいこになること、復讐することを求める感覚でもある。そのため政治によって社会に正義がもたらされても、復讐から得られるような充足感を得ることができないのである。このようにシュクラーは、正義の実現から得られる喜びと不正があると感じるときの憤りとでは温度差があり、心理的に正義と不正義が比例しているとはいえないし、単にコインの裏表をなすものでもないと指摘する。

この差はまさにジョットが描く《正義》の擬人像に象徴されている。《正義》の擬人像は正しくはあっても物足りなさが残る。市民が楽しく遊んでいる様子は窺えるものの、彼ら・彼女らには何の政治的な役割も与えられていない。正義は、統治者の手にのみ全面的に委ねられているのである。シュクラーによれば、こうした体制は究極的には停滞的になる。民主主義はその逆に、被害者の声に耳を傾け、苛立たしいほどゆっくりとしか行動しないかもしれないが、変化をもたらす可能性を秘めている。停滞的な体制は、われわれが体制とは異なった期待を表現できないという意味でわれわれの可能性を閉ざすものであり、政治的平等が保障されていない限りで不正なのである。このように正義が実現されていても不満が残ることがありうる。

また、正義は概して抽象的であるのに対して、不正義は具体的で、かつ個人的である。個人的であるがゆえに、われわれは社会に存在する抽象的な不正を甘受する傾向がある、とシュクラーは指摘する。これは政治に対する期待が低いことに起因するのかもしれないが、疑いと信頼とのバランスをとる必要がある。また個々人の訴えだけでは、それがそのまま不正義についての公共の哲学となりうるわけではない。

最後にシュクラーは、不正義の感覚が哲学的な正義論の文脈においてどのような位置を占めてきたのかを検討する。アリストテレスの哲学において、不正義はそもそも噴出しないように中和されている。富者と貧者の感じる不公平感を中産階級の増大によってなくそうというものである。しかし、被害者の声が聞かれなくなるこうしたモデルは望ましくない、とシュクラーは反論する。同時に、今日の民主主義も時としては、より完全な民主主義を目指し、市民そのものをつくり変えようと求める点でパターナリズムに陥り、結果、われわれの不正義の感覚を刺激することもある。これに対して、ルソーに代表されるような、同意を得続ける努力という考え方があり、これは民主主義的であると評価できる一方、不正義の感覚を完全に解消できると考えるべきではない。民主主義的な体制でも絶対ではない。たしかなのは、被害者の声を聞かないことは「たんに不公正なものであるというにとどまらず、政治的に危険なものともなる」(二二八頁)とシュクラーは警鐘を鳴らすのである。

以上のように、シュクラーは、たんに正義の反対語として不正義を見るのではなく、不正義それ自体として考察するようわれわれに強く訴えている。不正義とは何か、不正義はいかにありふれているのか、不正義と不運とのあいだの線引きはいかにして可能なのか、不正義の被害者とは誰なのか、また不正義の被害者の声をなぜ聞かなければならないのか。こうした疑問に対して、彼女は真摯に向き合う。このようにして、シュクラーは、われわれに不正義について考えるための枠組みを提供するのである。

それでは次節以下で、このシュクラーの不正義論の現代的意義および方法論的特徴について見ていこう。

Ⅱ　現代正義論とシュクラー

前節で触れたように、本書は従来型の正義論に対する批判的観点から書かれている。ここでいう

松元雅和

「正義論」とは、ロールズ『正義論』を現代版の一里塚として、古代から現代まで連綿と続いてきた倫理学・法哲学・政治哲学の一大ジャンルである。本書は、その表題が端的に示すように、正義について考えることよりも不正義について考えることをわれわれに促している。それでは、不正義論とはいったい何であり、従来の正義論とどのような関係にあるのか。ここでは、シュクラーの議論をより一般的に捉えなおしながら、その意義や独自性について考えてみたい。

通常モデルとその批判

本書でシュクラーが批判の出発点にするのは、正義の「通常モデル」である。このモデルによれば、正義と不正義はコインの裏表の関係にあり、正義が達成されれば不正義は単純に駆逐され、逆に「正義による抑制なきところ、〔必ずや〕不正義が君臨する」(三四頁)。正義の通常モデルにおいて、不正でないものは単なる不運にすぎず、本人も他人も含めて、誰に対しても責任を問えない事象として片づけられる。特に、そこで正義の範型となっているのは、社会活動において生じるさまざまな便益や負担について考える分配的正義、シュクラーの用語では「基本的正義」の問題である(三三頁以下)。

たまたまの巡りあわせで、地震や火災などの災厄に巻き込まれたとしよう。不運の被害者はその状況をただ甘受するほかない。しかしなお、こうした人々は不正義の感覚を抱く。シュクラーが強調するように、この感覚は主観的に、まずもって被害者によって半ば言語化されない直観として受け止められる。もっと砕けていえば、一種のわだかまりである。通常モデルに照らせば、それは不正でも何でもないはずである。しかし、「いかなる正義論ないし不正義論も、不正義を被っているという主観的な感覚や、私たちに復讐を叫び求めさせる感情を考慮しない限りは、不十分なままなのである」(九〇―九一頁)。

不正義の感覚はつぎのような再考をわれわれに迫る。第一に、不運が実は不運ではなく、誰かに責任を帰すべき不正であったのかもしれない。この場合、通常モデルのなかで不運の領域から不正の領域へと新たな線引きが求められるだろう。第二に、不運であるだけでなく、不正でもあったのかもしれない。不運が同時に不正でもあるということは、それが不運であることを否定しているわけではない。このように主張することは、不運か不正かの二分法を前提とするならば、ややトリッキーではある。ともあれ、ここでいわれていることは、不運と不正の区別は決して固定的ではなく、時代や解釈によってかなり柔軟に変化しうるということだ。

不運に見舞われた被害者が抱く不正義の感覚は、ともすればやり場のない主観的なわだかまりをただ八つ当たり的に周囲に向けているにすぎないように見える。しかしそう見える理由は、通常モデルにおける正義・不正義の主題が狭すぎるからである。通常モデルにおいては不正ではないが、不正義の感覚に照らせば不正であるような事柄がある。もしそうだとすれば、正義の実現と不正義の除去を単純に等置することはできなくなる。「ほとんどの不正義は、法のシステムが実効性をもって機能している安定した政治体の枠組みの中で、平時において、絶え間なく起こるものである」(三六頁)。

こうした問題意識は、別の著作で展開された彼女のリーガリズム批判とも通底する(シュクラー、2000)。リーガリズムとは、確立された法的ルールを個々の状況に適用することによって正義が達せられるとする考え方である。しかしながら、法的ルール一般が係争者から離れて非党派的・中立的・

客観的に事態を判定できるという想定それ自体が、実際にはひとつの政治的イデオロギーとして機能する。本書でも、たとえば道徳の「準司法的道徳構想」批判(一四頁)のなかに、リーガリズム批判との共通点を見いだすことができる。

不運に見舞われた被害者の声は決してゆえないものではない。なぜならそこにも、何らかの救済の余地があるはずだったからである。不正義の感覚は、こうした不運の現場に立ち会って、何かができるのに何もしなかった人々に対して向けられる。たしかに、こうした受動的な人々が、それだけで法的に罰せられるべきだというわけではない。しかし、不法であることと不正であることは同一ではない。それでは、不運であると同時に不正であるという不正義の感覚に対して、人々はどのように応答すべきか。ここで注目された不正義の感覚と対をなすのが、受動的不正義という観念である。

受動的不正義とは何か

シュクラーによれば、被害者が抱く不正義の感覚の裏面には、他者の行動に対する暗黙のあるいは公然の期待がある。ふつうの意味で不正義を犯さないとは、法的ルールを遵守することである。しかし、ルールによって救済されない被害者が生じた場合、それ以上の手立ては必要ないのだろうか。こうした場合に、被害者の周囲にいる人々は、被害を未然に防止し、あるいは事後的に救済することができるにもかかわらず、そうすることをしばしば怠る。ともすれば、通常モデルはこうした傾向を等閑視するどころか、助長さえするだろう。このように、ルールの遵守以上の積極的な責務を果たさないことが受動的不正義と呼ばれる。

シュクラーはこの観念を古代ローマの哲学者キケロから借りている。当該箇所を引用しておこう。

さて、不正には二種類あって、一つは不正を加える人々に属する不正、もう一つは、不正を加えられている人々からこの不正を退けることができるのに、そうしないでいる人々に属する不正である。〔……〕できるのに不正に対する防御も抵抗もしない人は、いわば、親や友人や祖国を見捨てるのと同様の過ちを犯している。（キケロー、1999: 140［一巻七節］）

それでは、受動的不正義の過ちを克服するとはどういうことだろうか。シュクラーはそれを、民主的シティズンシップによって要請される政治的責務と関連づけている。民主主義社会が市民に提供する同意と異議の機会は、不正義の感覚を解決するわけではないが、それに取り組むための有益な基盤となる。同時にそれは、市民に対して、みずからも時に陥りがちな受動的不正義という「市民的な悪徳」（七九頁）を自覚し、改善するための能力と責任を付与する。それはとりわけ、政治家・公務員・法律家のような、権限や権力に恵まれた人々に対して課せられる。

これは原因をつくった者に責任を帰しているわけではない。もしそうであれば、こうした当事者は通常モデルにおいても不正と認定されることになる。ここではむしろ、直接被害を生み出したわけではないが、なお何事かをなしえたはずの第三者が問題である。「災難を前にした者に、正当化しえないような受動性があったか、それともなかったか、これを判断することを私たちに可能にするのは、被害の原因がどこにあるかではなく、この被害にともなう損害を防いだり軽減したりする可能性があったかどうかである」(一五二頁)。強者と弱者、多数派と少数派、幸運な者と不運な者の克服しがたい非対称性に直面して、能力には責任がともなうのだ。

そこで、受動的不正義を克服すべく、積極的に行動を起こす市民的徳を、——シュクラー自身がそう呼んでいるわけではないが——「能動的正義」と呼んでおこう(Yack, 1996)。正義と不正義は、それが能動的か受動的かに応じて、表のようにまとめられる。一方で通常モデルは、法的ルールを侵害することが不正義をなし(能動的不正義)、逆にそれを遵守することで正義が達成される(受動的正義)とする。他方でシュクラーは、被害者の放置が不正義をなし(受動的不正義)、正義は被害者への応答を要請する(能動的正義)とする。ここでは、それぞれの視点に応じて正義と不正義がたすき掛けのように一対をなしている。

表 正義と不正義の関係

	能動的	受動的
正義	被害者への応答	ルールの遵守
不正義	ルールの侵害	被害者の放置

従来の正義論における類似した観念との異同についても確認しておこう。第一に、作為と不作為の区別がある。一般的に、善行のような作為と無危害のような不作為には異なった道徳的評価が下される。ただし、能動性と作為、受動性と不作為がそのまま一致するわけではない。たとえば、法的ルールはわれわれに対して、定められた範囲で通報や救護のような一定の作為を要請するだろう。にもかかわらず、ここでルールがわれわれに求めているのは、「言われたことを、言われたから、言われたとおりにやる」という意味での受動性である。しかしこれでは、不運な被害者が抱く不正義の感覚を癒すどころか悪化させることにもなりかねない。

第二に、完全義務と不完全義務あるいは超義務の区別がある。完全義務(たとえば無危害)は対応する権利をともなった義務であり、完全義務の不履行は権利侵害に当たる道徳的不正である。それに対して、不完全義務(たとえば善行)および超義務(たとえば自己犠牲)は対応する権利をともなわない義務であり、不完全義務の不履行はある程度の道徳的非難に値するが、超義務の不履行は道徳的非難に値せず、むしろ超義務の履行は道徳的称賛に値する。受動的不正義は、被害者がその是正を法的に要求できるわけではないが、依然として道徳的非難に値する点で、不完全義務の不履行に近いといえよう。

それもひとつの正義論?

正義が達成されるにもかかわらず、あるいは正義が達成されるからこそ、残存する不正義の現象がある。それは既存の正義論では捉えがたいため、別個の問題意識と別個の解決策を必要とする。そこで、本書が批判する通常モデルとシュクラーが提示する代替モデルとのあいだには、以下のような対比を立てることができる。一方で通常モデルは、不正義の根拠としての法的ルールから出発し、正義の施策としてリーガリズムを重視する。他方で代替モデルは、不正義の根拠としての主観的感覚から出発し、正義の施策として民主的シティズンシップを重視する。

本書の眼目は、不正義を「直接的に、それ自体独立した現象として」考察することである(三〇頁)。とはいえ、読者からすれば、不正義が示されれば正義を期待したくなるのも無理はない。通常モデルは、確立された正義からの逸脱として不正義を捉え(正義→不正義)、逆にシュクラーは、不正義の声に耳を傾けることを正義の要諦に据える(不正義→正義)。するとどちらも、その出発点こそ違えども、最終的にポジとしての正義とネガとしての不正義を一対として提示する広義の「正義論」に含まれるべきではないか。

シュクラー流の不正義論の特徴については、既存研究のなかでいくつかの理解が示されている。第一に、正義とは区別される品位《ディーセンシー》の実現を目指す論者との類似性が指摘できるだろう(濱、2008: 五章)。品位を保つことは、それ自体正義の実現に直結するわけではないが、それと並んで追求すべき重要な社会目標である。第二に、ポストモダニズムとの関連を指摘することもできる(ホワイト、1996: 七章)。すなわち、他者性の承認として、被害に対する感受性と応答可能性を高めることが既存の正義を問いなおす契機となる。第三に、構造的不正義や歴史的不正義にかんする議論との親和性も看取される(岡野、2002: 六章)。そこでは、社会の構造的な非対称性のもとで生じる支配や抑圧を主題化することが正義論の中心となる。

あるいは、現代正義論における理想理論と非理想理論の区別を導入することが有益かもしれない(松元、2021)。理想理論が、現実世界の到達目標となるような、完全に正しい社会の輪郭を描き出そうとするのに対して、非理想理論は、現実世界に存在する不正に対処するための方策を提示しようとする。実際、地震や火災といった災厄の被害者に注意を向ける本書の筆致は、非理想状態をこそ正義の主題とする発想と共通する。この点では、「不正義の判断が、しばしば重大な議論の出発点となる」と指摘して、ロールズ流の理想理論に修正を加えようとする経済学者アマルティア・センも想起されるだろう(セン、2011: 2)。

ともあれ、本書を既存の理論範疇に当てはめようとすることには、何かしら窮屈さがともなう。「はじめに」で強調されていたように、本書の基底となっているのは、フランスの思想家モンテーニュに代表される懐疑主義の伝統である。受動的正義であれ能動的正義であれ、「何事かが達成された」という主張に対して、「まだ達せられていない」と絶えず注意喚起される。認知的限界により、われわれは正義あるいは不正義の内実を決して確定的に断言することができない。だからこそ、不運の被害者が発する声は、まずは「特権的な声」として受け止められなければならない(二七三頁)。

しかし、これは得心させるよりも、むしろ新たな疑問をともなう主張である。被害者とはそもそも誰のことか。係争において双方が被害を主張したらどうなるのか。どうすれば正当な不正義の感覚とそうでない感覚を見分けられるのか。何事にも懐疑の目を向けることと被害者の声の特権性は両立しうるのか。何らかの価値に対する肯定的な態度なくして、懐疑主義は現状改革に結びつくのか。すると問題は、シュクラーが拠って立つ懐疑主義それ自体が、ひとつの正義論/不正義論たりうるかである(Kraut, 1992; Nussbaum, 1990)。こうした論点も念頭におきながら本書を読み進めてみるとよいだろう。

Ⅲ　シュクラーの政治理論における文学的想像力

川上洋平

哲学と文学のあいだの政治理論

最後に本節では、シュクラーの不正義論における方法論的特徴について検討する。本書『不正義とは何か』の主題となる「不正義」には、彼女によれば、哲学的考察に馴染まない要素がある。なぜなら、不正義とは、それがもっぱら不正義の感覚として表出されることにも現れているように、個別の状況における個々人の主観的感情としての側面が強く、一般的かつ客観的な理論的対象にはなりにくいからである。

しかし、不正義なるもののそのような特徴は、同時にそれが、文学作品においておよそ中心的といってよいほどの地位を得ている理由でもある。「いったいディケンズには、不正義の感覚なくして書くべき何かがあっただろうか」といわれるように、優れた文学作品を生み出す動機のひとつに、不正義についての何かしらの感性があるのは間違いないであろう(一六一頁)。シュクラーは、そこに、不正義についての理論的考察における文学の重要性を見いだす。つまり彼女は、不正義なるものへと接近するにあたって、それに対して哲学的方法をそのまま当てはめるのでもなく、かといって文学の作品解釈に徹するのでもない、哲学(≒倫理学)と文学(≒歴史学)との混淆した論じ方を模索するのである(1)。

かくしてシュクラーが改めてその意義を認めることになるのが、いわゆる「政治理論」である。

> 幸いにも、政治理論は、歴史学と倫理学のあいだの領域に属しているがゆえに、この問題へと何かしらのかたちで取り組むのに理想的というほどよく適しているように私には思える。〔……〕不正義の行為は、無限とも思えるほどに千差万別で、ひっきりなしに起きるものであるから、それについて考える思考様式は、形式倫理学ほどには抽象的でなく、しかし歴史学よりは分析的なものであることが求められる。(三〇―三一頁)

ここで倫理学と歴史学と述べられているのは、それぞれ広義の（道徳）哲学的なものと文学的なものを指しているが、それではこの哲学と文学のあいだの「政治理論」とは具体的にはどのようなものだろうか。(ii) 以下では本書における文学の用いられ方を題材にして、この問いについて考えてみたい。

不正義への抗議――ヴォルテール

本書の基調をなすのが、神の不正義に対するヴォルテールの抗議である（第二章）。一八世紀半ばにポルトガルのリスボンにおいて発生した大地震は、子どもを含む罪なき市民の多くを死に至らしめ、従来の神学および哲学において唱えられてきた神の正しさへの疑いを招くことになる。この疑いを最も影響力ある仕方で表現したのが、ヴォルテールの『リスボン大地震に寄せる詩』および小説『カンディード』であった（ヴォルテール、2015; ヴォルテール、2005）。(iii) 両作品において、ヴォルテールは、「存在するものはすべて正しい」とする従来の哲学的世界観に対して、震災の犠牲となった罪なき子どもたちの苦しみの一つひとつを前にしてなおもそれを正しいといえるのか、そう問いかける。ただしそれは、理論的な体系性を備えた反論ではない。むしろ彼は、震災において苦しむ罪なき者の嘆きを詩として表現したり、善なる神を素朴に信じる若者が戦争や疫病といった災禍に次々に見舞われる滑稽な物語を描いたりする。つまり、ヴォルテールによる神への抗議は、被害者たちの「不正義を被ったという感覚」に対して、文学的想像力に基づくいくつもの「声」を与えるというかたちで展開されるのである。

シュクラーは、ヴォルテールによるこの挑戦を、神に対する「最後の」抗議と特徴づけている（九七頁）。なぜなら、リスボン大地震の惨劇の大部分を、密集した住居街を築き上げた文明社会の帰結とする——つまり神ではなく人間に責任の主体を見る——ルソーの観点こそが、以後不正義に対する告発の定型となっていくからである。ルソーは、この観点に立って、罪なき者の苦しむことのない正しい社会の構築を、神にとってではなく自分たち自身にとっての課題として定める。そして、こうした人為的正義の樹立こそが、近代民主主義の目標として継承されていくことになる[iv]。

　しかし、シュクラーは、ヴォルテールによる神の不正への告発が、ルソーによって乗り越えられたと考えるわけではない。むしろ、彼女の関心が向けられるのは、人間の手になる正しい公的秩序がルソーの願いどおりに仮に実現してもなお、個々の人間の「不正義の感覚」は、感覚として残り続けるという事実に対してである。従来の正義論が標準としてきたいわゆる「通常モデル」における正義は——プラトン、アウグスティヌス、モンテーニュらの「懐疑主義者」によって露顕させられるように——、「不正義の感覚」を解消し切ることはない[v]（第一章）。だからこそ、シュクラーは、この感覚を一つひとつの声として表現する文学作品が時代を超えた価値をもつと考えるのである。本書において、不正に対する告発が、それが神に対するものと否とにかかわらず、ルソーのではなくあくまでも「ヴォルテールの不屈の抗議」と呼ばれるゆえんであろう（一〇五頁）。

復讐としてのテロリズム——クライストとE・L・ドクトロウ

　シュクラーは、この「不正義の感覚」が、たんに感覚として抱かれるのみならず、不正を為した加害者に対する暴力的な復讐として発露する局面についても、文学作品を題材にして論じていく。とりわけ紙幅を割いて取り上げられるのが、一九世紀ドイツの作家クライストの『ミヒャエル・コールハース』、およびこの作品への「オマージュ」として書かれた二〇世紀アメリカの小説家E・L・ドクトロウの『ラグタイム』である(vi)（第三章）。

クライストの小説は、一六世紀初頭のドイツにおいて、正義感に溢れる馬商人のコールハースが、ある領主貴族《ユンカー》によって、国境の通行の形《かた》に没収された二頭の壮健な黒馬を、見る影もないまでに酷使されるところから始まる。コールハースは、それへの抗議の渦中に妻と死別し、領主貴族の手の回った司法による裁きも機能しないことを知って、最後の手段として残忍な復讐の武装蜂起へと打って出る。シュクラーは地域一帯を慄然とさせるこの蜂起を、主人公の「不正義の感覚」の政治的現れとして理解し、そしてこの物語全体を彼の「不正義の感覚」が司法の手によって贖《あがな》われていく筋立てとして読み解く。なぜなら、コールハースの闘争は、最終的に、善良なる君主ブランデンブルク選帝侯の正しい采配によって報いられることになるからである。すなわち、物語の掉尾、選帝侯は領主貴族に罰を下し、コールハースの受けた被害に対しては補償を与える。そしてコールハース自身もその暴挙への償いとして打首を命じられるが、彼は正しい裁定者による法的な裁きには微塵も逆らうことなく、従容として死に就くのである（クライスト、1941; クライスト、1998）。

対して『ラグタイム』は、シュクラーによれば、これに類した境遇において抱かれた「不正義の感覚」が、どこまでいっても決して贖われない物語である。二〇世紀初頭のアメリカを舞台にしたこの小説において、登場人物のひとりたる黒人ピアニストは、馬ではなくT型フォードを、白人の消防署長にいわれなく破壊し尽くされ、そしてそれへの謝罪と賠償を要求するなかで彼もまた妻を失い、若者を組織して消防署長および警察との残虐きわまる武力闘争を開始する。コールハウス・ウォーカーと名づけられているこのピアニストは、しかし、彼の妻子を養育していた白人一家の父親《ファーザー》——その妻の弟は武力闘争の参加者でもある——によって警察に売られ、占拠した図書館から欺かれて出てきたところを射殺される。この物語において、消防署長の黒人差別にも、それと闘うコールハウスの残忍さにも、何らの正しい裁きも示されることはない。救いのないこの物語に希望があるとすれば、白人一家の父親の死後、その妻が、白人の実子と、再婚相手たるユダヤ人映画技師の娘、そしてコールハウスの黒人の娘とともに暮らしていくことが最後に示されていることくらいである[vii](ドクトロウ、1998)。

シュクラーは、この一見類似した二つの物語のうち、いずれか一方に肩入れしているわけではない。だが、彼女が後者にこそ、正義に対しての「懐疑」を育む文学的想像力を見ていることは明らかである。かつてミヒャエル・コールハースの武装蜂起を、国家に対する倫理的義務たる「権利のための闘争」の典型として肯定したのは、法学者たるイェーリングであった[viii](イェーリング、1982: 97–104)。シュクラーも同じく、クライストの小説を、本来的に正しい社会において、正しい公的抗議が正しく報われて法的秩序へと回収されていく物語として読む。一方、人種差別の蔓延する二〇世紀アメリカにおける黒人ピアニストの復讐劇は、不正な社会に置かれた被害者たちが、それ自体不正な武力闘争へと打って出るほかない、文字どおりの——ギリシア悲劇を思わせる——「悲劇」的状況にあるものとして特徴づけられる(一八九頁)。コールハウス・ウォーカーのテロリズムは、まさに法的な正義の観点からは肯定されがたい、あえていえば文学の中でこそその理解を得られるような闘争として解釈されているのである。

日常の不正義——ディケンズ

シュクラーは、このように、哲学ないし法学からは抜け落ちがちな「不正義の感覚」の声を聞き取りうるものとして文学の役割を捉えるのであるが、少なくともここまで見てきたのは、大地震やテロリズムといった、ある意味では被害者の「声」に関心が向きやすい公的な災禍を対象とする文学であった。だが、シュクラーは、文学の本領を、より聞こえづらいかすかな声を聞き取ることにあると考えているようにも思われる。実際、本書で彼女が、「不正義の感覚」の示される文学として最も詳細に検討している作品は、一滴の血も流れることのないディケンズの喜劇小説『ピクウィック・ペーパーズ』なのである(「はじめに」)。それでは、この見たところ政治的要素の薄いドタバタ喜劇のどこに「不正義の感覚」が隠されているのだろうか。

一九世紀前半のイギリスを舞台とするこの作品の主人公は、実業界を引退した老年の独身紳士サミュエル・ピクウィックである(ディケンズ、1990)[ix]。善良にして純真なるこのピクウィックが、自身の主宰するクラブのメンバー三人および従者サム・ウェラーと遍歴を繰り広げ、いく先々で——ピクウィックの正義感こそが仇《あだ》となって——滑稽な騒動に巻き込まれていく。シュクラーが取り上げる「バーデル対ピクウィック裁判」はそうした喜劇的事件のうちのひとつである。

訴訟の原告たるバーデル夫人は、ピクウィックが間借りしているロンドンの下宿先の女将《おかみ》である。税関吏の未亡人として、まだ幼い息子を育てながら、ひとり下宿を切り盛りするこの夫人は、親切で誠実なピクウィックを陰ながら慕っていた。あるときピクウィックは、靴磨きの若者サム・ウェラーを従者として雇ってこの下宿で同居してはどうかと思い立ち、それを夫人にきわめてわかりにくく――「ひとりの人間を食べさすのより、ふたりの人間を食べさすほうがずっと金がかかると思いますかね?」と――相談するところに事件が生まれる。


「まあ、ピクウィックさん、なんというご質問です!〔……〕それは、ピクウィックさん、相手の人によりけり、相手が節約家の注意深い人かどうかによりますわ」

「いかにもそのとおり」ピクウィック氏は言った、「だが、わたしが目につけている人は(ここで彼はバーデル夫人をぎゅっとにらんだ)そうした性格は備えているようです〔……〕」

「まあ、ピクウィックさん」真紅の色をふたたび帽子のへりまで燃え立たせて、バーデル夫人は言った。(ディケンズ、1990: 上 277、傍点引用者)

バーデル夫人はピクウィックのこうした言動を結婚の申し込みと受け取り、それを履行しないピクウィックを、婚約破棄のかどで訴えることになる。

ピクウィックにはバーデル夫人を騙そうとする意図はいっさいなく、この前後でふたりが交わす言葉を冷静に見ても、婚約が成立したという思い込みは夫人の早とちりというほかない。だが、シュクラーは、幼児を育てる未亡人という弱い立場にあって、しかももともと「ひとを信じやすい女性」(x)であるバーデル夫人の境遇を踏まえたとき、彼女の「不正義の感覚」は――いかに「哲学的な論説」においては一蹴されるものであろうとも――決していわれなきものではないと解釈するのである。

シュクラーが文学に期待するのは、何よりもこうした歴史に残ることのない被害者の声を浮かび上がらせることであろう。震災の被害者の嘆きを代弁する当代きっての知識人ヴォルテール、不当な仕打ちに歯向かう武力闘争によってアメリカ社会を震撼させるコールハウス、わかりやすく共感に値する彼らの声は、最終的には封じられるものであるにしても、それ自体として公的な力をもつものであった。これに比べれば、バーデル夫人の声は最初から最後までなきに等しいきわめて小さいものである。実際、善良なるピクウィックでさえ、訴訟の報せを受けた当初は、バーデル夫人は悪徳弁護士の口車に乗せられただけであるとして、そもそも彼女自身の声など存在しないかのように振る舞うのである。[xi] 文学的想像力の本領は、およそ真剣に取り合われることのない、こういったかすかな声を掬い上げられるかどうかにかかっている――シュクラーがそう考えていることは、この訴訟についての分析が本書の劈頭に置かれていることにも示されていよう。

もっとも、シュクラーにおいて、こうした日常的な「不正義の感覚」が、テロリズムの動機となるような熾烈なそれと原理的に異なるものとされているわけではない。たとえば彼女は、バーデル夫人の「不正義の感覚」が、ところ変われば大惨事につながりうるものであることを印象深く示唆している――「バーデル夫人がゴシック・ロマンスのヒロインだったならば、ピクウィックの心臓を短剣で一突きし、そのあと気がふれていただろう。そして物語の舞台がコルシカに置かれていたとしたら、バーデル夫人の一族の男衆が、ピクウィックと、彼女に汚名を着せる証言をした彼の友人らを殺すことによって、彼女の名誉のための仇討ちをしていただろう」と(二〇頁)。シュクラーの見るところ、バーデル夫人の「不正義の感覚」が、あくまでも法的な係争にとどまりえたのは、彼女が法の支配する一九世紀ロンドンに生きているからにすぎない。いいかえれば、どのような暴力的な復讐であろうとも、その根底にある怒りは、日常においても抱かれるささやかな「不正義の感覚」——まさに文学によってのみ聞き取られるようなそれ——と地続きに存在しているのである。

政治理論における文学的想像力の役割——ローティとシュクラー

さて、以上のような本書の叙述における文学の用いられ方を踏まえて、最後に改めてシュクラーの政治理論に与えられた哲学と文学のあいだという特徴について考察しよう。

政治理論における文学的なものの効用を最大限に評価する思想家としては、リチャード・ローティがよく知られている。ローティは、「リベラル」な——彼はこれをシュクラーに倣って「残酷さの回避」と定義する——信条というものは、何らの「哲学的基礎」を有するものでもなく、残酷さに対する痛苦をたまたま感じうる「われわれ（we）」の特殊な政治文化にすぎないと考える(xii)（ローティ、2000: 5-9）。それゆえに彼は、いわゆるリベラリズムの普及は、それを受け入れない「彼ら」に対して、理性的に訴えることではなく、むしろ彼らの感情を揺さぶるような「悲しい感傷的な物語」を聞かせることによって実現すると唱えるのである（ローティ、1998: 146）。そしてこの観点から、ローティは、諸々の文学作品を、まさにそうした「道徳的教訓《モラル・メッセージ》」を伝えるという効用をもったものとして位置づけていく。すなわち、彼によれば、リベラリズムがかくも拡張しえてきたのは、たとえば奴隷の境遇への同情を集めた『アンクル・トムの小屋』、権力はどこまで残酷になりうるかを知らしめた『一九八四年』等々のおかげであった（ローティ、2000: 290 および八章：ローティ、1998: 157）。つまりローティにおいては、哲学的真理よりも文学的物語のほうが、政治的にいってはるかに高い価値を認められるのである。

シュクラーの政治理論における文学の役割も、いくらかこれに通じるところはある。実際、私たちが回避すべき諸々の悪徳について文学作品を題材にして理解しようとする前著（『日常の悪徳』）には、文学の政治的効用をローティに近い手つきで叙述している箇所もないわけではない。[xiii] だが、そこでもシュクラーは、基本的には、文学作品をその「道徳的教訓」へと還元する立場に対しては距離を取っているように見える。それどころかむしろ、彼女は同書の目的を、「われわれ」の共有する道徳の中の「抗争(conflict)」——道徳的葛藤《コンフリクト》ないしは道徳との衝突《コンフリクト》——をこそ表現するものとして定めるのである。

〔……〕この本〔『日常の悪徳』〕を特徴づけているのは、「われわれ」のあいだにある抗争についての私の自覚である。すなわち、この抗争は、避けられないと同時に耐えられるものであり、いかなる程度の自由《フリーダム》にとっても、まったくもって必要不可欠である。[xiv] 実際、私は、「われわれ」を、自分たちのお互いの不和やそれがもたらすものに対してなおいっそう自覚的たらしめるべく〔この本において〕努めてきたのである。（Shklar, 1984: 227）

こう述べてすぐにシュクラーは、この「抗争」を表現するうえでの「詩人」の重要性について言葉を継ぐ。彼女によれば、「われわれ」の中にある「抗争」――とりわけ「十分に語ることのできない人物ないし集団」の生むそれ――に対して、私たちは、「散文および韻文の詩人」を通して初めて接近しうる(Shklar, 1984: 230)。つまり、彼女にとって文学作品は、何らかの「道徳的教訓」を語るものではなく、むしろ「われわれ」の共有する道徳に対する葛藤ないし衝突に不断に言葉を与えるものなのである。

シュクラーの前著におけるこの方法論的自己認識を補助線とするなら、本書『不正義とは何か』の実践は、「正義の通常モデル」という共通の道徳性に対するまさに抗争的関係において文学作品を読み解くものと理解することができよう。たとえばシュクラーは、バーデル夫人の「不正義の感覚」について、その妥当性が司法において認められたとしても――いくつかの偶然と策謀が重なって実際そうなる――、今度はそれが「罪のない《イノセント》」ピクウィックの収監という別の不正義を生むことを重く見る。すなわち、シュクラーにとって、バーデル夫人の声は、司法的正義をどこまでも揺さぶり続けるその法外さにおいて聞き取られるべきものなのである。加えてシュクラーは、コールハウス・ウォーカーの復讐劇についても、闘おうと闘うまいと正しくはありえないというその悲劇性それ自体に、テロリズムをめぐる哲学的言説の一つひとつを具《つぶさ》に吟味する足場のごとき役割を与えている。つまり、彼女は文学作品を、哲学に代わるものとしてではなく、哲学に対する抗争的関係において――本書の言葉でいうなら懐疑的な関係において――私たちの哲学的認識をより豊かにするものとして用いているのである。

かくのごとく、シュクラーの政治理論は、哲学と文学のあいだにおいて、そのいずれか一方にのみ軸足を置くことなく展開される。その意味では、シュクラーにとっての文学的なものの役割は、少なくともローティに比べればかなり限定的であるといってよい。だが、文学に対して、ローティのように初めから一義的な「道徳的教訓」を提示する役割を期待することは、文学の固有の可能性へと十分に開かれた態度ではないことはたしかであろう。本書においてシュクラーが試みているのは、個々の文学作品の必ずしも「教訓《メッセージ》」的ではない両義性を最大限に尊重しながら、そうであってこそ果たしうるその政治理論的——すなわち分析的抽象性を経験的地平において試練にかけるような——役割を模索することであると解釈しうるのではないだろうか。むろん、本書がその試みに成功しているかどうかの判断は、読者一人ひとりに委ねられている。

(i) シュクラーの政治理論における文学の役割についての研究として、Brown and Osborne (2019); Strong (2019) を参照。ただし、両論考はいずれも前著『日常の悪徳』(1984) を主たる分析対象とするもので、本書『不正義とは何か』(1990) への言及はない。また、近藤 (2007) は、ロールズの政治理論との対比において、文学を用いた本書の方法論的特徴にわずかながら触れている (近藤、2007: 40–41)。

(ii) シュクラーにおいて、歴史と文学という二つの語り《ナラティブ》は、「裏づけ《エヴィデンス》」を要するかどうかという点で概念的に区別されるが、その違いは——少なくとも政治理論にとっては——「程度問題」であり、しかも歴史の「伝記的な諸要素は、偉大な小説家の作品に比べて、心理的な妥当性においてしばしば劣る」ものであるとされる (Shklar, 1984: 230)。

(iii) 『カンディード』の最新の訳として、ヴォルテール (2016) も参照。

(iv) ルソーによって、人間の幸福の実現という課題が神ではなく人間へと委ねられた経緯については、その先駆的研究として、カッシーラー (1997) を参照。関連して、川上 (2013: 一章) も参照されたい。

（v）『不正義とは何か』における「正義の通常モデル」へのシュクラーの懐疑的姿勢についての分析としては、本解説に加えて、大川(1999)、近藤(2007)、宿谷(2016)も参照。

（vi）E・L・ドクトロウは、いくつかのインタビューでクライストからの影響を述べている。「『ラグタイム』は、かなり意図的なオマージュです。ええ、作家というものは、いつだって別の作家から題材を摑み上げるものです。私は前々から、自分がミヒャエル・コールハースを何らかの仕方で用いたがっているということをわかっていました。しかし、わが黒人音楽家が、ブロードビュー通りの丘を、彼のT型フォードに乗って駆け上がってくるに及んで、いまがその時だということに気づいたのです」(Doctorow, 1999: 124)。「彼のあの愛すべき車に起きるであろうことは、ミヒャエル・コールハースの馬に起きたことです。私は以前から、クライストの物語の境遇を再利用《リワーク》したいと思っていました。私はこの状況設定がどう見ても意義深く、適切であると感じたのです――すなわち、正しいと言い張る社会から、正義を得ることのできないひとりの男、という着想です」(ibid.)。

（vii）本小説において、主人公の白人一家の人物はすべて、ファーザー、マザー、ヤンガー、ブラザーといった匿名の肩書きで呼ばれている。固有名を与えられているのは――コールハウスとその妻を除けば――、そのほとんどが二〇世紀初頭の名の知られた実在人物である。この意味では、本小説は、歴史と小説とのあいだに本質的相違を認めないシュクラーの文学観(註ii参照)を具現する作品といえるかもしれない。

（viii）ただし、イェーリングは、コールハースの闘争は、「野蛮な復讐感情」によるものではなく、同胞が同じ被害に遭うことを防ぐには自分や家族を犠牲にしてでも闘わなければならないという「一箇の倫理的理念」――すなわち「倫理的な次元にまで高められた権利感覚」――に基づくものであったと解釈している(イェーリング、1982: 98-99)。

（ix）ディケンズ(2002)も参照。本解説における引用に際しては北川訳(ディケンズ、1990)を用いている。

（x）バーデル夫人を特徴づける a confiding female という表現は、北川訳では「信じきっている女性」(ディケンズ、1990: 上 437, 440)、田辺訳では「純真な女性」(ディケンズ、2002: 上 299, 300)と訳されているが、本文および本解説では、より直訳的に「ひとを信じやすい女性」とする。

（xi） たとえば、ピクウィックはこう述べている。「「これは陰謀だ」とうとう口がきけるようになって、ピクウィック氏は言った。「このふたりの貪欲な弁護士、ドドソンとフォッグの卑しい陰謀だ。バーデル夫人だったら、絶対にそんなことはしないだろう――彼女にはそんなことをする勇気はなく――そんなことをする言い分はないわけだ。こっけいなこと――こっけいなこと」」（ディケンズ、1990: 上 440。ただし、本文に合わせて「ドッドソン」を「ドドソン」とした）。

（xii） 一九八九年に原著の公刊された同書では、シュクラーの『日常の悪徳』が何度か参照されている。

（xiii） たとえば、Shklar, 1984: 35.『日常の悪徳』についての解説として、大川、1999; 大川、2022を参照。

（xiv） ここでさしあたり「抗争」という言葉で訳したconflict(s)の概念は、より広く「葛藤」、「衝突」といった意味合いも含めて用いられている。

参考文献

イェーリング（1982）『権利のための闘争』村上淳一訳、岩波文庫。

ヴォルテール（2005）「カンディードまたは最善説《オプティミスム》」『カンディード 他五篇』植田祐次訳、岩波文庫、二六一―四五九頁。

ヴォルテール（2015）「カンディード」、「リスボン大震災に寄せる詩」『カンディード』斉藤悦則訳、光文社古典新訳文庫、五―二二九、二三一―二四九頁。

ヴォルテール（2016）『カンディード』堀茂樹訳、晶文社。

大川正彦（1999）『正義』岩波書店。

大川正彦（2022）「恐怖のリベラリズム、残酷さと恐怖の感受体装置としての――ジュディス・N・シュクラー『日常の悪徳』を読む」『東京外国語大学海外事情研究所 *Quadrante*』二四号、二一三―二三六頁。

岡野八代（2002）『法の政治学――法と正義とフェミニズム』青土社。

カッシーラー、E（1997）『ジャン＝ジャック・ルソー問題』生松敬三訳、みすず書房。

川上洋平（2013）『ジョゼフ・ド・メーストルの思想世界――革命・戦争・主権に対するメタポリティークの実践の軌跡』創文社。

キケロー（1999）「義務について」『キケロー選集9』高橋宏幸訳、岩波書店、一二五―三五二頁。

クライスト（1941）『ミヒャエル・コールハースの運命――或る古記録より』吉田次郎訳、岩波文庫。

クライスト（1998）「ミヒァエル・コールハース」『クライスト全集』（第一巻）、佐藤恵三訳、沖積舎、二五一―三七四頁。

近藤和貴（2007）「現代リベラリズムにおける正義と不正義――ロールズとシュクラーを中心として」太田義器・谷澤正嗣編『悪と正義の政治理論』ナカニシヤ出版、三〇―五七頁。

宿谷晃弘（2016）「修復的正義の思想的探求のための覚書――日本における理論的先駆者の作業を手掛かりとしつつ」『東京学芸大学紀要　人文社会科学系Ⅱ』六七集、一一三―一三四頁。

シュクラー、ジュディス・N（2000）『リーガリズム――法と道徳・政治』田中成明訳、岩波書店。

シュクラー、ジュディス・N（2001）「恐怖のリベラリズム」大川正彦訳、『現代思想』二九巻七号、一二〇―一三九頁。

セン、アマルティア（2011）『正義のアイデア』池本幸生訳、明石書店。

ディケンズ、C（1990）『ピクウィック・クラブ』（上・中・下）、北川悌二訳、ちくま文庫。

ディケンズ、C（2002）『ピクウィック ペーパーズ』（上・下）、田辺洋子訳、あぽろん社。

ドクトロウ、E・L（1998）『ラグタイム』邦高忠二訳、ハヤカワ文庫NV。

濱真一郎（2008）『バーリンの自由論――多元論的リベラリズムの系譜』勁草書房。

ホワイト、S・K（1996）『政治理論とポスト・モダニズム』有賀誠・向山恭一訳、昭和堂。

松元雅和（2021）「非理想理論」佐野亘・松元雅和・大澤津『政策と規範』ミネルヴァ書房、五三―七一頁。

ローティ、リチャード（1998）「人権、理性、感情」S・シュート／S・ハリー編『人権について――オックスフォード・アムネスティ・レクチャーズ』中島吉弘・松田まゆみ訳、みすず書房、一三七―一六五頁。

ローティ、リチャード(2000)『偶然性・アイロニー・連帯——リベラル・ユートピアの可能性』齋藤純一・山岡龍一・大川正彦訳、岩波書店。

Brown, James and Osborne, Thomas (2019), 'Imaginative Literature and Political Theory: An Engagement', in *Between Utopia and Realism: The Political Thought of Judith N. Shklar*, ed. Samantha Ashenden and Andreas Hess, University of Pennsylvania Press, Philadelphia, pp. 116–35.

Doctorow, E. L. (1999), *Conversations with E. L. Doctorow*, ed. Christopher D. Morris, University Press of Mississippi, Jackson.

Gatta, Giuna (2018), *Rethinking Liberalism for the 21st Century: The Skeptical Radicalism of Judith Shklar*, Routledge, Abingdon.

Hess, Andreas (2014), *The Political Thought of Judith N. Shklar: Exile from Exile*, Palgrave, New York.

Keohane, Nannerl O. (1991), 'Review: *The Faces of Injustice*', *Political Theory* 19 (3): 453–56.

Kraut, Richard (1992), 'Book Review of *The Faces of Injustice*', *Ethics* 102 (2): 393–95.

Nussbaum, Martha C. (1990), 'The Misfortune Teller', *New Republic*, Nov. 26: 30–35.

Shklar, Judith N. (1984), *Ordinary Vices*, The Belknap Press of Harvard University Press, Cambridge, MA and London.

Shklar, Judith N. (1986), 'Injustice, Injury, and Inequality: An Introduction', in *Justice and Equality Here and Now*, ed. Frank S. Lucash, Cornell University Press, Ithaca and London, pp. 13–33.

Shklar, Judith N. (1989), 'Giving Injustice Its Due', *Yale Law Journal* 98 (6): 1135–51.

Shklar, Judith N. (1990), *The Faces of Injustice*, Yale University Press. New Haven.

Shklar, Judith N. (1996), 'Appendix: A Life of Learning', in *Liberalism without Illusions: Essays on Liberal Theory and the Political Vision of Judith N. Shklar*, ed. Bernard Yack, University of Chicago Press, Chicago, pp. 191–204.

Shklar, Judith N. (1998a), 'The Liberalism of Fear', in *Political Thought & Political Thinkers*, ed. Stanley Hoffmann, University of Chicago Press, Chicago, pp. 3–20.

Shklar, Judith N. (1998b), 'Obligation, Loyalty, Exile', in *Political Thought & Political Thinkers*, ed. S. Hoffmann, pp. 38–55.

Skinner, Quentin (2019), 'The Last Academic Project', in *Between Utopia and Realism: The Political Thought of Judith N. Shklar*, ed. S. Ashenden and A. Hess, pp. 253–66.

Strong, Tracy B. (2019), 'Literature and the Imagination', in *Between Utopia and Realism: The Political Thought of Judith N. Shklar*, ed. S. Ashenden and A. Hess, pp. 101–15.

Yack, Bernard (1996), 'Active and Passive Justice', in *Liberalism without Illusions: Essays on Liberal Theory and the Political Vision of Judith N. Shklar*, ed. B. Yack, pp. 191–204.

訳者あとがき

イソップ寓話の『金の斧、銀の斧』の正直なきこりのように、正直であるのが一番いいと思われるので、正直になろうと思う。正直にいうと、本書をいつ、どのタイミングで読み、なぜ翻訳したいと思うに至ったのか正確な理由や経緯は忘れてしまった。過去のメールのやりとりや企画書などをふりかえっていたら、少しばかり記憶が蘇ってきた気がするのだが、おそらくだいぶ美化されたものではあると思う。

確認したところ、恩師である慶應義塾大学法学部の堤林剣先生から本書翻訳の企画案を岩波書店の担当者に送っていただいたのが約九年前の二〇一四年の五月雨のころのことだった。東日本大震災から三年が過ぎ、そのころは天災と人災の区別や「想定外」ということについていろいろ考えていたことは覚えている。また、一七世紀イングランドの哲学者ジョン・ロック研究の一環で、時の政権を批判する重要性と同時に、批判者たるわれわれ国民もみずからに対して批判的眼差しを向ける必要がある、つまり、政府関係者に超人的な能力を求め不当な批判をしていないか注意する必要がある、というテーゼをロックから導き出せることを明らかにしていた時期でもあった(拙稿 'Right of Resistance Non-anarchic: A Consideration of the Character of Locke's Response', *Locke Studies* 13, 2013, pp. 65–96 参照)。さらに、二〇一三年の晩秋、特定秘密保護法案をめぐり近年の日本ではあまり例がない大規模な反対集会が国会議事堂前付近で行われていたが、これをきっかけに(阿川佐和子の同名の著書には遅れつつ、岸田文雄現首相のモットー「聞く力」に先立つかたちで）聞く政治や民主主義のあり方について思いを巡らしていた。

こうした問題意識を、当時金曜日にコーヒーチェーンのタリーズ日吉店（本書に登場するキケロを意識していたわけではない）でよくお茶をいっしょにしていた本書の訳者のひとりである川上洋平、そして速水淑子氏、高橋義彦氏、また時折この集いに顔を出していた古田拓也氏、長野晃氏、梅澤佑介氏などと共有し、シュクラーの著書について話していく過程で、本書の翻訳を出そうという決意と勇気をもらったように記憶している。

しかし、学部の四年間を除き日本で教育を受けたことがなく日本語力に自信がなかった私は、即座に親友で研究者仲間の川上に共訳者になることを打診した。氏はすぐに快諾してくれた。その後、先ほどの経緯で岩波書店の担当者に企画書を送り、プロジェクトは始動した。紆余曲折を経て正式にゴーサインが出たのは新型コロナ・パンデミック直前の二〇一九年のクリスマスだった。翻訳作業はその直後からすぐに開始したが、コロナ渦にともなうさまざまな制限や不便また対応の必要性、さらに健康上の問題などもあり、作業はなかなか進めることができなかった。そうした折、先輩研究者の松元雅和に助けを懇願したところ、氏は快く引き受けてくれ、三人で作業をする運びとなった。

本書は以下のようにおおまかに作業を分担した。本書の下訳はおもに沼尾が担当した。川上はおもに訳文を推敲する役割を担当したが、直訳的で不自然な沼尾の下訳を自然な日本語にするという作業は、実質すべて訳し直したといったほうがよいかもしれない。松元はおもに総合チェックを担当した。シュクラーの文章が想像以上に訳しづらかったこともあり、ひとことで総合チェックといっても、実際には一年以上かけて、三人で定期的に対面・オンラインで集まり、毎回何時間も議論して行った作業である。このさい、現代政治理論が専門の松元の知識や知見が大きな力となった。「訳者解説」は、その冒頭に記してあるとおり、訳者三人がそれぞれ一節ずつ担当し、この機会のために執筆した。

おもに東日本大震災を意識し始動した企画だったが、時間が経つにつれ、メディアや人々のあいだでも少しずつ震災への関心が薄れていくように感じられた。それとあわせて本書のテーマもレレヴァンスを失っていくのではないかと心配し、作業が終わらないことへの焦りも時には覚えた。しかし、そうした心配とは裏腹に――それは本当のところ、非常に残念なことではあるのだが――自然災害や事故、そして不正がわれわれの世界からなくなることはなく、本書の不正義と不運のあいだの境界線をどこに引くかという問題、政治は被害者の声にどう向き合うべきなのかという問題は、いまなお、重要性を帯びている。ここ一〇年に限ってみても、強く印象に残る自然災害や事故は絶えなかった。日本では、広島土砂災害、熱海市盛り土流出事故、知床遊覧船沈没事故などがあり、お隣の韓国では、セウォル号沈没事故やソウル梨泰院雑踏事故などが記憶に新しい。その他、世界では、新型コロナにまつわるさまざまな問題やトルコ・シリア大地震などがなお現在進行形の災難としてある。また、被害者の声を聞くというテーマに関連するところでは、BLMや #MeToo 運動を挙げることができよう。こうしたニュースを見るたび、本書のシュクラーの考察が意味をもっているのだと改めて強く感じる。

最後になってしまったが、本書を出版するまでにお世話になった方々にこの場を借りて感謝の意を表したい。まず岩波書店の担当者につないでくださった堤林剣先生に心より感謝したい。また企画を通し編集してくださった岩波書店の大橋久美氏と押川淳氏にお礼を申し上げたい。
そして個人的なことになるが、この企画をワクワクした顔《フェイス》で応援してくれた妻に深く感謝したい。ふたりの娘たちには、受験勉強でストレスフルな東京版ロックダウンの最中、机を貸してくれたこと、また模様替えをする時間ができる最近まで個室をもつことを我慢してくれたことに感謝するとともに、別件で謝りたい。本書にあるように、遊ぶ約束を破ることも不正義に当たるのだが、約束を破らないために私はそもそも約束自体しなかった(もちろん、突発的に、そして単発的には遊んだが)。いまからすれば、それも不正義のひとつの顔なのかもしれない。

二〇二三年初春

訳者代表　沼尾　恵

索　引

＊頁数の後に n が付くものは訳註に記載があることを示す

人名

ア 行

カ 行

サ 行

タ 行

ナ 行

ハ 行

マ 行

ラ 行

書名

原　註

はじめに

(1) 社会科学者は，ずっと以前から――メアリー・ダグラスの言葉を借りれば――「自然による原因と，人為的な原因とのあいだの境界線は〔固定的なものではなく〕，常に，〔人為的な原因に対して〕責任を割り当てていく社会的な過程《プロセス》のなかで引かれるものである」ということを明白なこととして捉えている．Mary Douglas, *Risk Acceptability according to the Social Sciences*, Russell Sage Foundation, New York, 1985, esp. p. 26 を見よ．しかしながら，誰もがそのように〔境界線が社会的なものであると〕考えるわけではない．〔それゆえ〕多くの私の友人たちが，私が自分自身の諸々の見解の文化的偏向を自覚していること，また〔複数の異なる生き方に平等に価値があるというような〕多様性の事実を〔あらゆる文化にとって〕当然のものであると安易に考えているわけではないということを示しておくべきだと提案してくれた．明らかに，私は，政治的および法的平等が文化的な価値として広く受け入れられているような社会という文脈で，正義や不正義について論じている．これらの平等が文化的な価値として広く認められるということは，階層的な社会においては必ずしも当てはまらないだろう．たとえば André Béteille, *The Idea of Natural Inequality*, Oxford University Press, Delhi, 1983 を見よ．

(2) あらゆる不正を何が何でも正そうとするアメリカ人の法的願望については，誇張はあるもののそれなりに根拠のある説明として，Lawrence M. Friedman, *Total Justice*, Russell Sage Foundation, New York, 1985 を見よ．

(3) 「無数の手」に付着する汚れにかんする辛辣な見解については，Dennis F. Thompson, *Political Ethics and Public Office*, Harvard University Press, Cambridge, 1988, pp. 40–65 を見よ．私はこの見解を共有するが，おそらく氏とは違う理由でである．

(4) *DeShaney v. Winnebago County Department of Social Service et al.*, 57 *U.S.L.W.* 4218(February 21, 1989)．この裁判について扱っているきわめて貴重な論文「法と暴力」を，刊行前に私に読ませてくれたマーサ・ミノウに感謝したい．

(5) 「準司法的道徳構想」という表現は，Joel Feinberg, *Doing and Deserving*, Princeton University Press, Princeton, N.J., 1970, p. 85〔「正義と人のデザート(報いに値すること)」『倫理学と法学の架橋――ファインバーグ論文選』嶋津格・飯田亘之編集・監訳，東信堂，2018年，141頁〕から借用した．私は，彼の著作群に多くを負っていることを感謝したい．この恩恵の大きさは，数々の脚註で何度彼の著作を挙げようとも示し尽くしえないものである．

(6) このことは，バーデル夫人とピクウィックの関係についての法的説明のうちの最良のものであるつぎの作品についてさえもいえる．P. S. Atiyah, *Promises, Morals and Law*, Clarendon Press, Oxford, 1981, pp. 146–48. 私は別の点では，同書に多くを負っている．

(7) この例として，ふたたび，アタイア(Atiyah)の疑いもなく素晴らしい著書 *Promises, Morals and Law* を，とりわけその pp. 212–15 を見よ．約束にかんするアタイアの集団主義的な見解と，チャールズ・フリードの個人主義的な見解との違いは――後者はたしかに〔約束をする当事者のもつ〕期待というものに対して焦点を当てるものであるとはいえ――，ここでの私の主題とはいっさい関係がない．というのも，フリードもまた，約束をし合った当事者の「客観的」な主張をのみ検討しているからである．彼の著書 *Contract as Promise*, Harvard University Press, Cambridge, 1981 を見よ．もっとも，この著作〔の主張自体〕には私は同意するものである．

(8) たとえば，Annette Baier, *Postures of the Mind*, University of Minnesota Press, Minneapolis, 1985, pp. 174–206 を見よ．彼女の主たる関心はヒュームの約束論の擁護であるが，彼女だけが被害者の観点を考慮している．

(9) W. H. Auden, *The Dyer's Hand*, Vintage Books, New York, 1968, pp. 407–32〔中桐雅夫訳『染物屋の手』晶文社，1973年，第7部3-4(365–387頁)〕において，ピクウィックの経験した教育についての素晴らしい考察がなされている．

(10) Jean-Jacques Rousseau, 'Sur l'économie politique', *Œuvres Complètes*, vol. 3, Pléiade, Paris, 1964, p. 246〔河野健二訳『政治経済論』岩波文庫，1951年，15頁／阪上孝訳「政治経済論」『ルソー全集』(第5巻)，白水社，1979年，68頁〕，私〔シュクラー〕訳．また J. N. Shklar, *Men and Citizens*, Cambridge University Press, Cambridge, 1969, pp. 92–93 も見よ．

第1章

(1) 法律家にとっての正義が，どのようにさまざまに表象されているかにかんする説明としては，以下を見よ．Dennis E. Curtis and Judith Resnik, 'Images of Justice', *Yale Law Journal* 96(1987): 1727-72.

(2) 短いが，注目に値する例外となる論考がひとつあり，私はここから多くのことを学んだ．A. D. Woozley, 'Injustice', *American Philosophical Quarterly*, monograph 7, 1973, pp. 109-22. 反対に Barrington Moore, *Injustice: The Social Basis of Obedience and Revolt*, M. E. Sharp, New York, 1978 は，〔『不正義』という〕その題名にもかかわらず，私の主題になんら関係していない．ムーアの著作が関心を向けるのは，労働者階級の社会的信念および行動にかんするマルクスの予測がなぜ外れたのかについてである．そのテーマがそれ自体としてどれだけ重要だろうとも，本書にとってはまったく無関係である．

(3) これらの定型的な表象のうちのひとつについての，申し分のない説明として，以下を見よ．Quentin Skinner, *Ambrogio Lorenzetti: The Artist as Political Philosopher*, The Raleigh Lecture, Proceedings of the British Academy, vol. 72, 1986.

(4) アリストテレスのモデルが，いかにいまなお生き生きと命脈を保っているかについては，たとえば以下を見よ．Charles Taylor, 'The Nature and Scope of Distributive Justice', *Philosophy and the Human Sciences*, Philosophical Papers, vol. 2, Cambridge University Press, Cambridge, 1985, pp. 289-317.

(5) John Stuart Mill, *Utilitarianism*, J. M. Dent, London, 1944, pp. 38-60.〔関口正司訳『功利主義』岩波文庫，2021年，第5章(105-159頁)〕

(6) 正義について考える動機となるような，不正義に言及したパッセージの網羅的な目録として，以下を見よ．Friedrich A. Hayek, *Law, Legislation and Liberty*, vol. 2, *The Mirage of Social Justice*, University of Chicago Press, Chicago, 1978, pp. 162-64.〔篠塚慎吾訳「社会正義の幻想――法と立法と自由II」新装版『ハイエク全集』(第9巻)，春秋社，1998年，第8章，註9(223-224頁)〕

(7) 法的正義にかんするプラトンの痛烈な解釈について，本書は，以下の部分に基づいて記述している．*The Republic*, tr. and ed. Allan Bloom, Basic Books, New York, 1968, bk. 2, 369a-373e, bk. 3, 405a-405d, bk. 4, 421c-426e, 442d-445d.〔藤沢令夫訳『国家』(上・下)，岩波文庫，1979年〕

(8) David Sachs, 'A Fallacy in Plato's Republic', in *Plato*, ed. Gregory Vlastos, Anchor Books, New York, 1971, pp. 35-51 および Mary Margaret Mackenzie, *Plato on Punishment*, University of California Press, Berkeley, 1981, pp. 153-55.

(9) アウグスティヌスの教義についての私の解釈は，以下に基づいている．*The City of God*, tr. M. Dods, Modern Library, New York, 1950, pp. 681-90, 692-93, 699-701.〔服部英次郎・藤本雄三訳『神の国』(五)，岩波文庫，1991 年，第 19 巻，第 6-12 章(42-63 頁)，第 14 章(68-70 頁)，第 21 章(86-90 頁)〕

(10) Ibid., 681-83.〔邦訳前掲書，第 19 巻，第 6 章(42-45 頁)〕

(11) Michel de Montaigne, 'Of Coaches', 'Of the Art of Conversation', 'Of Cripples', 'Of Physiology', and 'Of Experience', *The Essays of Montaigne*, tr. E. J. Trechman, Oxford University Press, New York, n.d.〔原二郎訳，第 3 巻第 6 章「馬車について」，第 8 章「話し合う方法について」『エセー』(五)，岩波文庫，1967 年，所収(220-251 頁，262-304 頁)．第 3 巻第 11 章「足なえについて」，第 12 章「人相について」，第 13 章「経験について」『エセー』(六)，岩波文庫，1967 年，所収(69-222 頁)〕

(12) D. Kahnemann, P. Slovic, and A. Tversky, eds., *Judgment under Uncertainty: Heuristics and Biases*, Cambridge University Press, Cambridge, 1982, pp. 320, 115-28, 129-52.

(13) Plato, *Laws*, tr. Thomas L. Pangle, Basic Books, New York, 1980, bk. 4, 716a-716b, bk. 5, 731c-731d, bk. 9, 860d-864a.〔森進一・池田美恵・加来彰俊訳『法律』(上・下)，岩波文庫，1993 年〕

(14) Thomas Aquinas, *Summa Theologica*, tr. Fathers of the English Dominican Province, vol. 2, Benziger Brothers, New York, 1947, question 58, art. 2, p. 1436.〔稲垣良典訳『神学大全』第 18 巻，創文社，1985 年，25 頁〕

(15) Aristotle, *Nicomachean Ethics*, tr. Martin Ostwald, Bobb-Merrill, Indianapolis, 1962, bk. 5, 1136a-1138a.〔神崎繁訳「ニコマコス倫理学」『アリストテレス全集』(第 15 巻)，岩波書店，2014 年〕

(16) 『法律』におけるプラトンの宗教的戒律の史実上のモデルについては Walter Burkert, *Greek Religion*, tr. J. Raffan, Harvard University Press, Cambridge, 1985, pp. 332-37 を見よ．

(17) Plato, *Laws*, bk. 9, 853d-855d.〔『法律』前掲〕

(18)　Ibid., bk. 4, 777d-777e.〔『法律』前掲〕

(19)　Aristotle, *Nicomachean Ethics*, bk. 5, 1129b.〔「ニコマコス倫理学」前掲〕このこと〔，つまり人格としての正しさと行為としての正しさを一緒くたにしてしまうこと〕は，アリストテレスに対する最も厳しい批判者であるホッブズにとって明らかに誤りであった．Hobbes, *De Cive*, ed. Sterling Lamprecht, Appleton-Century-Crofts, New York, 1946, pp. 45-46.〔本田裕志訳『市民論』京都大学学術出版会，2008 年，73-74 頁〕

(20)　Sigmund Freud, *Group Psychology and the Analysis of the Ego*, tr. James Strachey, Liveright, New York, 1967.〔藤野寛訳「集団心理学と自我分析」『フロイト全集』(第 17 巻)，岩波書店，2006 年〕

(21)　Aristotle, *Nicomachean Ethics*, bk. 4, 1119b-1121a.〔「ニコマコス倫理学」前掲〕

(22)　Plato, *Republic*, bk. 4, 444b-445b〔『国家』前掲〕; *Laws*, bk. 5, 728b-728e.〔『法律』前掲〕

(23)　Aristotle, *Nicomachean Ethics*, bk. 3, 1113b-1115a, bk. 5, 1138a-1138b.〔「ニコマコス倫理学」前掲〕

(24)　Augustine, *City of God*, pp. 112, 694-98.〔『神の国』(一) 前掲，第 4 巻第 3 章 (270-272 頁)，(五)，第 19 巻第 16-19 章 (74-84 頁)〕

(25)　Friedrich Nietzsche, *On the Genealogy of Morals*, tr. Walter Kaufmann, Vintage Books, New York, 1969, pp. 57-96.〔木場深定訳『道徳の系譜』岩波文庫，2010 年，第二論文 (79-150 頁)〕

(26)　Plato, *Gorgias*, tr. and ed. Walter Hamilton, Penguin Books, Harmondsworth, 1971, pp. 481-522.〔加来彰俊訳『ゴルギアス』岩波文庫，1967 年，114-235 頁〕

(27)　Jacqueline Scherer, 'An Overview of Victimology', in *Victimization of the Weak*, ed. Jacqueline Scherer and Gary Shepherd, Charles C. Thomas, Springfield, Illinois, 1982, pp. 8-27.

(28)　Gerold Mikula, 'The Experience of Injustice', in *Justice in Social Relations*, ed. H. W. Bierhoff et al., Plenum Press, New York, 1986, pp. 103-23.

(29)　Morton Deutsch, *Distributive Justice*, Yale University Press, New Haven, 1985, pp. 46-63.

(30) Faye Crosby, *Relative Deprivation and Working Women*, Oxford University Press, New York, 1982; Faye Crosby et al., 'Two Rotten Apples Spoil the Justice Barrel', in *Justice in Social Relations*, ed. H. W. Bierhoff et al., pp. 267–81; Jerald Greenberg, 'On the Apocryphal Nature of Inequity Distress', in *The Sense of Injustice*, ed. Robert Folger, Plenum Press, New York, 1984, pp. 167–86; Joanne Martin, 'The Tolerance of Injustice', in *Relative Deprivation and Social Comparison: The Ontario Symposium*, vol. 4, ed. James Olson et al., Lawrence Erlbaum Associates, Inc., Hillsdale, New Jersey, 1986, pp. 217–42, および 'When Expectations and Justice Do Not Coincide: Blue Collar Visions of a Just World', in *Justice in Social Relations*, ed. H. W. Bierhoff et al., pp. 317–35.

(31) Melvin J. Lerner, *Belief in a Just World*, Plenum Press, New York, 1980.

(32) Lise Dubé and Serge Guimond, 'Relative Deprivation and Social Protest: The Personal-Group Issue', in *Relative Deprivation and Social Comparison*, ed. James Olson et al., pp. 201–16; David Sears et al., 'White's Opposition to Busing: Self-Interest or Symbolic Politics?', *American Political Science Review* 73(1979): 369–84; Sidney Verba and Gary R. Orren, *Equality in America*, Harvard University Press, Cambridge, 1985, pp. 248–51.

(33) キケロについての私の言及は，以下に基づいている．*The Offices*, tr. Walter Miller, Loeb Library, Harvard University Press, Cambridge, 1921, bk. 1, chaps. 7, 9, and 11, bk. 2, chap. 7.〔高橋宏幸訳「義務について」『キケロー選集 9』岩波書店，1999年〕

(34) Plato, *Laws*, bk. 9, 880b–881d.〔『法律』前掲〕

(35) これらの〔道徳的論争となるような〕諸問題については，Jonathan Glover, *Causing Death and Saving Lives*, Penguin Books, Harmondsworth, 1977, pp. 92–112 および B. Williams, 'A Critique of Utilitarianism', in J. J. C. Smart and B. Williams, *Utilitarianism: For and Against*, Cambridge University Press, Cambridge, 1973, pp. 93–107 で取り上げられている．これらの諸問題は〔それ自体としては〕きわめて悩ましいものだが，キケロ的な受動的不正義の概念とは関連性がない．後者は，共和政の市民の義務をのみ問題とするものだからである．

(36) 経済的な貧窮化および政治的な腐敗に見舞われているさまざまな伝統社会における受動的不正義については，〔そういったものがそもそも成立しえないこと

は〕いうまでもない．ここで念頭にあるのは，Edward C. Banfield, *The Moral Basis of a Backward Society*, Free Press, Chicago, 1963 において描写されているような社会である．現代の独裁制における受動的不正義については，いうに及ばない．

(37) Joel Feinberg, *Harm to Others*, Princeton University Press, Princeton, New Jersey, 1984, pp. 126–86; H. Goldstein, 'Citizen Co-operation: The Perspective of the Police', in *The Good Samaritan and the Law*, ed. James M. Ratcliffe, Anchor Books, New York, 1966, pp. 199–208.

(38) Joel Feinberg, *Doing and Deserving*, pp. 3–14; David Heyd, *Supererogation*, Cambridge University Press, Cambridge, 1982.

(39) Roger Brown, *Social Psychology. The Second Edition*, Free Press, New York, 1986, pp. 43–46, 67–88; B. Litané and J. M. Darley, *The Unresponsive Bystander*, Appleton-Century-Crofts, New York, 1970, pp. 29–36, 121–28.〔竹村研一・杉崎和子訳『冷淡な傍観者――思いやりの社会心理学』ブレーン出版，1997年，第4章(47–60頁)，第13章(182–194頁)〕

(40) Selma Pfeiffenberger, *The Iconography of Giotto's Virtues and Vices at Padua*, University Microfilms, Ann Arbor, 1966; Adolf Katzenellenbogen, *Allegories of the Virtues and Vices in Medieval Art*, W. W. Norton, New York, 1964, pp. 63–72; Erwin Panofsky, *Renaissance and Renascences in Western Art*, Harper & Row, New York, 1960, pp. 152–53〔中森義宗・清水忠訳『ルネサンスの春』新思索社，2006年，173–175頁，284–285頁(註34)〕; Robert Smith, 'Giotto: Artistic Realism, Political Realism', *Journal of Medieval History* (Amsterdam) 4 (1978): 267–84.

(41) キケロ的な受動的不正義が中世の政治思想家によって議論されていたということは，ジョットより若い同世代人のパドヴァのマルシリウスの著作からみてとれる．Cary J. Nederman, 'Knowledge, Justice and Duty in the *Defensor Pacis:* Marsiglio of Padua's Ciceronian Impulse', an unpublished paper delivered at the 1988 annual meeting of the American Political Science Association, Washington, D.C. を特に見よ．

(42) 「ガラテヤの信徒への手紙」5章19–23節．

(43) *DeShaney v. Winnebago County Department of Social Service et al.*, 57

U.S.L.W. 4224(February 21, 1989).

(44) Aristotle, *Nicomachean Ethics*, bk. 7, 1149a-b, bk. 4, 1125b-1126b〔「ニコマコス倫理学」前掲〕; *Rhetoric*, bk. 1, 1370b, bk. 2, 1378b.〔堀尾耕一訳「弁論術」『アリストテレス全集』(第18巻), 岩波書店, 2017年〕

第2章

(1) *The Autobiography of Johann Wolfgang von Goethe*, vol. 1, tr. John Oxenford, University of Chicago Press, Chicago, 1974, pp. 25-26.

(2) T. D. Kendrick, *The Lisbon Earthquake*, Methuen, London, 1956. リスボンの出来事についてのここでの情報は，すべて，この優れた著書に依拠している．

(3) Voltaire, *Poem upon the Lisbon Disaster*, tr. Anthony Hecht, Perman Press, Lincoln, Mass., 1977.〔斉藤悦則訳「リスボン大震災に寄せる詩」『カンディード』光文社古典新訳文庫, 2015年, 所収〕

(4) 'Rousseau à François-Marie Arouet de Voltaire', August 18, 1756, *Correspondance Complètes de Rousseau*, vol. 4, ed. R. A. Leigh, Geneva, 1967, pp. 37-84.

(5) 'Discours sur l'origine et les fondemens de l'inégalité parmis les hommes', *Œuvres Complètes de Jean-Jacques Rousseau*, vol. 3, Pléiade, Paris, 1964, pp. 111-223.〔本田喜代治・平岡昇訳『人間不平等起原論』岩波文庫, 1972年〕

(6) Immanuel Kant, *Werke*, ed. Ernest Cassirer, Bruno Cassirer, Berlin, 1922, vol. 1, pp. 429-84.〔大橋容一郎・松山壽一訳『カント全集』(第1巻), 岩波書店, 2000年, 273-337頁〕

(7) Cicero, *The Offices*, bk. 2, chap. 5.〔『義務について』前掲〕

(8) William James, 'On Some Mental Effects of the Earthquake', in *Memories and Studies*, Greenwood Press, New York, 1968, pp. 212-14.

(9) Vanderlyn R. Pine, 'Dying, Death and Social Behavior', in *Anticipatory Grief*, ed. Bernard Schoenberg et al., Columbia University Press, New York, 1974, pp. 31-47; Stephen V. Gullo, Daniel J. Cherico, and Robert Shadick, 'Suggested Stages and Response Styles in Life-threatening Illness: A Focus on the Cancer Patient', ibid., pp. 53-78; Martha Wolfenstein, *Disaster: A Psychological Essay*, Routledge & Kegan Paul, London, 1957; Ronnie J. Bulman and Amille B. Wortman, 'Attribution of Blame and Coping in the "Real World": Severe Accident

Victims React to Their Lot', *Journal of Personality and Social Psychology* 35 (1977): 351–63.

(10) Kelly G. Shaver, 'Defensive Attribution: Effects of Severity and Relevance on the Responsibility Assigned for an Accident', *Journal of Personality and Social Psychology* 14(1970): 101–13.

(11) Russell R. Dynes and Daniel Yutzy, 'The Religious Interpretation of Disaster', *Topic* 10(1965): 34–48.

(12) Gideon Sjoberg, 'Disasters and Social Change', in *Man and Society in Disaster*, ed. George W. Baker and Dwight W. Chapman, Basic Books, New York, 1962, pp. 356–84，および Michael Barkun, *Disaster and the Millennium*, Yale University Press, New Haven, 1974, pp. 79–80.〔北原糸子訳『災害と千年王国』新評論，1985 年，148–150 頁〕

(13) Tom Nugent, *Death at Buffalo Creek*, W. W. Norton, New York, 1973, pp. 185–89. また，Kai Erikson, *Everything in Its Path*, Simon and Schuster, New York, 1976, esp. pp. 176–83〔宮前良平・大門大朗・高原耕平訳『そこにすべてがあった――バッファロー・クリーク洪水と集合的トラウマの社会学』夕書房，2021 年，特に 207–217 頁〕もあわせて見よ．

(14) Dynes and Yutzy, 'The Religious Interpretation of Disaster'; Allen H. Barton, *Communities in Disaster*, Doubleday, New York, 1969, pp. 205–73.〔安倍北夫訳『災害の行動科学』学陽書房，1974 年，第 5 章「利他的コミュニティー」187–254 頁〕

(15) John P. Spiegel, 'Cultural Variations in Attitudes toward Death and Disaster', in *The Threat of Impending Disaster*, ed. G. M. Grosser et al., MIT Press, Cambridge, 1966, pp. 283–99.

(16) R. D. Abrams and J. E. Finesinger, 'Guilt Reactions in Patients with Cancer', *Cancer* 6(1953): 474–92.

(17) Wolfenstein, *Disaster*, pp. 9–10, 34–35, 53–55, 158–59, and 167.

(18) Edward Keyes, *Cocoanut Grove*, Atheneum, New York, 1984; Helene R. Veltfort and George E. Lee, 'The Cocoanut Grove Fire: A Study in Scapegoating', *Journal of Applied and Social Psychology* (Clinical Supplement 2) 38(1943): 138–54.

(19) Charles Fritz and H. B. Williams, 'The Human Being in Disasters: A Research Perspective', *American Academy of Political Science* 109(1957): 42-51.

(20) Max Gluckman, 'Moral Crises: Magical and Secular Solutions', in *The Allocation of Responsibility*, ed. Max Gluckman, Manchester University Press, Manchester, 1972, pp. 1-50.

(21) Eliot A. Cohen and John Gooch, *Military Misfortune*, Manuscript to be published by the Free Press. 責任を割り当てるうえで，ヒエラルキーというものが一般的にいって重要になることについては，V. Lee Hamilton, 'Who Is Responsible?: Toward A General Social Psychology of Responsibility Attribution', *Social Psychology Quarterly* 41(1978): 316-28 および V. Lee Hamilton and Joseph Sanders, 'The Effect of Roles and Deeds on Responsibility Judgments: The Normative Structure of Wrongdoing', *Social Psychology Quarterly* 43(1981): 237-54 を見よ．

(22) このこと〔つまり誰かを生贄にするか，誰にも責任がないとするかのいずれかしかないということ〕は，民間機を撃墜したミサイル巡洋艦ヴィンセンスの艦長が免責されたことに含意されているように思われる．

(23) Shulamith Firestone, *The Dialectic of Sex*, Bantam Books, New York, 1970.〔林弘子訳『性の弁証法——女性解放革命の場合』評論社，1972年〕

(24) Simone de Beauvoir, *The Second Sex*, tr. M. Parsley, Bantam Books, New York, 1961.〔生島遼一訳「第二の性」『ボーヴォワール著作集』(第6・7巻)，人文書院，1966年／『第二の性』を原文で読み直す会訳『決定版 第二の性 I 事実と神話』，『決定版 第二の性 II 体験』(上・下)，河出文庫，2023年〕

(25) Jean-Paul Sartre, *Anti-Semite and Jew*, tr. George J. Becker, Schocken Books, New York, 1965.〔安堂信也訳『ユダヤ人』岩波書店，1956年〕

(26) R. Dudley Edwards and T. Desmond Williams, eds., *The Great Famine*, Brown and Nolan, Dublin, 1956; Cecil Woodham-Smith, *The Great Hunger*, Hamish Hamilton, London, 1962.

(27) Guido Calabresi and Philip Bobbitt, *Tragic Choices*, W. W. Norton, New York, 1987, pp. 151-52.

(28) 私はこの解釈を，以下に依拠している．Martha C. Nussbaum, *The Fragility of Goodness*, Cambridge University Press, Cambridge, 1986, pp. 51-82.〔ただ

し，ここに示されている頁は，同書におけるソフォクレスについての章全体に当たる部分であり，シュクラーの誤記と思われる．実際にアイスキュロスについて論じられている章の頁は，pp. 25–50 である．〕

(29) Kai Erikson, *Everything in Its Path*, pp. 176–83; Robert J. Lifton, 'Psychological Effects of the Atom Bomb on Hiroshima: The Theme of Death', *Daedalus* 92(1963): 462–97.

(30) Michel de Montaigne, 'Of the Useful and the Honest', *The Essays of Montaigne*, tr. E. J. Trechman, Oxford University Press, New York, n.d.〔第 3 巻第 1 章「有利なことと正しいことについて」『エセー』(五)前掲，所収(7–35 頁)〕

(31) Frederick Kiefer, *Fortune and Elizabethan Tragedy*, Huntington Library, Pasadena, 1983.

(32) Immanuel Kant, *Metaphysische Anfangsruende der Rechtslehre*, *Werke*, vol. 7, ed. Bruno Kellerman, Bruno Cassirer, Berlin, 1922, pp. 126–30〔樽井正義・池尾恭一訳「人倫の形而上学」『カント全集』(第 11 巻)，岩波書店，2002 年，163–168 頁〕; 'Zum ewigen Frieden', *Werke*, vol. 6, pp. 417–74.〔遠山義孝訳「永遠平和のために」『カント全集』(第 14 巻)，岩波書店，2000 年，247–315 頁〕

(33) Michael Paul Rogin, *Fathers and Children: Andrew Jackson and the Subjugation of the American Indian*, Knopf, New York, 1975, p. 210.

(34) Norman Graebner, ed., *Manifest Destiny*, Bobbs-Merrill, Indianapolis, 1968, pp. 319–21; Frederick Merk, *Manifest Destiny and Mission*, Vintage Books, New York, 1966, pp. 220–21; Albert K. Weinberg, *Manifest Destiny*, John Hopkins Press, Baltimore, 1935.

(35) Milton Friedman, *Capitalism and Freedom*, University of Chicago Press, Chicago, 1982, pp. 13, 23–24, 40, 112.〔村井章子訳『資本主義と自由』日経 BP 社，2008 年，46, 66–69, 95–96, 214–215 頁〕

(36) Friedrich A. Hayek, *Law, Legislation and Liberty*, vol. 2, *The Mirage of Social Justice*, University of Chicago Press, Chicago, 1976.〔『社会正義の幻想』前掲〕

(37) これらの説明の本質および機能主義的仮説との関係にかんする包括的な議論 (account) については，以下を見よ．Edna Ullmann-Margalit, 'Invisible-Hand Explanations', *Synthèse* 39(1987): 263–91.

(38) Michael Oakeshott, 'Rationalism in Politics' and 'Political Education', in *Rationalism in Politics and Other Essays*, Basic Books, New York, 1962, pp. 1–36, 111–36〔嶋津格訳「政治における合理主義」,田島正樹訳「政治教育」『政治における合理主義』勁草書房,2013年〕; *Of Human Conduct*, Clarendon Press, Oxford, 1975.
(39) Richard Hofstadter, *Social Darwinism in American Thought*, Beacon Press, Boston, 1955, pp. 50–66.〔後藤昭次訳『アメリカの社会進化思想』研究社出版,1973年,第3章(62–81頁)〕
(40) Milton Friedman, *Capitalism and Freedom*, pp. 110–18.〔『資本主義と自由』前掲,211–224頁〕
(41) Robert E. Lane, 'Market Justice, Political Justice', *American Political Science Review* 80(1986): 383–402.
(42) G. A. Cohen, *Karl Marx's Theory of History: A Defense*, Oxford University Press, Oxford, 1982, esp. pp. 278–96.
(43) David Brion Davis, *The Fear of Conspiracy*, Cornell University Press, Ithaca, N.Y., 1971, p. xiv.

第3章

(1) Aristotle, *Nicomachean Ethics*, bk. 2, 1108b〔「ニコマコス倫理学」前掲〕; *Rhetoric*, bk. 2, 1386b–87b.〔「弁論術」前掲〕
(2) Aristotle, *Politics*, tr. Carnes Lord, University of Chicago Press, Chicago, 1984, bk. 5, 1311a–b.〔神崎繁・相澤康隆・瀬口昌久訳「政治学」『アリストテレス全集』(第17巻),岩波書店,2018年〕
(3) Peter Berger, 'On the Obsolescence of the Concept of Honor', *European Journal of Sociology* 9(1970): 339–47.
(4) 〔ルソーの所説についての〕ここからのまとめは,特に断りのない限り,『人間不平等起源論』,とりわけそのうちの以下の箇所に基づいている.'Discours sur l'origine et les fondemens de l'inégalité parmis les hommes', *Œuvres Complètes de Jean-Jacques Rousseau*, vol. 3, Pléiade, Paris, 1964, pp. 111–223, esp. note 19.〔『人間不平等起原論』前掲,187–188頁,特に註19〕
(5) Jean-Jacques Rousseau, *Emile*, tr. Allan Bloom, Basic Books, New York,

1979, p. 101.〔今野一雄訳『エミール』(上)，岩波文庫，2007年，148-150頁〕

(6) Ibid., pp. 65-66.〔『エミール』(上)前掲，76-80頁〕

(7) Ibid., pp. 97-101.〔『エミール』(上)前掲，140-148頁〕

(8) N. Bischof, 'On the Phylogeny of Human Morality', in *Morality as a Biological Phenomenon*, ed. Gunther S. Stent, University of California Press, Berkeley, 1978, pp. 61-62; Melvin Konner, *The Tangled Wing*, Harper & Row, New York, 1982, pp. 208-35; Carol Tavris, *Anger*, Simon and Schuster, New York, 1982, pp. 31-36, 46-65.

(9) Peter M. Blau, *Exchange and Power in Social Life*, John Wiley & Sons, New York, 1964, pp. 143-67, 227-33.〔間場寿一ほか訳『交換と権力——社会過程の弁証法社会学』新曜社，1996年，第6章全体，および第9章204-209頁〕

(10) この重要な点については，サミュエル・シェフラーとバーナード・ウィリアムズに負っている．

(11) William Damon, 'The Development of Justice and Self-Interest During Childhood', in *The Justice Motive in Social Behavior*, ed. Melvin J. Lerner and Sally C. Lerner, Plenum Press, New York, 1981, pp. 57-72; Faye Crosby and A. Miren Gonzalez-Intal, 'Relative Deprivation and Equity Theories', in *The Sense of Injustice*, ed. Robert Folger, pp. 141-66; Jerald Greenberg, 'On the Apocryphal Nature of Inequity Distress', ibid., pp. 167-86; Joanne Martin and Alan Murray, 'Catalysts for Collective Violence', ibid., pp. 95-139; 'Distributive Injustice and Unfair Exchanges', in *Equity Theory: Psychological and Sociological Perspectives*, ed. David M. Messick and Karen S. Cook, Praeger, New York, 1983, pp. 169-205; Robert Folger, 'A Referent Cognitions Theory of Relative Deprivation', in *Relative Deprivation and Social Comparisons*, ed. James M. Olson et al., pp. 34-53.

(12) J. G. M. Itard, *Rapport Fait à son Excellence le Ministre de l'Intérieur sur les Nouveaux Développements et L'État Actuel du Sauvage de l'Auveyron*, Paris, 1807, pp. 81-82〔中野善達・松田清訳「アヴェロンの野生児の新しい発達および現状に関する内務大臣閣下への報告書」『新訳 アヴェロンの野生児——ヴィクトールの発達と教育』福村出版，1978年，138-139頁．ただし，実際の該当箇所はpp. 73-74(邦訳132-134頁)，引用の言葉はp. 74(邦訳134頁)にあり，シュクラ

ーによる pp. 81-82 という指示はおそらく誤記〕; *De l'Éducation d'un Homme Sauvage*, Paris, 1801, pp. 81-82, 96-97.〔中野善達・松田清訳「野生人の教育についてあるいは，アヴェロンの野生児の身体的・精神的な初期発達について」『新訳 アヴェロンの野生児』68-69, 76-77 頁〕

(13) John Stuart Mill, *Utilitarianism*, J. M. Dent, London, 1944, pp. 38-49.〔『功利主義論』前掲，105-132 頁〕民主主義に対するミルの煮え切らない姿勢は，『代議制統治論』に，特にその地方自治に特化した部分に，最も強く表れている．また，〔ミルの〕功利主義についても，その慈善的精神にもかかわらず，本質的にはパターナリスティックなものであるといってよいかもしれない．

(14) *Les Confessions, Œuvres Complètes* de Jean-Jacques Rousseau, vol. 1, Pléiade, Paris, 1964.〔桑原武夫訳『告白』(上・中・下)，岩波文庫，1965 年〕

(15) Gillead Bar-Elli and David Heyd, 'Can Revenge Be Just or Otherwise Justified?', *Theoria* 52(1986): 68-86.

(16) Francis Bacon, 'Of Revenge', *The Essays*, Penguin Books, Harmondsworth, 1985.〔渡辺義雄訳「復讐について」『ベーコン随想集』岩波文庫，1983 年，所収〕

(17) Robert Hogan and Nicholas P. Emler, 'Retributive Justice', in *The Justice Motive in Social Behavior*, ed. Melvin J. Lerner and Sally C. Lerner, Plenum Press, New York, 1981, pp. 125-43.

(18) P. S. Atiya, *Promises, Morals and Law*, pp. 140-42.

(19) Hubert J. Treston, *Poine*, Longmans, Green, London, 1923, pp. 23-94.

(20) Pietro Marongiu and Graeme Newman, *Vengeance*, Rowman and Littlefield, Totowa, 1987.

(21) Larry McCaffery, 'A Spirit of Transgression', in *E. L. Doctorow: Essays and Conversations*, ed. Richard Trenner, Ontario Review Press, Princeton, N.J., 1983, pp. 43-45; Paul Levine, *E. L. Doctorow*, Methuen, London, 1985.

(22) Jean-Paul Sartre, Preface to *The Wretched of the Earth*, by Frantz Fanon, tr. Constance Farrington, Grove Press, New York, 1963, pp. 7-26〔「序」鈴木道彦・浦野衣子訳『地に呪われたる者』みすず書房，2015 年，5-33 頁〕; Paul Wilkinson, *Terrorism and the Liberal State*, Macmillan, London, 1986, pp. 55-56, 74-77, 100.

(23) Michael Walzer, 'The Moral Standing of States', in *International Ethics*, ed.

Charles Beitz et al., Princeton University Press, Princeton, N.J., 1985, pp. 217-36.〔川上洋平訳「国家の道徳的地位――四人の批判者への応答」『政治的に考える――マイケル・ウォルツァー論集』デイヴィッド・ミラー編，萩原能久・齋藤純一監訳，風行社，2012年，387-417頁〕

(24) Heinz Kohut, *Self-Psychology and the Humanities*, ed. Charles B. Strozier, W. W. Norton, New York, 1985, pp. 97-160, 252-53.〔林直樹訳『自己心理学とヒューマニティ――新しい精神分析的アプローチに関する考察』金剛出版，1996年，第4-5章，276頁〕コフートは，「ナルシスト的な怒り」という用語を――いくつかの留保をしながらではあるが――，『ミヒャエル・コールハース』の主人公に特に典型的に該当するものとして，それからヒトラー，そしてパレスチナ人にも，侮蔑的で口語的な意味合いで該当するものとして，用いている．私がここで問題としたいのは，ナルシシズムという言葉の精神分析的語彙における位置づけ〔の妥当性〕ではなく，政治におけるこの言葉の用いられ方〔，つまり何らかの攻撃的な行為をその政治性を脱色してたんなる精神的な病理へと還元するものとしてこの言葉が用いられかねないこと〕である．

(25) Friedrich Nietzsche, *On the Genealogy of Morals*, tr. Walter Kaufmann, pp. 70-81.〔『道徳の系譜』前掲，102-121頁〕

(26) Erwin Panofsky, *Studies in Iconology*, Harper & Row, New York, 1962, pp. 109-10, nn. 48, 49a.〔浅野徹ほか訳『イコノロジー研究』(上)，ちくま学芸文庫，2002年，315-316頁，註243, 244a〕

(27) Cicero, *The Offices*, bk. 2, chap. 9-11.〔『義務について』前掲〕

(28) Michel de Montaigne, 'On Some Lines of Virgil', *The Essays*.〔第3巻第5章「ウェルギリウスの詩句について」『エセー』(五)前掲，所収(102-219頁)〕

(29) D. Kahnemann, P. Slovic, and A. Tversky, eds., *Judgment under Uncertainty: Heuristics and Biases*, Cambridge University Press, Cambridge, 1982, pp. 111-16.

(30) Adam Smith, *The Theory of Moral Sentiments*, ed. D. D. Raphael and A. L. Macfie, Liberty Classics, Indianapolis, Ind., 1982, pp. 90-92.〔水田洋訳『道徳感情論』(上)，岩波文庫，2003年，233-241頁〕

(31) Edmond Cahn, *The Sense of Injustice*, New York University Press, 1949, pp. 11-27〔西村克彦訳『正義感――人間を中心とした法律観』信山社出版，1992

年，10-29頁〕；R. Hogan and N. P. Emler, 'Retributive Justice'.

(32) David Hume, *A Treatise of Human Nature*, ed. L. A. Selby-Brigge, Clarendon Press, Oxford, 1983, pp. 477-573.〔伊勢俊彦・石川徹・中釜浩一訳「道徳について」『人間本性論』(第3巻)，法政大学出版局，2012年〕

(33) James R. Kluegel and Eliot R. Smith, *Beliefs about Inequality*, Gruyter, New York, 1986.

(34) Jennifer Hochschild, *What's Fair?*, Harvard University Press, Cambridge, 1981; Sidney Verba and Gary R. Orren, *Equality in America*, Harvard University Press, Cambridge, 1985, pp. 1-51.

(35) J. Stacy Adams, 'Inequity in Social Exchange', in *Advances in Experiment Social Psychology*, vol. 2, ed. James M. Olsen et al., Academic Press, New York, 1965, pp. 267-99; Kenneth L. Dion, 'Responses to Perceived Discrimination and Relative Deprivation', ibid., pp. 159-79; W. G. Runciman, *Relative Deprivation and Social Justice*, Routledge & Kegan Paul, London, 1966, pp. 247-95.

(36) Vivien Hart, *Democracy and Distrust*, Cambridge University Press, Cambridge, 1978.

(37) Robert E. Lane, 'Market Justice, Political Justice', *American Political Science Review* 80(1986): 383-402.

(38) Aristotle, *Politics*, bk. 3, 1280a-b, bk. 4, 1295b-1297a, bk. 5, 1301a-1303a, bk. 6, 1318a-b.〔「政治学」前掲〕

(39) これは明らかに，マイケル・ウォルツァーの『正義の領分』への対抗としてなされている主張である．Michael Walzer, *Spheres of Justice*, Basic Books, New York, 1983, esp. pp. 26-28, 313-15.〔山口晃訳『正義の領分――多元性と平等の擁護』而立書房，1999年，特に54-57, 471-474頁〕ウォルツァーのここでの議論に，ほぼすべての点において，私は賛成しない．

(40) そのような〔奴隷擁護の〕たくさんある事例のひとつとして，大学に籍を置くトマス・R. ドリュー教授の主張を見よ．彼は，アメリカ南部において共有されている了解および南部全体の社会機構が，黒人奴隷制度を支持しかつそれに依拠するものであるのみならず，それと同じ程度に，共和主義というものの性格それ自体が，黒人奴隷制度を支持しかつそれに依拠するものである，と主張していた．'Review of the Debate in the Virginia Legislature', in *Slavery Defended*, ed. Eric

L. McKitrick, Prentice-Hall, N.J., 1963, pp. 20–33; W. S. Jenkins, *Pro-Slavery Thought in the Old South*, University of North Carolina Press, Chapel Hill, 1935.

(41) Adam Smith, *The Theory of Moral Sentiments*, pp. 78–82.〔『道徳感情論』(上)前掲，205–214 頁〕

(42) John Kleinig, *Paternalism*, Rowman and Allanheld, Totowa, 1984, pp. 156–69.

(43) Dennis F. Thompson, *Political Ethics and Public Office*, pp. 161–70.

(44) Henry Sidgwick, *The Methods of Ethics*, Macmillan, London, 1974, pp. 243–46, 266–67.

(45) Jean-Jacques Rousseau, *Du Contrat Social*, *Œuvres Complètes de Jean-Jacques Rousseau*, vol. 5, Pléiade, Paris, bk. 1, chaps. 6–8, bk. 2, chaps. 3 and 5.〔桑原武夫・前川貞次郎訳『社会契約論』岩波文庫，1954 年〕

(46) George Kateb, 'Remarks on the Procedures of Constitutional Democracy', *Constitutionalism*, *Nomos*, vol. 20, 1979, pp. 215–37.

(47) Philip Brickman et al., 'Microjustice and Macrojustice', in *The Justice Motive in Social Behavior*, ed. Melvin J. Lerner and Sally C. Lerner, pp. 173–202; Ronald L. Cohen, 'Power and Justice in Intergroup Relations', in *Justice in Social Relations*, ed. H. W. Bierhoff et al., pp. 65–85.

訳者紹介

川上洋平

1979年生．専修大学准教授．専攻は西洋政治思想史．

主な著作に『ジョゼフ・ド・メーストルの思想世界』(創文社)．翻訳にヘレナ・ローゼンブラッド『リベラリズム 失われた歴史と現在』(共訳，青土社)

沼尾　恵

1980年生．慶應義塾大学准教授．専攻は政治思想史・政治理論．
主な著作に 'Locke on Atheism' (*History of Political Thought* 34(2)), 'Locke on Consent, Membership and Emigration' (*European Journal of Political Theory* 21(2))

松元雅和

1978年生．日本大学教授．専攻は政治哲学・政治理論．

主な著作に『正義論』(共著，法律文化社)，『公共の利益とは何か』(日本経済評論社)

ジュディス・シュクラー(Judith N. Shklar, 1928-1992)
ラトヴィア・リガに生まれる．1950年にカナダ・マギル大学で修士号，55年にハーバード大学で博士号を取得後，講師をへて同校で長らく教授を務める．
主な著作に *After Utopia: the Decline of Political Faith*(『ユートピア以後』紀伊國屋書店)，*Legalism*(『リーガリズム』岩波書店)

不正義とは何か　ジュディス・シュクラー

2023年6月16日　第1刷発行

訳 者　川上洋平《かわかみようへい》　沼尾《ぬまお》　恵《けい》　松元雅和《まつもとまさかず》

発行者　坂本政謙

発行所　株式会社 岩波書店
〒101-8002 東京都千代田区一ツ橋2-5-5
電話案内 03-5210-4000
https://www.iwanami.co.jp/

印刷・三陽社　カバー・半七印刷　製本・牧製本

ISBN 978-4-00-061596-9　Printed in Japan